大国问答

QUESTIONS ON THE BIG POWER

2012中国经济走向

胡舒立　谢 力◎主编　第一财经 CBN　财新图书 Caixin book series

中国经济出版社
CHINA ECONOMIC PUBLISHING HOUSE
·北京·

图书在版编目（CIP）数据

大国问答——2012中国经济走向/胡舒立，谢力主编

北京：中国经济出版社，2012.1

ISBN 978 - 7 - 5136 - 0598 - 4

Ⅰ.①大… Ⅱ.①胡… ②谢… Ⅲ.①经济研究 - 经济走向 - 中国 Ⅳ.①F279.243

中国版本图书馆CIP数据核字（2011）第025201号

责任编辑　乔卫兵　崔清北　黄　静

责任印制　石星岳

封面设计　任燕飞工作室

出版发行　中国经济出版社

印 刷 者　三河市佳星印装有限公司

经 销 者　各地新华书店

开　 本　787mm×1092mm　1/16

印　 张　21.75

字　 数　355千字

版　 次　2012年1月第1版

印　 次　2012年1月第1次

书　 号　ISBN 978 - 7 - 5136 - 0598 - 4/F·9193

定　 价　45.00元

中国经济出版社 网址 www.economyph.com 社址 北京市西城区百万庄北街3号 邮编 100037

本版图书如存在印装质量问题，请与本社发行中心联系调换（联系电话：010 - 68319116）

序一

同为传媒，电视偏向于线性的"时间传播"，而书报偏向于单向的"空间传播"；电视强调视觉传播，而书报强调文字表达。所以，我过去是不太主张把电视的声音变成书的，担心"电视书"缺乏文字表达所需的精准，又失去了电视本身声画并茂的效果。记得多年前，别人将对我的专访收入一本文集，很让我懊恼了一番：说话的时候，没想到会被印出来。一旦印出来就很不舒服。

互联网时代，许多观念变了，因为互联网用许多方式告诉人们媒介平台互补的原理，其核心表述叫"多媒体"，或说"全媒体"，意思是说，内容不仅可以而且应当跨越传播介质的界线，而不同媒介的功能互补，正可收加强传播力之效。

有此认知提升，我很快同意了谢力和周鑫提出将电视节目《首席评论》编辑、结集出版的主意。于是就有了这本书。它并非习见的问答实录，而是经过了选编者的精心加工。话题更加集中，观点更加鲜明，表达更加准确。

在第一财经电视频道播出的《首席评论》，是一档日播节目，涉及当时的尖端话题，以时效性和多方位视角见长。节目由我主持的财新传媒策划，每次都是从当日或近期发生的新闻事件出发，通过现场嘉宾点评及多方面评论，来解读财经热点和重大新闻。《首席评论》主要评说经济领域，不过这个"经济"的概念比较宽泛。众所周知，在时下的中国，随着改革的深入和利益多元化，往往"牵一发而动全身"，重大经济问题往往不可能在本领域求得解决，因此，这档节目自然将目光延伸到社会变迁、司法公正、环境保护和国际关系等多个领域，视野相当开阔。从昨天认知明天，读者可以从中了解、把握 2012 年中国经济、政治、社会、司法等多方面的走向。

由财新传媒参与策划《首席评论》这样一档高端财经新闻评论节目，这个主意是谢力提出来的。他是小我许多的青年才俊，称我"师姐"，因为我们虽隔十多年却同样毕业于人大新闻学院（系）。时代造就的另一区别，在于他的专业是广播电视；而在我的年代，人大新闻系专注于文字报道，主要为通讯社和报纸培养记者。谢力担任着很知名的第一财经电视频道的总监，周鑫是他的助手，两人都已在电视领域卓有建树。尤为难得的是宽广眼界和打破旧有格局的创新之想。由当时并不从事电视的财新来策划一档日播电视节目，就是他们的创新之一。我们接受了。

"公信力、全媒体、世界观"——这是财新传媒创办之初确立的宗旨。从当年的《财经》*到今天的财新，"公信力"于我们是灵魂、是旗帜，无可争议；"世界观"于财新传媒则不仅视做当然，而且正是长项所在；但"全媒体"不一样，属很容易说而很难做到的事情，最重要的是文字表达和视觉表达之间的鸿沟极难跨越，财新毕竟长于文字，虽然在网络视频领域一直在坚持，但涉入电视还受到机会与能力的限制。

在这个意义上，策划《首席评论》之于财新，就不仅是一项"外包业务"，更主要是一个发展契机，一个进入电视的机会。周鑫以观察者的身份，私下谈过他的看法，觉得这是"财新与《财经》展开差异化竞争的重要一步"，"生动地为财新贴上了视频生产的标签"，甚至坦陈自己"虽非财新人，也为之骄傲"。对此，我很是赞同。现在已经看得明白，正是从《首席评论》，财新有机会在2012年大步进入电视内容供应者行列，这是后话。

财新和一财都为坚持这项富有意义的合作做了许多努力，从最初付出磨合成本，到后来的合作坚持与扩展。两年中，财新传媒的采编人员全方位介入了这档节目：他们协助栏目组从事选题策划和嘉宾邀请，资深采编人员还不时担任节目的评论嘉宾。这一节目会在财新网显著位置展示。同时，财新传媒运营的《新世纪》周刊、《中国改革》月刊、《比较》杂志、财新网（caing.com）登载的热点新闻和评论也常常会在栏目中获得援引。财新同仁也对第一财经电视团队展示的专业水平和严谨、高效的工作深感赞赏和钦佩。目前，《首席评论》已成第一财经电视频道品牌栏目之一，这正是双方合作的结晶。

《首席评论》定位于"高端财经评论日播节目"。我理解，"高端"不仅体现在选定极富新闻价值的话题，以精益求精的专业精神完成节目录制，更重要的是体现在嘉宾的人选及其观点上。这档节目每次邀请的两位嘉宾，多为财经界权威专家。吴敬琏、谢国忠等众多著名学者都曾担任嘉宾，展示了

---

* 《财经》，双周刊。我是创刊主编，曾在《财经》工作近11年。2011年11月，我和《财经》编辑部其他创业骨干离职创办财新传媒。

"不党、不卖、不私、不盲"的独立精神和自由思想。在认为常识有悖于真理时,他们还勇于"反主流",以其学术成果和社会影响力,不懈推动中国改革开放;也以独立、深刻的见解和雅俗共赏的表达,向受众诠释着生动的经济现实和其他领域的重大事件,丰富和提高着公民的理解力、责任感和权利自觉。

如今阅读书稿,令我颇感欣慰的是,书中表达的观点大体经受住了时间的考验。这是相当难能可贵的,须知预测被大多数学者视为畏途。过去的2011 年,经济形势跌宕起伏,国内外因素纷繁复杂,为这一方"观点市场"创造了更热切的需求,却也大大增加了分析难度。许多嘉宾所提出的观点,大部分迄今仍能够成立。比如,对于通货膨胀和房地产行业的走势,嘉宾判断较为准确,所提对策也与之后政府部门采取的政策相当吻合。嘉宾和观点是《首席评论》的生命线,也将注定成为其品牌最可靠的保证。

经过近两年的磨合,财新和一财的合作已渐入佳境。我祝愿《首席评论》越办越好,希望这本书未来有更多更精彩的续集印行。

胡舒立

财新传媒总编辑

序二

什么使问答如此精彩

不得不承认，从 2008 年开始，我们就在遭遇一个极端的时代。一方面大国崛起，另一方面群雄无主，这就是我们在 2012 年的第一天要面对的天下。

2010 年初我指示第一财经电视在北京的团队，本着学习的态度与胡舒立的财新传媒合作打造中国电视史上少有的一档日播财经新闻评论节目《首席评论》，为的就是要在这个极端的时代，以理性视角，公正立场，发出声音。在近两年的时间里他们不辱使命，用电视化的手段，初步实现了这一目的。

在今天，中国的电视人最要思考的是这样一个问题，我们要制作什么样的电视节目来满足中国的投资者，我们要创办一家什么样的财经电视台，来配上我们全球第二大经济体的地位。第一财经电视从我开始，到每个员工，都正在做着这样的践行。作为《首席评论》终审人，我也一直苛求我们的编导做到这一点。从 2008 年的金融危机，到今天欧债危机在全球的蔓延，大到不能倒的神话，已经被彻底摧毁了。第一财经作为中国的第一家财经电视台，就是在这个时候，把《首席评论》的演播室搬到了北京，我们这样做，就是为了把意见领袖们的声音带给全中国乃至全世界的投资者。不得不承认，中国的财经报道，虽然有了胡舒立的财新这样优秀的采编团队，但是，在世界的财经传媒的版图上，我们依然还非常弱小。就电视而论，今天的中国，我们尚没有一家电视台堪与 CNBC、BLOOMBERG TV 相提并论，不但如此，当《纽约时报》《华尔街日报》、英国《金融时报》制作的财经报道的视频，开始倒过来向传统的电视台开始销售并且播出的时候，更让我们这些做中国财经电视的人掌心冒汗。

2011 年 3 月日本地震。第一财经电视与我们的合作伙伴宁夏卫视一道，历史性的对这场灾难进行了长达一周之久的直播。《首席评论》在北京聚集的优质专家资源，为这次在中国电视界具有开创意义的直播，做了最好的智力支持。可以说，正是因为有《首席评论》这些专家，才让中国的投资者看到了，世界第三大经济体发生的不仅仅是一场地质灾害，更是一场旷日持久的经济灾难。当中国的投资者在白天的交易时段，破天荒地放弃了关注行情，而在紧盯着一财电视屏幕展现的日本核电站的事故情况时，《首席评论》请来的专家，带来的绝对是画面之外，更加重要、更加理性的声音，他们解释了什么是核污染，他们排除了人们不必要的担忧，他们让人们放弃了抛掉手里所有与日本相关企业股票的想法，他们第一次做到了——让中国的投资者用财经的视角来看待这场灾难。而这部分内容，就在这本书的"天下中国"的这一篇章里呈现了。

说到这一切，我就很难摆脱用一个《首席评论》节目创作人员的情怀来看待她，这也是我和胡舒立女士编辑出版这本书的共同初衷。不久之前，我要求《首席评论》的编导们对节目进行升级，请了不少外脑来参加研发，非常意外的是，这档节目已经在一些新闻学院的课堂里成了教案，更成了一些知识分子晚上睡觉之前或收看或点击的节目。《首席评论》虽然是一档财经新闻评论节目，但是这个栏目所具备的社会正义感的担当，却常常超越了评论本身。新闻当事人、目击者出现在节目里时，他们的愤怒、他们的泪水、他们的苦难所展现出的正是这个节目的良心。这一切告诉我们，财经报道不仅仅是枯燥的数字、不是单纯的理论、不是纯理性的分析，而有更多更深的含义。2011 年 10 月，美国哈佛大学的学生，在著名经济学家曼昆的课堂里，愤然离席，用这种极端的做法来抗议凯恩斯主义给美国当代经济带来的问题。不管这做法是非对错，谁又可以否认它不是一桩值得财经媒体关注的财经事件呢？在这本书的"公平中国"和"法治中国"两篇里，我们希望表达就是这样的一种情怀。

2010 年、2011 年是《首席评论》在极端经济条件下，走过的两年，相信在 2012 年，《首席评论》展开的这场大国问答，一定会坚定地走下去。在这里，我要由衷地感谢吴敬琏、李稻葵、谢国忠、魏建国、郑新立、徐洪才、朱民、阎庆民、曹文炼等等，这些无论在中国、还是在世界上都顶尖的学者们，正是因为你们的参与，才让我们这场问答更加精彩！

谢力

第一财经传媒有限公司董事、副总经理

第一财经电视总监

目　录

宏观中国篇

法制中国篇

投资中国篇

安全中国篇

能源中国篇

网络中国篇

天下中国篇

宏观中国篇

2012 年地方政府会破产吗

嘉宾介绍

汪　涛　现任瑞银证券中国首席经济学家，此前曾任美国银行大中华区经济研究与策略主管，英国 BP 集团首席亚洲经济学家。加入 BP 前任 IMF 高级经济学家，主要负责研究中国宏观经济和结构改革问题，参与了基金与成员国项目谈判与磋商，并曾在人大财政金融学院任客座教授。纽约大学经济学博士，中国人民大学经济学系学士。

吴　庆　国务院发展研究中心金融所副研究员、研究室副主任、博士。1997 年进入国务院发展研究中心，先后任职于国务院发展研究中心宏观经济研究部、技术经济研究部、办公厅和金融研究所。吴庆博士在办公厅期间，曾任国务院发展研究中心鲁志强副主任（副部长）秘书；2001－2004 年博士期间，师从我国著名经济学家、国务院发展研究中心研究员吴敬琏教授。

- 地方债务高企：目前在可控范围内？
- 地方债务解决：多管齐下破解难题？

中国政府准备清理 2 万亿~3 万亿有违约风险的地方政府债务，将部分债务转入新成立公司，并对省市级地方政府的发债放开；中央政府偿还部分贷款，银行承担部分损失，并放开部分项目的民间投资。这种设想能够得以执行吗？

为应对国际金融危机，中央政府启动了四万亿经济刺激计划，地方政府借此东风，大干快上，截至 2010 年 6 月末，银行投放给地方政府融资平台的贷款余额高达 7.66 万亿，2010 年中央和地方政府的债务总额超过了 15 万亿，占 2010 年全国财政一般预算收入的 183%。按照国家审计署的审计标准，保守估算，2010 年地方债务总额超过了 10 万亿，债务倍数高达 150%，已经到了债务风险较高的程度。

银监会、发改委和财政部正在研究针对可能具有风险或者违约可能的 2 万亿~3 万亿的地方债务进行清理，地方债务的窟窿是否到了一个不处理不行的地步？而处理的方式又能带来什么样的机会呢？会不会到了最后又变成纳税人买单呢？

地方债务高企：目前在可控范围内

到底有多少地方债务，到目前为止没有一个准确的数字。那么我国地方债务目前到底严重到什么程度，窟窿到底有多大呢？

国务院发展研究中心研究员吴庆就此问题谈了他的观点。他说，地方政府在四万亿扩张的过程中，造成了一些损失，这对我们来说一点都不感到意外，而且在某种程度上我们允许它这么做，允许做一些损失，因为当时我们的政策目标是要保当期暂时的经济增长，付出一些代价是我们决策者已经考虑到的事情。

另外，损失到底有多大？到现在都是一个未知数。在过去一年多的时间里，中央几个部委都在努力摸查这个损失到底多大。在财政部的四万亿里面有一个口径；在 2009 年银行贷款达到了 10 万亿，这 10 万亿贷款里有一个排查；审计署和地方政府也被要求去做一些摸排。清查一个数，这个数达到两万亿或者三万亿，它说明一个问题，说明为了保金融危机以后的经济增长，我们付出的代价还是很大的，到目前为止最重要的事情不是仅仅数一数有多大的损失，对中国来说更重要的事情是要评估一下四万亿经济刺激政策的得失情况。

应该说四万亿本身并不是代价，那个损失才是经济刺激计划的代价，所以有损失很正常。但是两三万亿的损失是不是值得？这是一个问号，有待评估。

瑞银证券首席中国经济学家汪涛认为，地方债务数量，各方说法不同，主要是因为统计口径不一样，尤其说到银行的坏账。我们一些地方债是债务的总额，是借了多少钱。地方债务除了主要通过融资平台从银行借钱外，还有一些债务，比如地方政府以前义务教育欠款、工程欠款、乡镇债务，再包括各种各样隐性担保等。最大债务是融资平台的借款，比较靠谱的数字是银监会统计出来的 7.66 万亿，加上其他各种口径，再加上 2009 年 10 万亿新增贷款里面有五万亿投向了地方政府融资平台，把这些加起来，推算出到 2010 年年底，地方政府的债务总额约占 GDP 的 30%，也就是差不多 11 万亿。一般情况下 11 万亿中出现两三万亿的损失是正常的。看上去这个量很大，但是占 GDP 的比重只有 4% 到 5%。

地方债务解决：多管齐下破解难题

2012 年可以通过四种方法清理地方债务，首先是中央政府将会介入偿还部分不良贷款；第二是银行承担一些损失；第三是允许地方政府性地方债；第四是开放之前限制民间投资的项目，并且欢迎民间投资人参与其中。

中央政府介入很简单，就是政府财政预算介入的实质是纳税人买单；银行介入是银行承担一部分损失，但有人说银行在利差上面已得到了巨额的利润。有人担心中央政府介入后，要解决这样一个庞大的债务，有可能存在更进一步推高通货膨胀的风险。

对此，汪涛表示，由中央政府、地方政府和银行各承担一部分的解决方案应该没有什么意外。但是中央政府不会直接为地方政府埋单，因为这样并不合理，而且中央政府并不知道某个地方政府是真没钱还是假没钱。所以在这种情况下，尤其对融资平台贷款的话，银行可能更清楚哪个项目能还钱，哪个项目不能还钱。这样由银行和地方政府首先解决，如果解决不了，再由中央政府埋单，但是不管谁埋单，最后都是纳税人埋单。

同时，她指出，发行地方债解决的是融资方式，不是解决问题的终极方法。地方债务在中国出现各种复杂的问题，其实最重要的是要解决地方政府财权和事权的问题，地方和中央财政关系问题，包括地方政府的定位，地方政府应不应该介入大量生产性的投资。发债以后有没有能力偿还也非常重要，发债不是解决问题的关键，最终要解决的不仅是税收体系，还有地方政府应不应该直接花钱，这些关系要搞清楚。简单的财政性地方债估计可能在将来的几年逐步开始推出试点，但很难在短期内实施。

吴庆认为，影响通胀最直接的因素是货币发行量，埋单这件事有可能不靠增发货币解决。现在政府手里掌握的足够多的资源和资产可以填这样的窟窿，这不算什么大事。这样的事情如果一再发生的话，总有一天政府手里的资源会用光，那时再遇到这样的窟窿，政府就不得不通过增发货币，那么通货膨胀可能是一个必然的结果。他认为到目前为止通货膨胀还不是必然结果。

为解决地方债务危机，国家准备开放部分原来有限制的开发项目，让民间资本进入，这给民营资本或者民间资本是否带来一个新的投资契机？这中间又有什么样的危机呢？

同时也有人担心，民营资本进入后可能是否会形成另外一种利益链条或者寻租途径。然而，吴庆表示，这可能是危机带来的一个最好的结果。相比较而言，民间资本的介入能够给中国的体制进步带来促进作用。在许多行业和领域，由于管制降低了发展效率，中国经济要想上台阶，想突破现在遇到的瓶颈，必然要打破一些垄断，让这些行业里面有新的投资和竞争，通过竞争提高效率，提高经济的产出能力。

国有资产的经营有两种模式：一种模式是国有民营，东西是国家的，民间去经营；另外一种模式是民有国营，把资产已经卖给民企了，但还是国家原来的机构在经营。第二种模式显然不能提高效率，前一种模式可能更好一点，但是真正最好的还是直接卖给民间的企业，让民间的企业经营，这样可以更好地避免种种风险。

在这一轮危机中，政府有可能会放开部分项目的民间投资，当然，这也存在着许多变数，因为政府还掌握着别的可以选择的资源。

汪涛也对允许民营资本进入持欢迎态度。她说，对民营资本开放这些领域，让民营资本直接参与项目投资运作，是值得欢迎的；如果把地方政府债务打包卖给民营资本，这个就需要仔细的思考，因为如果它本身是一个坏账的话，卖给谁也是坏账，民间资本怎么会要？但是如果低价卖的话谁来承担损失？

在她看来，剥离坏账不管用什么方式解决，往往都有一个公司治理或者政府治理的问题，因为很难有人真正有这个信心，只有真正做这个项目的人才有真正的信心，所以在这里面出现一些利益寻租是在所难免的。她建议，在讨论怎么解决存量问题的同时，最重要的还是要解决以后的机制增量的问题。

2012 年中国经济会出现硬着陆吗

嘉宾介绍

刘遵义 中国国际香港有限公司董事长。1964 年以优异成绩，在斯坦福大学获得物理学和 经济学两个学士学位。1969 年获加州大学贝克莱分校经济学博士学位。1992 年他被斯坦福大学授予第一个李国鼎（Kwoh – Ting Li）发展经济学教授的名誉称号。1990 年至 1992 年，刘遵义教授担任斯坦福大学经济系副主任；1992 年至 1996 年，为斯坦福大学亚太研究中心主任；从 1997 年开始，担任斯坦福大学经济政策研究中心的主任。

郑新立 经济学硕士，研究员，中共中央政策研究室副主任，主要研究领域为宏观经济理论与政策。长期从事经济理论和经济政策研究，在计划和投资体制改革、宏观经济调控、中长期发展政策等领域，都有较深的研究和独到见解。多次参加中共中央全会、《政府工作报告》和"八五"、"九五"、"十五"、"十一五"规（计）划的起草工作。2009 年 4 月任中国国际经济交流中心常务副理事长。

- 中国经济真的会衰退吗?
- 中国房地产泡沫会破灭吗?
- 中国的货币政策该怎么走?

瑞士信贷发布了一个最新研究报告，对 2012 年中国经济增长预测进行了下调，实际上对中国经济增长预测进行下调的并非瑞士信贷一家，还有高盛、摩根史丹利以及德意志银行等等。这些投行对中国经济增长的下调，再加上来自各方关于中国经济未来很可能硬着陆的声音，这究竟是一种理性的分析和预测，还是夸大其词？

唱衰背后有玄机

我们经常听到关于中国经济硬着陆的声音，2005 年和 2007 年都曾听到过。《华尔街日报》对美国的投资经理做了一个调查，14% 的投资经理认为中国经济硬着陆是新兴市场的第一风险，而在 2009 年的时候这个比率还只有 4%。虽然各种声音都有，好像现在这个声音特别大。

中投国际（香港）有限公司董事长刘遵义认为，判断经济是否出现硬着陆，首先要了解硬着陆。硬着陆是指在很短时间之内 GDP 下降很多，比如三个月到六个月之间 GDP 承载率从 8 跌到 4 左右。所以硬着陆不仅跟幅度有关，和时间也是有关系的。如果通过四年时间慢慢下来，这就是软着陆。

针对外界对中国经济的悲观和担忧，中国国际经济交流中心常务副理事长郑新立认为，出现这种情况，有三个方面原因：一个是可能对中国的情况不够了解；一部分可能是对中国的经济形势有意曲解；还有一部分是跟风的。中国跟全球经济联系虽然比较紧密，但是中国经济有自己的情况，我们通过扩大内需，采取一些调控措施，可以把外部的影响降低到最低程度，有一些投资银行或者一些研究机构发布一些信息，它可能是对中国的股市唱空不卖空，等着抄底，所以对这些话姑妄听之。唱衰中国经济也不是一次两次了，中国经济不会硬着陆。

刘遵义也持相同的观点。他说："一方面他们不太了解中国，一方面是曲解、误解，但是可能是故意的，因为他们可能已经卖空了中国的股票，或者卖空了人民币。高盛最近出了一个推荐，要求不要再买人民币，人民币可能会跌。2008 年雷曼兄弟倒闭之后，大家很紧张，外国都在说中国经济一定好不了，而他们很反对。我当时就提出一个见解，中国和东亚的经济，与欧美的经济是有局部的脱钩的，外国没有经济学家同意，最后证明真的是脱钩了，中国 2009 年、2010 年都很好，在东亚其他地方，日本除外，其他的都慢慢起来了，都比欧美复苏得要快。"他认为，中国经济不会硬着陆。

增速放缓勿担忧

有一种观点认为，在 2008 年金融危机中中国经济屹立未倒，很大程度上是由于银行创纪录的信贷扩张，还有资产价格的升值，但这也给中国经济增长带来了隐忧。

对此，刘遵义认为，中国出口占 GDP 的 30% ~ 35% 左右，但出口在境内增加值是很低的，很多是来料加工，都是国外来的零配件，真正占中国增加值的只有 20% ~ 30% 左右，对中国 GDP 的影响并不大，虽然有影响，但是不会是很严重的影响。同时从"十二五"开始，中国也在慢慢转变经济增长方式，主要靠内需拉动，所以从这个方向来看，不会出太大的问题。其实经济放缓未必是坏事，因为现在怕它过热，降一点温度，让这个通货膨胀不要继续下去，其实是一个好事。

郑新立也认为，从 2011 年 1 ~ 5 月份的情况看，三大需求均衡增长，投资增长 25%，社会消费零售总额增长 19%，出口增长 20% 多，出口很均衡，都很快，不存在需求大幅度下降带来经济增长速度大幅度下降问题。一季度的 GDP 跟上年同期比，由上年同期的 10.3 下降到 9.6，尽管下降了零点几个百分点，与其他国家相比，增长速度还是最快的。从 1 ~ 5 月份公布的统计数据看，我国经济呈现四个特点：一是通胀压力仍未缓解；二是经济增长平稳较快；三是三大需求均衡增长；四是经济运行仍然在我们的预期要求之内。增长速度稍微下降一点，正好符合我们宏观调控的要求。即使增速再低一点，也是一个快速增长。

抑制通胀有新招

对于当前对通胀和资产泡沫的担忧，刘遵义坦言，现在最担心的通货膨胀来自于房地产市场，怕它有一个泡沫，这个是最大的担心。假如房地产价格一直上涨的话，一方面怕它长期变成一个泡沫，另一方面就会导致租金的上升，租金上升，所有的零售、服务业价格都会上去，就会变成一般性的通货膨胀。

他举了几个例子。日本到 1990 年的时候，如果将日本房地产以当时价格通通卖掉的话，可以把美国纽交所所有的企业通通买过来，但是泡沫破灭后房地产价格下跌了 80% 到 90%，到了今天还没有恢复。美国的房地产市场呢？1997 年价格开始上涨，到 2006 年最高峰时涨了 200%，然后就一路下跌，到现在，也看不出什么时候复苏。香港房地产，在 1997 年、1998 年是最高峰，到了今天，中等家庭买的房子才勉强恢复 1997 年的水平。

他认为，现在国家对房地产的限制和行政化的调控措施，就是在人为地限制这个泡沫越来越大，通过收紧银根把房地产价格的上涨幅度降下来。希望政府通过增加供给来限制泡沫。

我们注意到，银行业现在由于信贷扩张得很快，大家非常担心银行业的风险系数太高，特别是在另外一方面还有地方政府的信贷问题，这会不会是一个让大家感觉风险系数比较高的区域呢？

郑新立认为，银行的贷款前几年增加比较多，但是银行的不良资产是下降的，因为国家为商业银行建立了贷款约束机制，另外还有银监会的有效监管，一旦出现不良资产马上就有呆账准备金冲销，这两年整个银行的不良资产率控制得相当好，不良资产率是下降的。

他举例说，2011 年 5 月份 CPI 是 5.5，食品价格上涨占了 64%，房价上涨占了 20% 以上，这两个因素加在一起就占了 90%，这说明价格上涨一定程度上是供给性的，而不是由于信贷的膨胀引起的，食品价格上涨里面很重要的是猪肉的价格上涨，猪肉价格上涨是因为去年和前年的价格太低了，它是周期性的，如果你一直紧缩到猪肉的价格降下来，那是根本不可能的，所以不能用收紧银根的办法来把食品价格降下来。但是信贷政策，就是货币政策，现在应当把总量控制的政策改为结构性的政策，把收紧银根作为抑制通胀的主要措施，应当把这种总量控制的政策改成优化信贷结构的政策，转变发展方式，实现产业升级，通过财政杠杆引导信贷资金的社会资金都投放到基础设施建设、战略新兴产业、第三产业、农业现代化等产业和行业，就可以通过增加供给来抑制通胀，同时又可以吸收社会上资金的流动性，缓解通胀压力。

刘遵义透过资料分析，认为现在的信贷规模跟 2008 年危机之前差不多，不太高也不太低，有一段是很高，但随后一路下来了，现在的信贷规模跟货币增长率是稳定的。

对 2012 年中国经济走向，二人都持乐观态度。他们认为，虽然 CPI 数据还处于比较高的位置，但是已开始滑落，总的来说对中国整个经济的发展不会产生太大的约束作用，所以硬着陆的情况是不大可能发生的。

2012 年地方政府会增收吗

嘉宾介绍

刘尚希 现为财政部财政科学研究所副所长、研究员、博士生导师。是国务院政府特殊津贴专家。作为改革开放以来培养出来的新一代博士，注重经济学研究的实践性和本土性，从我国改革与发展的实践出发，撰写了一系列论著、论文、调研报告和政策建议，其内容涉及宏观经济、收入分配、公共风险、财政风险、公共财政、公共政策等方面。

王长勇 《新世纪》周刊宏观新闻部副主任。长期从事宏观经济、区域经济、财税等领域的报道，代表作有"4 万亿大拯救"、"真实的物业税"、"重构区域发展版图"等。

语录：努力，让经济简单明了。

- 分税制后地方政府的财力增加了吗?
- 地方政府能不依赖土地财政吗?
- 财税改革能增加地方政府税收吗?

在"十二五"规划中涉及许多关于民生的内容，而与民生最相关、民众最关心的是税收问题。无论中央政府还是地方政府，他们的运作都离不开税收；在既定的收入下，税收的增加或减少直接关系到居民可支配收入的减少和增加，它与民生息息相关。

分税制减少了地方政府收入吗

为解决楼市价格过高问题，中央出台了一系列房地产市场调控政策，但是调控效果不佳。地方政府究竟是没有意愿还是没有能力去调控呢？为什么中央政府的政策下达后，地方政府总有对策呢？

财政部财政科学研究所副所长刘尚希分析认为，地方政府应当说有能力，也有意愿去调控，但问题是，中国发展到现阶段，在城市化快速推进过程中，地方政府的定位非常重要，如果地方政府的定位不准确，就会出现与中央政府的调控目标相左的情况。如今在城镇化推进过程中，地方政府被定位成了一个主先锋角色，100多个城市都提出要建成国际化大都市，那么地方政府肯定需要大量资金来推进城镇化进程。

1994年，国家进行了分税制改革，中央和地方税收的分成发生了一些变化。当时分税制改革主要是解决中央政府宏观调控能力不足的问题，如今这个目标已经实现。

地方政府的税收能力总体来说有待于进一步提高，但这也取决于我们现在需要解决的主要矛盾是什么。分税制改革后，从税收上看中央稍微多一点点，但从支出上看，是二八开，国家财政的80%是地方政府花的，从一般公共预算来看，用这些钱保证地方的运转没有任何问题。但是地方政府的定位很高，要快速地推进城镇化，或者说在城镇化建设上搞大跃进，这样在建设资金上就显得不够，要通过各种方式筹集建设资金。实际上地方政府建设资金不足的问题是相对的，十年二十年的事情要三五年干完，钱肯定不够。在这个问题上，地方政府的目标和中央政府的目标可能有差异。

财新《新世纪》周刊宏观新闻部副主任王长勇指出，分税制改革后，虽然收入比例上中央占了大头，但从支出来看地方占了大头。财政收入和支出权限比重的不对称，是为了提高中央对地方的干预和宏观调控能力，这也是改革的目标。

相对于东部地区，中西部地区获取财力的能力要差些，地方收入的39%都是由中央政府转移支付的，但在转移支付中存在一个问题，即一半以上的资金是专项支付，就是由中央政府决定干什么，而且经常是项目，跟地方政府、百姓的需求有脱节，这可以通过转移支付制度的完善和匹配来解决，不一定非要从地方开辟新的财源。

土地财政是高房价的罪魁祸首吗

地方政府为了筹集建设资金，必须想办法来增加收入，除了税收外，土地财政就是被地方政府用得最多也是引起诟病最多的。

一些地方政府官员对于土地财政进行了辩解。江西省一名地方官员针对强拆事件发表言论，提出没有强拆就没有新中国；江西省赣州市城乡规划建设局党委书记刘洪长为土地财政辩护，认为土地财政没有剥削农民，也没有剥削市民，近几年房价上涨的主要责任不在地方政府，也不是土地财政惹的祸。

针对以上言论，《人民日报》发表文章指出，土地财政是高房价的罪魁祸首，土地财政不除，房价就下不来。

针对土地财政的各方质疑，刘尚希有自己的看法。他认为，地方政府在推进城镇化里面的目标定位和自身的能力得有一个匹配，不能把目标定得很高，自己的财政能力达不到，这种情况下肯定会出现很大的矛盾。土地财政的关键不在于卖地，而在卖地的钱花在哪儿了？是不是透明？是不是用到老百姓身上去了？是不是解决农民社会保障这一类的公共服务了？这才是关键。

至于土地财政，卖地是推高了房价，但是反过来想，如果卖地的成本降下来了，房价是不是一定会降下来？如果现在房价卖两万一平方米，在地价降价后，会不会因此卖每平方米一万五呢？很显然，可能还是按照市场价。因此，仅仅降低土地的价格，是解决不了高房价问题的，如果要真正解决高房价，就必须对房价进行控制，由国家来确定房价。

王长勇亦持有与刘尚希相近的观点。他指出，谈到土地财政，我们可能只看到卖地，没看到高房价的背后原因。其实土地价格这么高的原因在于，60%的土地供应是工业用地，但是对土地出让金的贡献却由30%的住宅用地提供，就是地方政府为了经济增长而将土地以无偿或者补偿的方式提供给工业企业，没有为老百姓的福利着想。

税收改革能增加地方政府收入吗

资源税改革已在新疆施行，如果进行资源税改革，实行从价征收的话，以业界猜测的最低税率 2% 计算，那么山西省 2010 年的地方税收就比 2009 年增加了 50 多亿元。房产税已经进行试点，同时车船税的立法工作也在进行中，这些改革能给地方政府通过税收增加财政收入吗？

对此，刘尚希说："如果这些税收政策真的出台，毫无疑问可以增强地方政府的税收能力和筹措能力，但是相对于地方政府这个非常宏大的建设目标，增加的这点钱可能还是满足不了那么多需求。况且这些税的真正出台不是那么简单，除了资源税在新疆实施以外，其他的税收还没有真正的推出来。"

他认为，税制改革的方向是结构性减税，结构性减税意味着从整个税制完善的角度来说实现税负的减轻，但是不排除个别税种出于某种需要增加它的税负，但对整体负担来讲可能是减轻，而不是增加。例如，在增值税扩大范围后，实际上税负会减轻，因为营业税的范围缩小了，增值税的范围扩大了，营业税不能抵扣，而增值税是可以抵扣的。如果交营业税的单位改成交增值税的话就会有抵扣，从整体上看，税负就会降低。

凡是向个人征收的税都是非常复杂的，因为这涉及比企业征税多得多的利益相关者利益。例如房产税在征收过程中就要评估，因为老百姓要确认这么做是不是值得，要有一个价值判断，这种价值判断对每个人来说是不一样的，要把每个人的价值判断归合到一起，大家都比较倾向这种价值判断就比较难。对于纳税人来说当然是希望减税，税收改革的目标是结构性减税。

王长勇反对通过增税来增加地方收入。他的理由是：目前中国整体税负已超过 30%，单纯依靠增税来为地方政府增收阻力越来越大，因为纳税人反对和抵触的声音已经很高了。现在应该对支出的效率和内容做一些调整，比如现在财政支出结构中，建设资金占的比重太大，还有一个就是政府的行政经费占比也达到了 20%，这里面调整出来的资金也可以用于地方政府的一般公共服务，不能单纯只是通过增税来解决现在的问题。

增值税是中国第一大税种，占的比重最大，改革余地最大，减轻税负最明显，对投资和消费也最有好处。其实到最后减税措施往往会扩大税基，可能整体税收总额不一定会下降。

现在的许多矛盾，包括部门之间、中央和地方政府之间，其实都是为自己的权利而博弈。政府关起门来自己商量征税，纳税人没有任何发言权，根本不知道某个税是怎么出台的。虽然税收增加了，但是如果政府能将纳税人的钱花得更好，国民也是没有怨言的。

2012年，对地方政府来说，希望能有更多的钱进行建设；对普通民众来说，希望自己腰包里的钱不减少。其实，地方政府承担的责任，不是仅仅依赖税收和土地财政能够解决的，更需要收入和支出的阳光和透明。

经济学理论能破解中国之谜吗

嘉宾介绍

王小鲁 国民经济研究所副所长。20世纪80年代曾任国家体改委中国经济体制改革研究所杂志主编、研究室主任。90年代赴澳大利亚访问和学习，近年来曾任澳大利亚国立大学研究员和多家国际学术机构的访问学者。研究领域为中国经济增长与发展、收入分配、市场化改革等。发表中、英文学术论文七十余篇。两次获孙冶方经济科学论文奖，博士论文获澳大利亚国立大学杰出博士论文奖。

杨哲宇 财新《中国改革》副主编、财新传媒理论评论部主任，曾任职于《中国证券报》《财经》杂志，长期从事宏观新闻研究，代表作有《改革：危机下的"不懈怠"》《苏联解体20年祭》等。

- 政府在中国经济发展中该如何定位?
- 中国应该坚持走市场经济发展模式吗?
- 经济学理论能提供中国经济发展处方吗?

财新传媒《中国改革》杂志刊登了一篇专访文章，题目叫做《中国之谜有待经济学家去解决这些问题》，这些问题是什么呢？中国之谜又是什么？国外有媒体甚至预测，中国经济的发展模式可能会面临崩盘，真的那么严重吗？2012 年，中国经济发展应该继续坚持走市场经济道路，还是应该选择另外一种发展模式呢？

政府角色的正确定位

在谈到中国经济发展模式的时候，有人提出来，中国的改革开放已经走过了 30 年，目前的现状是半统制经济半市场经济并存，用亚当·斯密的经济理论来说，就是政治看得见的手和市场看不见的手中间有不平衡，这个平衡点很难把握。

那么，在当前经济发展中政府又该如何定位呢？

"我觉得中国经济总的运行情况还是比较好的，但是出现了很多矛盾，包括结构失衡；由于内需不足，经济增长过度依赖出口和投资等等。我觉得这里面可能会涉及一个很根本的问题，就是我们现在这样的经济模式，政府到底在中间该扮演什么角色，起什么作用，这些问题恐怕有待于清理。"国民经济研究所副所长王小鲁提出了自己的分析。

财新《中国改革》副主编杨哲宇则有自己的见地。他说，看得见的手和看不见的手不是相互平衡的问题，而是各有各的用处的问题。其实纵观经济史，政府的角色从来都不可或缺，但是对中国这个从计划经济走向市场经济的经济体而言，它的经历又是政府角色逐渐淡出竞争性领域的过程，同时市场经济发展又对政府在规则的制定、规则的执行等方面提出了更高的要求。他认为中国经济现在出现的问题恰恰是政府在这些领域没有起到这样的作用，而不是说它过于越位了。

为抑制房地产价格过快上涨，从 2010 年 1 月份国十条开始，政府频频出拳，各项调控新政不断出台，但还没有达到大家预期的效果。

2010 年一系列的调控政策出台以后，北京、上海和广州房价并未出现明显下降，其中广州环比上涨了 0.2%，上海涨了 0.1%，北京持平。2011 年 7 月 12 日，国务院总理温家宝又提出限购要推到二三线城市，紧接着限价令也出台了。河北省廊坊市房管局表示，该市新建普通商品住房价格最高不得高于每平方米 9000 元，其中，市区中心区的平均价格不得高于每平方米 8200元，市区周边区不高于每平方米 7100 元。

对政府出台的这些措施，有很多人批判，觉得政府管得太多了，这只手伸得太长了。

对此，王小鲁认为，这个问题其实很复杂，要从很多方面来考虑。现在房价太高，大多数老百姓都承受不起，政府有必要采取措施，设法把房价降下来，但这个问题不是仅仅靠行政性的限购和限价就能解决的。这是整体结构性的问题，包括现行的土地转让制度、土地出让金的收取，以及讨论中的房地产税征收等，在这些措施没有到位的情况下，仅仅靠限价或者限购来抑制房价，恐怕还是有待观察的。

杨哲宇也持同样的观点。他表示，政府在土地管制上的角色，其实从根本上垫高了房价。现在政府大张旗鼓地建设保障房，而保障房是 1998 年房改启动的应有之意，但是这么多年都没有跟上，现在房价已经这么高了才着急忙跟上，控制房价的最佳时机已经过去，所以退而求其次，政府采用了这种效率最低，对市场信号扭曲最大的价格管制行为，乃不得已而为之，但是对它的效果令人忧虑。

市场经济的应有之意

北京、深圳、长沙等地多次发生的公共场所电梯事故，以及达芬奇家具造假、系列食品安全事件，都充分暴露了政府的监管不力与行业标准的滞后。有人批评政府，这些都涉及安全问题，是政府该管的事情，但是政府在这些方面似乎没有把手伸到它该伸的地方，或者手伸过去却没能管好。

王小鲁也认同这种看法。他认为，自由竞争是市场经济的核心，在有些领域里能起到改善资源配置、调节供给和需求关系的作用。但是它也有它的作用范围，在另外一些领域，市场机制本身不能充分发挥作用，或者说它的作用范围是有限的，比如食品安全问题、基础设施的工程质量问题，对这些问题，如果没有政府的积极参与，特别是没有一套严格的规章制度，没有严格的政府监管，就解决不了问题。那么，在政府该管的这些事情上，政府做到位了吗？事实说明，到现在为止政府很多事情没有做到位。

光讲政府管得多了还是少了，并不能完全说明问题。在完全竞争的领域政府完全可以少干预或者不干预，但是在提供保障房、基础设施建设、食品安全等领域，有些事情政府必须出手干预，关键是政府怎么做，在做这些事情的时候有没有规范；是为社会公众做还是为自己做，为既得利益做。

如果制度不健全，政府行为很可能变成为自己谋既得利益，为自己寻租，把为公众做的事情变成了为自己做的事情，这是一个很大的威胁。所以有一个问题现在必须提上议事日程，就是怎么规范政府行为，即在一个法治社会框架下，政府行为应该受到法制约束，符合法律规范。

杨哲宇以李克强副总理呼吁要加强保障房建设的监管，防止保障房成为权力房为例，阐述了自己的观点。他说，光靠领导人的呼吁，作用是有限的，必须从制度安排和法律监管上加以完善。市场经济更是法制经济。

发展道路的正确选择

有人认为，中国经济发展模式有三个选择：一个是坚持现在的持续发展道路；一个是彻底或者更多向自由的市场经济转型；另外一个是政府在国家经济中是大政府角色。那么，中国经济发展该选择何种模式呢？

王小鲁认为，中国通过改革，从计划经济转向市场经济，这个转轨是对的。通过这样一个转轨，解决了很多过去效率低、经济发展乏力的问题，整个经济具有了活力，但是如果说完全自由竞争能够代替政府作用，也不见得，因为市场机制也存在缺陷，有些领域难以自发起作用，这些领域就需要政府来做。

反过来讲，不能因为政府发挥了作用，而且能够看得到效果，政府的作用就应该越来越大。其实如果大到了危害市场竞争，路子恐怕就要走偏，甚至有可能发生倒退，向改革以前的分享倒退，这种倒退显然是没有出路的。所以说政府的作用应发挥在一些市场经济起不到作用的领域，政府要扮演一个中间人或者仲裁者的角色，这些角色政府能否合理地扮演，取决于政府的模式怎么确定。改革过程中一个突出问题是我们政治体制改革走得太晚，到现在为止很多政治体制方面需要解决的问题还没有解决，如果不解决这些问题，就很难端正政府自身行为，很难使政府起到一个为社会公众服务的职能和作用。

所以，如果要讲中国模式的话，到现在我们还没有形成一个完整的模式，走的是一条中国发展道路。这个模式怎么形成？首先取决于我们未来的政治体制改革能不能顺利的推进。

总的来说，经济学理论给我们提供了一套分析方法和分析框架，总体上看是说明市场竞争在经济中的作用，这是经济学理论中最重要的部分，但是它并没有具体到中国现状，帮我们解决怎样去建立一个完整的市场经济，政府应该怎样扮演它合理角色的模式。这个路该怎么走，有待于我们继续探索。

杨哲宇也主张应该慎用中国模式这个概念和字眼，温家宝总理也曾在一个正式场合否认中国模式的存在。杨哲宇认为，现在归纳出来的所谓中国模式的一些特点，例如政府在经济当中的作用、产业规划等，实际上在韩国、日本等其他亚洲国家也曾经出现过，但是后来的结局都不太美妙，我们应吸取教训，而不是沾沾自喜。

2012 年，中国发展之路究竟在何方？其实，真正适合中国的道路，就是经济持续增长，让所有人在公开、公平、公正的基础上继续受益。过去的经济学理论，特别是西方经济学理论，并不完全适用于中国的现状。

中小企业融资难，有"药方"可解吗

嘉宾介绍

　　**吴敬琏**　现任国务院发展研究中心研究员、中国人民政治协商会议全国委员会常务委员兼经济委员会副主任、国务院信息化专家咨询委员会副主任、国务院发展研究中心学术委员会副主任、新加坡国立大学东亚研究所国际顾问理事会理事、国际管理学会会员；《改革》《比较》《洪范评论》杂志主编；香港浸会大学、香港大学荣誉社会科学博士。1984 ~ 1992 年，连续五次获得中国"孙冶方经济科学奖"。2003 年获得国际管理学会（IAM）"杰出成就奖"；2005 年荣获首届"中国经济学奖杰出贡献奖"。当代中国杰出经济学家，著名市场经济学者，是中国经济学界的泰斗，被誉为"中国经济学界良心"。

- 人民币升值、原材料价格上涨、劳动力成本上升、融资困难……中小企业面临生存困境！
- 发展"草根金融"，提高信贷限额，给予政策补贴，融资困难能否得以化解？

2011 年 4 月以来，温州的一些中小企业老板因为资金链断裂纷纷跑路。其实这个事情不仅仅在温州，在民营经济同样发达的珠三角地区，也出现了民营企业老板"走佬"现象。这个现象只是暴露了中小企业或者民营企业生存困境的冰山一角。中小企业仅仅用了 20% 的金融资源，就创造了 80% 的城镇就业，还贡献了 50% 的税收，应该说中小企业对国家经济的贡献非常大。那中小企业为什么还会遭遇融资难？融资难究竟难在哪？2012 年，化解融资难的"药方"在哪？

加快金融体系改革

在国务院发展研究中心研究员吴敬琏看来，中小企业融资难与国家的歧视性政策有一定关系。在计划经济时代，中小企业毫无生存的余地，即使上世纪 80 年代逐渐地开了门，先从个体户开始，然后有私营企业，私营企业开始发展的时候都是中小企业，他们的处境始终都不那么好，这是一个长期的问题。

但是要让经济繁荣，让创新活跃，如果没有中小企业的发展，这两条都是做不到的。经济学界已多次呼吁要改善中小企业生存的经营环境和法制环境。但由于金融体系改革滞后，给中小企业带来了融资上的困难，再加上直接的政治原因或间接的政治原因，即对私营企业带有歧视性的政策，才造成了今天的这么一种状态。

这不是温州一个地方的问题，只不过温州显得问题突出一些。过去温州也曾出现过只要经济衰退就会有大量人失踪事件，但是这些人在外面搞好后又回去了。所以对金融体系的改革，经济学界一直呼吁要加快，但是很难。

针对部分中小企业因资金链断裂，一些民营企业家逃到海外，当地政府以发放贷款方式劝其归的做法，吴敬琏表示这不是一个好办法。因为这种救助会引起系统性危机。如果银行破产会使得金融系统崩溃，这个时候政府要出手，出手不一定是救，可以采取政府借款，借款以后政府再退出。对于个别企业，由政府领导决定救谁不救谁，破坏了规矩，对于经济的有效发展不利。

银行作为一个商业机构，他决定贷款给谁会出于很多商业方面考虑，如果按当地政府的安排向某家企业贷款的话，从长期来看对企业和银行都不见得是好事。在市场经济条件下，政府怎么能够指定贷款呢？2008 年的时候，政府救企业的办法是先给一个企业一块地，然后让这个企业再去救另一个企业，这种办法不是好办法。还有一个基本问题就是到底由市场机制配置资源还是由政府来配置资源，政府配置资源的有效性是很差的，虽然可以救一些企业，但却降低了整个经济效率，以后造成的问题会更加严重。

建立小企业信贷担保

为了让中小企业获得良性发展，吴敬琏认为，在市场机制失灵时，对小企业应该有特殊的安排，除了商业贷款之外，还应有一种小企业信贷担保。小企业信贷担保具有某种财政性融资性质，但它是按照市场规则来运作的，把商业银行对小企业贷款的一部分风险承接了下来，所以要给予他一定的补贴。这个补贴可以来自于政府或商会，也可以从商业银行利润里提。在 1998 年我国已经建立了小企业信贷担保，到了 21 世纪初期，整个经济增长速度很快，政府便放松了这方面工作，把信贷担保工作都转到市场上去了，都变成了商业性的保险。

吴敬琏进一步指出，如果商业性保险就能够弥补可能出现的损失的话，银行自己就可以做，不需要建立小企业信贷担保了，因为小企业具有外部性，有些收益属于社会收益，他是拿不到的，比如小企业的存在加强了市场竞争度；而他们在市场竞争中属于弱势群体，社会得到了加强竞争度好处，而每一个小企业却并没有得到。社会对于这种外部性应该补偿，但是补偿的方法不能由政府直接决定，如果由政府直接决定补偿方法会提供寻租的机会，造成不公平。因此世界各国都会有一个制度架构，就是为小企业的信贷担保。

消除歧视性双重标准

中小企业融资难的一个重要原因，是国有金融机构对国有企业和民营企业的歧视性政策及没有放宽对非公有制企业的市场准入。要想解决当前中小企业的经营困境，应为中小企业搭建一个宽松的经营平台。

吴敬琏建议，首先要消除对中小企业的歧视。这次出现的小企业资金紧张，并不是从现在才开始的，从 2009 年海量贷款的时候挤出效应就很厉害了。那时海量贷款表外加起来十几万亿，表内的将近 10 万亿，但小企业资金困难想贷款时却很难。基层银行当心贷款给中小企业后产生烂账，无法向上级交代；而央企是最不容易出烂账或出了烂账可以被拯救的。于是在海量贷款的情况下，对小企业、私营企业是挤出效应；在银根紧缩后，首先收紧的依然是中小企业。这种歧视，不符合中央要求平等保护各种产权，营造平等竞争环境的要求，需要改变整个观念制度。

第二，改变融资环境。西方国家有一些大银行是做中小企业贷款的，像美国富国银行就对小企业贷款提供了许多帮助。但是中国不具备这个条件。一是我国没有建立资信系统；二是小企业没有可提供担保的东西。而民间创立小银行始终没有得到管理机构的批准。

再一个就是小额贷款公司，他们可以给中小企业提供贷款。但小额贷款公司由于不允许吸收公众存款，使他们的可贷资金量受到了限制，而且由于"僧多粥少"，导致小额贷款公司无资可贷，资金回报率低，处境尴尬，不能从根本上解决中小企业融资难。

为支持中小企业发展，2012年，政府需降低金融行业准入门槛，允许并支持各类民营小型金融机构发展。20多年来，属于非法金融组织的地下钱庄曾无数次帮助中小企业渡过难关；但他又游离于金融监管体系之外，也出现了一些问题。如果能让东南沿海的地下钱庄在法律监督下合法化，阳光运作，这对处于困境中的中小企业来说，无疑可以算作一件幸事。

法制中国篇

国债投标舞弊——固若金汤下的硕鼠之困

嘉宾介绍

周春生 博士。历任美国联邦储备委员会经济学家，美国加州大学及香港大学商学院教授，中国证监会规划发展委员会委员（副局级）。曾任中国留美金融学会理事；美国经济学会，美国金融研究会会员；Annals of Economics and Finance 编委。现为长江商学院金融学教授，国家杰出青年基金获得者，香港城市大学客座教授。

李 涛 财新《新世纪》、财新网金融新闻部主任。
关注领域：金融。
语录：愈做银行、货币和金融改革报道及编辑，愈笃信不可能把银行体系保持在政府操控之下的同时，创造出一个现代银行业体系。

● 运行了好几十年，有着比较严格程序的国债发行为什么会出现硕鼠之困？这是个案还是普象？

● 一只普通手机就能操作国债投标舞弊，这背后是否凸显制度盲区？

● "绝对的权力导致绝对的腐败"，"硕鼠之困"如何解？

过去可能家家户户都会购买国库券，现在随着投资品种的增加，国债这个品种已经淡出了大家的视野，不过由于它稳定的收益率和极低的风险，还是受到部分投资人的青睐，这就是为什么称它为金边债券的原因，但是没有想到这样一种固若金汤的债权投资，以国家的名义发行，居然还是有人从中中饱私囊。

张锐，43 岁，财政部国库司国库支付中心副主任，具体负责国债发行兑付工作已长达 12 年，日前被查出通过手机短信向招标银行透露了中标价格。事情起源于一家内蒙古的城商行在多次国债发行的投标中，中标价均落在最低价，有同业向有关部门举报，审计部门据此顺藤摸瓜，最终查出了财政部国库司为之通风报信的张锐……此事一出，立即引起社会哗然，受到广泛关注。

个案还是普象

国债发行已经运行了好几十年，且有着比较严格的程序，如按照央行 2002 年发布的有关债权发行现场的管理规定，在招标过程中发行人和相关的各方不得泄露其投标情况，发行时间内债券发行现场的任何人员均不得擅自离场，不得对外泄露债券的投标信息，必须关闭对外联系的一切通讯工具。那么，为什么在这样一个严密的发行过程中，还能挖出硕鼠，还有人能够从中牟利呢？这样的黑案发生是个案还是投资行业中普遍的现象？

对此，长江商学院金融学教授周春生认为，任何的金融交易，信息都是获取利益的一个非常重要的资源，这一次的张锐腐败案件，实际上牵涉到的就是泄密或者是说提前向特定的对象提供一些不应当提供的信息造成的，这种现象在金融市场上会长期存在。所以打击内幕交易、信息披露不公平等，是金融市场、国债市场以及证券市场的长期工作，这不只是在中国存在，其实在美国等其他国家和地区也会有此类似现象。

而事实上也确实如此，张锐案，并非偶然发生的个案，而是行业内很普遍的一个现象，圈子里对此舞弊潜规则也都是心照不宣的。所以，这个案件爆发以后，很多投行人都人人自危，害怕会因此牵涉到自己。

对于张锐能连续 12 年在同一个岗位上工作而没有被替换的疑惑，《新世纪》周刊金融新闻部主任李涛则提到财政部自身存在的一些原因。他说，财政部是一个最强势的发行人，特别自信，对于干部轮岗制度不是特别的在意。能够在这个岗位上一待就是12年，这与张锐专业技术娴熟，熟知国债招投标方式，对招投标的商业银行和投行的投资策略很熟悉有关，领导很信任他，所以，由此就忽视了可能产生的一些贪腐现象。

根据相关调查显示，国债在招标过程中，每设计一个基点，也就是0.01%，就可能产生几十万元乃至上百万元的收益，如果投标人能够提前了解到上线和相应的投标数量，就能排挤其竞争对手，以最低的成本中标，从中获利，而每年国债的发行额一般都在万亿元左右，所以其中产生的金额是非常大的。只要有利益的地方，很多人就希望能够伺机而动找到漏洞，而且正因为他熟悉，他精通，他也就比其他人更容易找到机会。

手机舞弊凸显制度困惑

我们看到，张锐所采用的舞弊手段很简单，就是在投标的过程中通过短信将相关的信息告知相关机构，从而使他们以最低的成本来中标。这么非高科技的传送手段，所有人都能做到。而他也居然敢用普通的手机发这样的信息，一方面反映财政部国债市场的特殊性，和股票市场有不同的地方，也就是说国债因为牵涉的面相对小一点，这个事情就不太被人关注，所以这个事情即便发生了，直接影响的不是普通百姓的个体，事情就不会闹很大；另一方面也凸显出我们现行国债发行制度是非常容易有漏洞可钻。那么是不是在这个制度上应该有相应的改变来杜绝呢？

对此，周春生认为，任何制度都是有漏洞的，因为尽管表面上看起来张锐用的手段是很普通的，社会大众都用手机这样一个工具，但他之所以用这个工具，是因为他能够传播内部信息的时间是非常有限的。因为招投标的过程在一个小时左右，他必须在这个过程结束之前把这个信息传播出去，而在招投标开始之前，其实他也没有相应的信息。所以，在这种情况下，要想很短的时间内把信息传播出去，不可能用电脑，更不可能跟人面谈，只能用手机。

而针对此问题，李涛再次将矛头对准了财政部。他说，财政部是国债发行市场中最强势的发行人，他说了算，行业规则由他制定，同时又是游戏规则的玩家，其他参与招投标的银行或者投行，是不敢有任何怨言的。

除了监管漏洞，李涛还提到另外一个原因，即中国的国债发行方式是有问题的。从 1996 年开始，财政部逐步以市场化招标的方式来发行国债，目前已采用"荷兰式"（单一底价招标）、"美国式"（由各种参与投标的机构拿出很多的价格投标，最终得出的不是一个最低价），2004 年后，财政部在前二者基础上发展出混合式招标方式，并逐渐成为中国记账式国债发行的主要方式。混合式是我国的一个创新，就是价低者得，如果能够拿到最低价格的话就可以获得更多的标底。这其实是刺激了参与投标的机构不择手段牟利，实证也表明这种混合式发行方式，已出现了很多违规行为。

硕鼠之困如何解

制度的执行大于制定。周春生认为，舞弊这种现象，在中国不只是财政部存在，其实各行各业都存在，主管机构具有绝对的权威，这些监管者同时也是政策的制定者，而且往往有的时候还是各种利益的参与者。当然从某种意义上来说，不管是财政部还是其他的国家机关，将裁判员和运动员的角色分开，对防止腐败肯定可以起到一定的作用。要想从根本上解决违规、腐败等这些问题，在制定了制度后，最关键的还是在于执行。

根据业内人士透露，张锐在北京郊区拥有价值千万元以上的别墅。这远远超出了一位财政部中层官员的收入。他有这么多的不明财产，为什么他的上级官员没有看到或者说只有别人举报了以后才能够查到他的一些不当所得呢？对此，李涛进行了分析，"从监督机制角度来讲，官员申报制度是很重要的一环。这不仅仅是他的很多财产透明化的问题了，更多是他行为的透明化，或者说至少有一个人，有一个独立的第三方在监督他。"但我们正是缺乏这样的监督机制。

张锐案只是国债舞弊黑幕之冰山一角，没有曝出来的还不知道有多少。究其原因既有制度上的漏洞，也有执行上的不利。绝对的权利导致绝对的腐败，我们希望在 2012 年，乃至更长的时间段内，相关的部门可以将制度漏洞一一填补，也希望，相关部门可以尽快建立起官员申报制度，结束官员行为无人监管的空白，真正做到官员个人财产的透明化与公开化。当然，我们也希望制定的制度能真正落实到执行上，只有这样，诸如此类的"硕鼠之困"才能真正地消弭无踪。

飞不出的疯人院——"被精神病"者的权利遗落在哪里

嘉宾介绍

黄　卉　北京航空航天大学法学院副教授，德国法研究中心执行主任，航空法研究中心副主任。北京大学法学院博士后，德国洪堡大学法学硕士和法学博士，华东政法大学法学学士。曾任教华东政法大学。研究方向：宪法与行政法，经济宪法、航空法。

秦旭东　财新《新世纪》周刊法治新闻部主任，财新《中国改革》编辑，以法治的视野关注新闻。

- 混乱的精神病鉴定标准何时能统一？
- "精神病"者也有人身自由，是否需要接受"强制治疗"？
- 不和谐的"被精神病"现象何时休？

"被离婚"、"被死亡"、"被全勤"、"被忧郁"……近几年，越来越多的"被事件"出现在公众的视线中，而《人民日报》一篇"精神病收治不得偏离法治轨道"的评论文章，使得"被精神病"这一话题再次引起了整个社会的极大关注。

徐武，一名普通的职工，四年前，因被武汉某精神病院诊断出患有精神病，而莫名被精神病院强制收治；四年后，他成功从精神病院出逃，并向媒体求助，试图证明自己没有精神病。而仅仅 8 天后，在广州，他又被武汉警方强行带走。

他真的患有精神病吗？正如财新《新世纪》周刊法治新闻部主任秦旭东所说："抛开法律，仅从一个朴素的常识或者一个简单的是非观来看，如果一个人有精神病，他有没有可能三次出逃，并且自己到广州去向媒体反映，甚至到电视台接受采访？"

根据相关资料，他本人及其家人对自己"有精神病"这一"事实"是持否定意见的，也就是，他是典型的"被精神病"。无独有偶，他不是个例。同样的案例还有：

2001 年 4 月 9 号，湖北市民彭保全上访被当地警方以"偏执型神经病"带进了医院强制接受治疗，在舆论及网友的压力之下，三天之后他得以脱身。

在河南洛河，农民徐林东因为看不惯邻居在一场纠纷中吃了乡政府的亏，所以从 1997 年开始他就帮助邻居写材料以及向各级部门反映，在 2003 年 10 月，正在北京上访的徐林东被乡政府抓了回来，并且关进了精神病院，2010 年 4 月，因为此事被媒体曝光，他才脱离了精神病院，回到了家中，2010 年 12 月他得到了 30 万元的赔偿金。

分析这两个案例，不难发现，两个人都是帮别人维权，类似于赤脚律师那样的角色，而在地方上这类人往往被认定为社会不稳定的麻烦制造者。徐武案中的一个细节是，他与单位打了两年官司，而后被莫名送进精神病院。这样一来，这个问题就更值得深思了，是"真精神病"还是"被精神病"，恐怕不是一言两语就能说清楚的。

精神病的鉴定标准何在

精神病的鉴定及甄别问题，是此案件的关键点之一。武汉的有关医院说他有精神病，而广州出具的鉴定说他没有精神病，在几者出现分歧的时候，应该怎样甄别更合适呢？对此，秦旭东说，"他是不是精神病，这需要一个严格的程序认定，既有医学上的也有法律上的认定，比如他的父母、他的监护人如果有不同意见是不是可以申诉。"

但从现实情况看，不管从医学方面，还是法律层面，都是非常混乱的。比如说，有时候家属打一个电话就被送去了，或者医生在电话里听到一些情况就开车来接走了，因为当事人的话都可能作为精神病人的疯话了。那么，问题出在哪里呢？如果从法理上讲，这种情况是不应该出现的。

对此，北京航空航天大学法学院副教授黄卉认为，这是由于程序不够完善所致。为此，她建议，医院首先应该有一个比较健全的鉴定程序，尤其是在强制收治遭到当事人拒绝、反抗时，要意识到强制收治行为其实是在侵犯公民的人身自由，这是一个很大的问题，或者说等于非法拘禁。但问题是这在医院系统却不是问题，他们只是简单地把其认为是一个医疗问题。

到目前为止，尚缺乏更多关于这种司法鉴定的法律法规，而最相关的精神卫生法至今也没有正式出台。法律的缺失，导致实际工作中的无法可依，也给了某些人钻法律空子的机会。所以，尽快完善相关的法律法规，是迫在眉睫之事。

精神病需要强制治疗吗

"强制医疗"是这个事件的又一关键问题。人身自由是宪法赋予公民所享有的一项基本权利。除此之外，由武汉市人大常委会制定的，2010 年 9 月 1 号生效实施的《武汉市精神卫生条例》明确规定，任何单位和个人不得非法限制精神障碍者的人身自由，住院治疗的精神障碍者享有通行、受探视的权利，也就是说这个前提条件是对精神病患者不能非法限制其人身自由。

但事实情况呢？

相关资料显示，2006 年，徐武被当地警方送到武钢第二职工医院之后，他的父母前后80 多次想要探望自己的儿子，但都遭到了拒绝，二院保卫科一位负责人的理由是精神病院是一个比较特殊的医院，所以不能让他们见，并说，这也是卫生部的规定。接着，2007 年徐武第一次逃跑之后，厂办想带他走，承诺徐母最多几个月就将其送回来，但是这一等就是整整四年。2011年4月27日，徐武在广州被武汉警方再次带走后，当地有关部门说，徐武被送到了医院继续接受治疗，但5月1号徐武的父亲再次来到二院的精神科室，仍旧没有找到自己的儿子。徐母说，她就不明白，当时他们签字同意让他们接走儿子去进行治疗的，但是现在为什么他们没有权利去终止治疗接儿子回家呢？

此外，即使徐武被认定为精神病患者，他自己能不能提出一些要求呢？比如他要求重新鉴定或者要求出去？能不能有途径实现他的诉求呢？这也是公民人身自由范畴里的问题，但是徐武的这一权利，依然没有被尊重。

因此，可以看出，即便有了一些相关法律法规，但在实践中，两者还是存在冲突的。对此，黄卉分析说，这里存在一些执法上的问题。而这些执法不公的背后，恰恰正是侵犯了公民的人身自由。比如说，为什么徐武父母想接儿子回来却屡屡不能接回来，往深层次想，我们可以大胆地判断一下，这或许是一个枉法的行为。

此案件本身折射出了诸多问题：医学鉴定上的不完善，法治上存在漏洞（强制收治没有门槛，缺乏程序规范，个人救济缺乏途径，住院期间缺乏纠错机制），在实践中存在诸多不公。所以，这一案件得到整个社会的广泛关注一点都不足为奇。

"被精神病"现象何时休

对此，《人民日报》评论文章认为，尽管我国的精神卫生法仍在襁褓，尽管无危险不强制这种理念没有具体的条文落实，但是必须看到的是，即便强制收治是为了治病救人，但是也是以限制人身自由为前提的，所以需要格外的谨慎，更要看到的是，未经法律程序，任何单位和个人不得剥夺他人的人身自由，这是我们建设社会主义法治国家的基本要求，精神病人也是受到法律保护的公民，所以对其收治也是要经过严格的程序，而不能在一种对于公众或者媒体还有家属不透明的环境下进行。

我国的精神卫生法酝酿了20多年还没有出台，那我们应该依据什么样的法律或者条文来做呢？

针对这个问题，黄卉认为，不能简单说精神病人收治无法可依，法律是一个体系，从宪法开始，民法、刑法、行政法，等等，组织了一个法网，应该在法律体系层面上理解法治，即使出台了精神卫生法，当中可能也会存在很多漏洞，需要其他法律来补充，所以解决当前问题不能指望一部精神卫生法或者精神病强制收治法的出台。

秦旭东特别强调法治原则，一个宪政的或者法治的理念。对公民权利来说，法无禁止即可为；但对公权力来说，法无授权即禁止。将之应用到"精神病强制"问题上，就意味着如果没有法律明确规定，这就是违法的。他指出，对于"精神病强制"问题，这不是简单的法律技术问题，而是很典型的权力滥用。

"被精神病"，不该收治的被关进去了，该收治的在外面到处游荡，"被精神病"患者的权利遗落在哪里……徐武案不是一个个例，在事件的背后，折射出的是整个社会法治的失落、普通人人权的被漠视，还有执法不公的现状。于是，我们可以理解，此案件得到社会这么高的关注，关注的不仅仅是案件本身，也不仅仅是主人公徐武，更是通过事件关注自身的权利。人身自由是公民享有的基本权利。这不仅是宪法的规定，也是一个文明社会应有的文明自觉。但是，在中国，这点我们做得远远不够。所以，在未来，保证公民基本权利的行使，不仅需要法律层面的约束，也需要各相关部门的重视，当然，更离不开整个社会的共同努力，只有这样，"徐武案"才不会再出现，人民的权利才能得到真正的保障。

2012 年，但愿类似的事件不会再上演。

中国移动反腐风暴——体制的罪过与无辜

嘉宾介绍

项立刚 飞象网 CEO，中国通信业知名观察家。长期观察、研究中国 it 业和通信业，对于电信业的发展、电信管制政策、电信业的发展趋势、SP 产业的发展策略、3G 技术和业务都有深入研究。熟悉通信业的组织结构、运作模式，了解通信技术发展历程，对通信业新技术有全面了解。经常对通信业热点问题有独到见解，首先提出了移动信息网理论，是我国第五媒体最早理论联系实践的研究者，被多家杂志和网站聘为专栏作家。任多个网站和增值业务提供商战略顾问。为多个国外投行和通信业分析机构长期提供通信行业咨询。

赵何娟 财新《新世纪》周刊、财新网高级记者。曾任职于《第一财经日报》和《财经》杂志，长期从事调查和公司报道。

语录：记录商业盛世与阴影，相信脚印改变世界，让脚印更深一点，再深一点。

● 到底是什么引发了中国移动这起腐败窝案？难道又是制度之困？

● 中国移动真的会"一放就乱，一管就腐败"吗？

现代生活中，手机已经成了生活必需品，而拥有 6 亿多用户的中国移动，其市场份额占到了 70%。在中国移动所有业务当中，有一项 SP 业务，即大家常用的，除普通通话以外的其他业务，如短信、彩信、飞信、游戏、手机报等，其业务的增长量相当迅速，已经占到中国移动总收入的 1/3，达到了 1500 亿元。正是由这块业务引爆了这起中国移动的腐败窝案……

李向东，男，中共党员，电子科技大学硕士、美国布法罗大学商学院 EMBA。曾任四川移动数据部总经理兼无线音乐基地总经理，是中国移动无线音乐基地的创导人之一，曾带领团队实现 1 年盈利 140 亿元，先后获得"中国移动通信集团公司劳动模范"、"全球通四川十大杰出青年经济人物提名奖"等荣誉称号……可是，正是这样一个人，在携数亿人民币潜逃过程中被抓，且从他外逃开始，逐步地顺藤摸瓜，又牵扯出越来越多的人物，如原工信部总工程师苏金生、中国移动副总经理马力、空中网 CEO 王雷雷等。

中国移动的这起腐败窝案相当复杂，牵涉的人物特别多，也给一批人创造了寻利空间，如王雷雷的堂弟王霆霆曾经投资过一家名为迅捷英翔的公司，被曝光也是四川移动音乐基地的核心服务商之一。而来自 SP 业务流传的消息称，迅捷英翔实际上是王雷雷所控制的，在 2004 年迅捷英翔成立的时候还亏损 9 万多，随着时间的推移，该公司业绩猛增，到 2009 年收入已经达到 1.3 亿。那么在其迅速致富的过程背后依赖的是什么？又是什么孕育了腐败滋生的温床？

根源：集权管理

对于这起案件，飞象网 CEO 项立刚认为，很重要原因在于中国移动的管理体制。他说，大部分 SP 产生出来的业务，如果仅靠自己的力量去推动市场是不够的，必须要成为中国移动很重要的合作伙伴，让中国移动将自己当作最重要的核心业务，捆绑到自己的套餐里面去，比如一个 88 块钱的套餐，里面会包括几个数据业务，你只要被捆绑进来，这个数据业务会分配 SP 大量的黑色收入。进不了这个捆绑业务，靠自己去推动宣传，很难赚或是赚得非常少，但只要被捆进去，中国移动就会把大量的钱给你——这就是一个腐败的根源——每个 SP 都希望进入到捆绑的业务。

赵何娟则从 SP 的发展历程进行分析，她说，SP 发展的早期是中国移动刚刚推出移动增值服务的时候，相对比较开放，竞争也是比较激烈。那时候的增值业务比较简单，主要是以短信、彩信服务为主。以王雷雷为例，那会儿王雷雷还只是 TOM 的一个高管，凭借他的资源优势，如跟电信系统的熟识关系，第一个拿到彩信的牌照，第一个接到彩信……正是通过短信业务，TOM 上升到了一线互联网的地位。后来，中国移动看到 SP 的发展很乱，存在许多问题，于是开始收紧，通过加强集权管理增加了很多寻租的空间，导致一大批 SP 中小公司的力量被削弱，而像王雷雷这样与中国移动、电信企业有关联的公司的力量被加强……

这说明无论是与最大的客户捆绑在一起，还是通过自己的背景和关系取得寻租的空间，关系、背景都非常重要，这间接地表明，这个行业背后的水很深，也意味着在中国移动就职的高管面对的诱惑非常大。

说到体制，还不得不说他的管理方式。权力过于集中的管理方式与腐败的滋生有着直接的关系。

分析中国移动的高管任职情况，不难发现，其全部省级公司老总基本上都是身兼数职，权力过于集中。以携款四五亿外逃的李向东为例，2005 年中国移动音乐基地进入四川后，全国手机在音乐方面的无限增值服务商资质，基本上都是由李向东一个人说了算，没有他的点头，任何企业无法进入该行业。

另据中国移动 2009 年年报显示，他的总营业额是 4521 亿，利润达到了 1000 亿，在这样一个利润丰厚的公司里，省级公司老总在一个地区担任一把手的时间之长，也几乎是绝无仅有的。比如 1999 年四川移动成立，李华担任总经理一职，在这个职位上一待就是 11 年。面对如此巨额的财富，这些老总们就像是坐在火山口上。所以，很早就有人说中国移动的高管是一个高危职业。

对此，项立刚认为，中国移动的这种管理模式，与腐败产生有一定的关联。权力大了，就可以更多地进行操纵，也可以有更多的时间来安插自己人。

正如赵何娟所说，中国移动是一个特别有垄断优势的企业。因为盘子大，用户特别多，每年的营业额特别大，自然每年的采购量就会很高。因为增值服务跟用户数直接相关联，用户多，收入和需求就更高。

其实这样的问题不仅仅存在于中国移动，也存在于中国联通等其他的运营商。但因为中国移动整体的收入特别庞大，所以带来的机会和腐败的投机成本以及投资的收益就会更高，也就会有更多人愿意在这个大盘子里分得一块。

所以，一个很重要的问题就出来了，我们是不是应该就中国移动的体制进行一些必要反思呢？

作为一个国企来说，中国移动的管理水平已经是很高了。但为什么一个管理水平很高的企业会出现这样的问题呢？项立刚分析认为，中国移动知道设备采购部门很容易出问题，所以对这个部门的提醒、管理机制、要求机制有很多，如采购需要招标，对招标有各种各样的管理办法，所以采购部门到今天都没有出现大问题。因此，在这一过程中没有对问题进行预先防范，而是更多地尝试让所谓的能人把工作推上去，权力过分集中，自然产生腐败的可能性就更大。

在赵何娟看来，中国的垄断国企都存在着各种各样的问题，但总体来说，中国移动还算不错的，而且他的增值业务和服务也是不错的，至少，她个人认为中国移动管理效率比中国联通要好。而且，正因为做得不错，才吸引更多用户的加入和使用，必须看到 SP 增值服务对中国移动的发展，对中国电信行业发展起到正面的作用。

措施：阳光操作

将权力放出去可能导致混乱的情况出现，将权力集中起来，又可能导致腐败的出现。于是，有人说，现在的中国移动正面临这样一个悖论：一放就乱，一管就腐败。真的是这样吗？

赵何娟却不这么认为。以中国移动采购部为例，其实采购部采取的也是一个集中采购的措施，即把原来是各个省的采购变成了二级采购，这个二级采购就是由中国移动进行集采。但是这个集采却使得过去那些采购方面的一些腐败和黑幕相对来说减少了很多。所以，这其中涉及的不仅仅是集权的问题，更多的是一个透明度的问题。也就是说，即便是集采，有相对的集权和管理，但透明度更好了。同理，应用到 SP 上也是一样。对于 SP 的管理，不是说把权力收回来自己做 SP 就没有问题了，或者说因为出了问题，就不要SP 了。最关键的是，在体制层面，要加强透明度，加强正向管理，避免暗箱操作。

而将权利收回来，中国移动垄断背景就会更加加强，会不会导致更多的腐败出现呢？项立刚有话要说：

"我认为，把权力集中起来以后不管，不制定一些办法，就会出问题；但把权力集中起来后制定出相应的配套措施，达成共识，有一个透明的操作方式，再加上对这些领导的及时提醒……做到这些后，相信对于防止腐败是会有作用的。"

亡羊补牢，为时未晚。2012 年，但愿"腐败"一词对中国移动来说，早已成过往云烟。

贪官外逃难监管——制度的缺失还是人道的漠视

嘉宾介绍

陈杰人 2001 年毕业于清华大学法学院。现任中国政法大学法制新闻研究中心研究员、硕士研究生导师，当前中国最活跃的青年时事评论家之一。2001 年加盟中国青年报，任专职记者、评论员，2003 年任司法部《法律与生活》杂志副主编，2004 年任人民日报社《人民论坛》主编，2005 年曾应美国国务院邀请赴美国哥伦比亚大学等学术机构做高级访问学者，2009 年 1 月任中央人民广播电台时事观察员（评论员），兼任中国政法大学法制新闻研究中心研究员、硕士研究生导师。

王长勇 财新《新世纪》周刊宏观新闻部副主任。长期从事宏观经济、区域经济、财税等领域的报道，代表作有"4 万亿大拯救"、"真实的物业税"、"重构区域发展版图"等。

语录：努力，让经济简单明了。

● 大批被转移资金是通过怎样的途径被转出去的？资金的大量外流又会给中国的经济与社会带来怎样的危害呢？

● 资金外移与贪官外逃事件的屡屡发生，是因为存在监管难度还是有更深层的其他原因？

● 杜绝日益猖獗的贪腐现象，我们又有什么良方呢？

《建党伟业》全国公映的前一天，作为主要发布一些重要宏观数据以及货币政策的机构，中国人民银行官方网站撤下了一篇关于反腐数据的文章，令人困惑的是，这篇文章在网站上仅仅保持了一天……因为跟近年来广受社会关注的"贪官外逃"问题有关，所以此事件也颇受社会关注。

2001年，最高人民检察院公布的外逃官员的数字是4000多人，涉案金额是50多亿元人民币；2004年国家公安部公布的数字为500多人，涉案金额超过了700亿元人民币，而同年，商务部公布的数字是4000人，涉案金额是500亿美元；2006年国家监察部公布的数字是800人，涉案金额约700多亿人民币。另外最高人民法院前院长肖扬在其2009年出版的《反贪报告》中曾透露，1988年到2002年，15年时间，资金外逃额近2000亿美元，年均127亿美元。

根据肖扬2009年的反贪报告，按照当时汇率测算出来的话，大概有1.5万亿元人民币，金额很高，而大家听到比较多的是8000亿元，等于2010年中央财政对于教育支出的近三倍，相当于四个三峡，远远超出我们一年的军费。为什么会有前后相差很大的这么两个数据出现呢？

虽然8000亿元让人感到非常惊讶，但是在中国政法大学法制新闻研究中心研究员陈杰人看来，这还是一个比较保守的数据。这次央行网站发布的这个数据虽然是一个学者的研究报告，但是从某种意义上来说，央行对这个报告还是持某种程度的认可或者首肯的，现在这个报告被撤下来，可能有一些敏感因素在里面。在他看来，8000亿是一个保守的数字，他倾向于8000亿到1.5万亿之间，即在过去将近20年中，平均每年有500亿到800亿元的外逃资金。

对陈教授的这个看法，财新《新世纪》周刊宏观新闻部副主任王长勇也表示认同。他根据有些个案增长的幅度和速度进行测算，认为数额规模应在一万亿以上。

赃款转移方式多样化

贪官们是通过什么样的途径把那么多的资金转到国外呢？贪官将赃款转移国外的途径，大致有这么四种：

路径一，直接转移出境。比如 2000 年轰动全国的沈阳慕马大案中，沈阳市原常务副市长马向东，就曾通过来辽宁投资的商人，把 178 万美元全部转移到东南亚。

路径二，洗钱出境。

路径三，隐秘截流。指一些涉外公司的企业负责人，为了将公有财产转为私有，通过做假账和扣佣金等方式，将赃款直接截留在国外。

路径四，虚假投资。即腐败分子打着境外投资的旗号，将腐败资产转移到境外，然后再假借亏损等名义，将赃款隐藏下来。

这么多的转移路径和被转移到国外的巨额赃款，对中国的金融、货币等各方面的健康发展会造成什么样的危害呢？陈杰人说，如果是 8000 亿或者一万亿的人民币在短时间内比如说一两年内发生，很显然对我们的金融秩序是一个非常严重的冲击，但是这些数据是过去近 20 年的总和，即平均一年几百亿元，所以，这对金融制度其实并不是一个很大的冲击。相对之下，受冲击更大的是我们整个社会的环境，它严重损害了社会的公平，会导致例如腐败更加严重等一些其他的社会危害，法律危害更不可忽视。

王长勇指出，这四种方式实际上是越来越隐蔽，越来越复杂。第一种方式比较简单，但第四种方式非常难查。资金的转移方式呈现出越来越复杂，越来越难以监管的趋势，而且从外表看是越来越具有合法性。

监管难不等于无法监管

虽然资金转移的方式逐步呈现多样化，但陈杰人表示，监管难不等于无法监管。因为一是有反洗钱法；二是建立了一个初步的反洗钱机构；三是有一些比较好的国际合作。问题的关键是海关、检察、公安、工商、央行等有关部门，愿不愿意把贪官外逃的事情当作头等大事来抓。被抓现行、被判刑的贪官就是明证。部门间责任不明确、缺乏协调是出现监管难现象的一个很大原因。

那裸官是不是很难监管？陈杰人认为，其实这是最容易监管的。首先，当一个人的妻儿子女和财产转移到海外的时候，工作生活在裸官周围的人，包括监督他的部门是不可能不知情的。二是，在他转移之前，实际上已经开始腐败了，他的财产，包括他的子女从事的生意，都是违法或者违纪的，没有人管，这才是要害。而等到问题发生之后，等到他的钱转移，甚至都转出去再管他，已经为时已晚。

对于裸官管理，他建议，要贯彻落实中央和相关法律关于领导干部配偶、子女经商办企业的规定，包括配偶、子女移居海外的规定也要落实；要防微杜渐，发现问题一定要及时进行沟通、处理，而不是等问题大了之后才慌慌张张地堵洞。

王长勇表示，裸官是最不应该发生的，因为中国有强大的户籍制度，生下来要办户口，结婚要办结婚证，这些事情不用申报，政府只要通过网络系统就能非常容易获得，而且出入境还有记录，出去还要办护照，所有的信息都很容易获得，现在出现了大量裸官，而且资金也转移出去，说明这些部门没有起到应该发挥的作用。

可以说，裸官虽然危险程度比较高，但是从制度上来说，从现在技术上的先进手段来说，其实也是最容易被监控的。当然前提是需要相关部门的重视与发挥作用。

反腐肃贪有良方

2011 年，国际透明组织发布了 2010 年世界廉政指数排名，满分是 10 分，根据结果显示，丹麦、新西兰和新加坡的得分是 9.3 分，排名第一位；中国香港得分是 8.3 分，中国大陆是 3.5 分，排名最后的是索马里，仅有 1.1 分。从这个结果来看，中国明显处于下等。那么，我们有没有更好的反腐措施呢？

首先，很多人会想到官员财产公示。其实这个规定早就有，只不过，规定提到的财产是这么界定的：一是这个官员的银行存款并不在申报的项目里面，另外规定申报的是收入，而不是财产。

事实上，这两个词是有很大差别的。陈杰人解释，收入和财产是两回事，如果只要求一个领导干部公布他的收入，实际上没有任何监督可言，为什么？如果不要求公布他所有的财产，他会只提供他个人的合法收入，完全可以把非法收入隐瞒下来。反腐败，应该是财产公开，而不是收入公开。对于一个领导干部以及他的家属的所有财产，都是应该公开的。但遗憾的是，到现在为止，在这个问题上，甚至连基本的共识都没有达成。

而王长勇则强调透明度指数或者清廉指数很重要。他说，民主国家、国有企业规模小的国家、约束强的国家，腐败程度就低，所以，他建议，对财政预算的管理，应该进行民主的推进和监管。同时他还提议，如果国有企业的代理成本非常高，谁也管不好，就把他的规模降下来。

此外，陈杰人建议相关部门能将反腐反贪的数据作为一个常规指数进行发布，希望中国的反腐机关能够像香港的廉政公署一样，真正肩负起反腐肃贪的大任。

王长勇则提出，反腐面临的最大问题是分割。对各反腐职能机构应该进行整合，让他们能够不受干扰地独立完成对贪腐行为的调查和处理，把腐败扼杀在萌芽状态。

反腐败，有许多方法，也有很多路径可供选择。2012 年，希望看到中国内地版的"反腐咖啡"早日上市。

投资中国篇

中国概念股行骗美国

嘉宾介绍

周春生 博士。历任美国联邦储备委员会经济学家，美国加州大学及香港大学商学院教授，中国证监会规划发展委员会委员（副局级）。曾任中国留美金融学会理事；美国经济学会，美国金融研究会会员；Annals of Economics and Finance 编委。现为长江商学院金融学教授，国家杰出青年基金获得者，香港城市大学客座教授。

王毓明 雪球财经 i 美股网站助理分析师，专注于光伏及风电行业，也对股指的编制感兴趣。

- 被迫停牌，勒令退市，中国企业到底怎么了？
- 做空机制是中国概念股遭到猎杀的罪魁祸首吗？
- 集体诉讼令中国企业措手不及，中美市场差异何在？
- 融资需求强烈，赴美上市心切，中国企业做好心理准备了吗？

2011 年，海外中国概念股频遭滑铁卢，与最初的高调上市形成鲜明对比。是中国企业水土不服，还是企业经营出现问题？做空机构为何乐于做空中国？

中国概念股接连遭遇股东集体诉讼，中美两国资本市场的监督机制差异露出冰山一角。2012 年，正在或准备在美国上市的中国企业应当从中吸取何种教训？做空中概股是否还能再成气候？

中概股频遭猎杀，中国企业出了什么问题

2011 年 3 月以来，美国华尔街股市频频传来中国概念股停牌或勒令退市的消息，这究竟是受到美国大盘不振的影响，还是表明中国概念股在美国不再吃香？是背后有巨大利益阴谋的驱动，还是小老千进入大赌场的必然博弈结果？中国公司怎么就在华尔街成了骗子？

长江商学院金融学教授周春生分析认为，大部分被勒令退市或已经停牌的中国公司都存在财务造假行为，企图通过动用小手腕骗大钱，这在资本市场发展已经非常成熟的美国很难行得通。但中国概念股不再吃香有暂时性，中国经济正在高速发展，很多中国企业的基本面都很优秀，如果能够吸取教训，规范财务管理，还是会有一批优秀的公司将来会受到国内外投资者的追捧。

i 美股分析师王毓明认为，中国概念股出现显著下跌，并不完全是国外一些做空机构的主动性做空或所谓的猎杀造成的。i 美股曾在 2011 年 4 月做过关于中国 TMT 行业的泡沫分析，研究发现中国 TMT 行业的明星公司与相应的美国公司相比，市销率、市盈率和最近一年的涨幅都明显高于后者，因此出现大幅下跌也是正常现象。此外，股市整体表现低迷虽然是造成中概股下跌的一部分原因，但在美国市场上市的中国中小企业，特别是在纳斯达克借壳上市公司的股票遭遇集体滑铁卢，更主要的原因在于这些公司的财务存在不规范性，质量上存在问题。

做空机制如何"做空中国"

中国概念股集体下跌，背后还受到了美国股市做空机制的影响。其中，

美国浑水公司对做空中概股一直乐此不疲。"浑水"一词来自中国成语"浑水摸鱼"，自公司 2009 年成立以来，瞄准的猎杀对象包括中国高速频道、东方纸业和绿诺科技等公司。如果说中国企业的财务问题等基本面因素是导致中概股成为猎杀目标的重要原因，做空机制的存在是否放大了股价下跌的程度呢？

王毓明认为，浑水公司成立动机十分偶然。当时中国东方纸业的实际财务状况与其所公布的财务报告之间出现了较大出入，浑水公司创办者将其视作赚钱的大好良机，便在香港注册成立一家市场调查公司，系统性地撰写调查报告以谋求做空盈利。具体到此番中概股的集体下跌，不能说完全不受做空机制的影响，但做空机制最多也只能起到放大市场担忧、助长股价跌幅的作用，基本面表现不佳才是关键问题。

周春生与王毓明的观点不谋而合。他指出，如果说做空机制的存在和中国概念股下跌之间存在因果关系，那也是因为某些中国企业的基本面存在缺陷，被做空机构抓住了把柄，他们并不会恶意操作业绩非常优秀的公司。值得注意的是，虽然部分股民因为持有受猎杀中国企业的股票而蒙受损失，但周春生认为中国概念股价格深幅下跌的结果对很多股民来说是一件好事，这类因基本面恶劣而出现的股价调整体现了资本市场很重要的自我治愈功能，避免出现劣币驱逐良币的现象，从资本市场长期监管发展来讲，不同公司股票的价格体现了不同的投资价值，当质量不好的公司股票价格与其实际业绩相符时，投资者的长期利益才能得到保护。

集体诉讼频现，揭示中美资本市场差异

在不少美国律师眼中，中国概念股俨然已经成为了一块大肥肉。2011 年 2 月 18 日，在美国上市的中国高速轨道，就曾因涉嫌财务造假遭到股东的集体诉讼，美国 5 家律师事务所承接此项业务，涉及赔偿金额超过百万元；2011 年 4 月以来，有至少 8 家律师事务所开始征集股东发起对旅程天下的集体诉讼，该股被迫停盘。中概股频遭猎杀，最后的赢家既不是股东或承销商，也不是上市公司本身，律师事务所等中介机构反而从中大捞一笔，这种现象在内地可能出现吗？集体诉讼频现说明了什么问题？

周春生指出，集体诉讼在美国不是新生事物，不只是中国企业遭遇这一问题，很多美国本土上市公司也出现过类似情况。集体诉讼对于保证资本市场信息的充分公开透明起到了一定的震慑作用，它表明在美上市企业的财务

状况、治理状况和信息披露必须符合法律规范，想要在资本市场长期打拼就必须练好内功，经得起检验、经得起吹毛求疵。

他将美国与中国的情况相对比，认为集体诉讼大量存在反映了中美两国资本市场的区别：在中国，上市企业的监管几乎只能依靠中国证监会的一己之力，如果证监会因为种种原因没有及时出面治理，那么上市公司的问题可能就会一直存在下去；而在美国，上市企业成为公众公司，一旦出现问题就会立即被市场注意，包括做空机构、律师事务所、其他中介机构在内的民间组织每时每刻都在对其进行监督，他们在维护资本市场的秩序方面起到了很大作用。

王毓明的看法与周春生如出一辙，他同样认为美国和中国的资本市场有着很大的区别，中国更多依靠证监会监管这种行政手段，而美国则是全民监管，即包括做空机构、证监会、交易所和审计师事务所在内的多层次监管。他同时强调，参与财务造假的中国公司肯定应该受到谴责，但绝不能忽视另外一个非常重要的问题，即在整个财务造假推动的产业链里面，美国的金融中介机构是最大的赢家。一方面，金融中介机构有一种天然的冲动，希望为市场带来更多的交易品种或新的标的物；另一方面，一小部分金融中介机构利用中美市场在文化、地域和法制等方面的差异，主动来到中国市场，向中国企业家推销资本市场的美国梦，并利用中国的新兴市场概念，在美国本土向投资者兜售贩卖中国企业股票，由此成为最大的受益者。

赴美上市，中国企业应保持慎重态度

随着增长步伐逐渐加快，可以预见，中国企业未来的融资需求将会持续高涨。除了在内地主板、中小板和创业板市场谋求上市以外，在美国上市吸纳美元资本无疑也是一条重要途径。对于希望谋求海外上市的中国企业来讲，应当从这一事件中吸取何种教训？

周春生认为，资本市场是一个非常复杂的游戏，要想参与进去必须首先了解游戏规则，明确美国市场的规范性要求，主动适应市场。国内企业寻求到美国借壳上市要保持慎重的态度，认真分析挂牌成功和再融资的可能性。

王毓明指出，已经或准备在美国上市的中国公司要明确 2011 年对中国概念股的做空可能是长期存在的现象，猎杀进展到何种程度取决于中国公司自身问题的广泛性。因此，中国企业首先应当保证自身不出现问题，做到信息数据透明，熟悉游戏规则，了解请美国评级机构、有公信力的第三方机构为自身背书的需要，请他们到公司内部做调查、接受他们质询；在做空产生之后，不要一味担心恐惧，可以考虑利用市场手段进行股份回购。

三万亿外储怎么花

嘉宾介绍

肖　耿　美国哥伦比亚大学全球中心东亚区主任，现任香港大学经济金融学院副教授及香港大学中国与全球发展研究所副所长。兼任诺贝尔经济学奖提名小组成员、中国经济学奖专家委员会委员、上海法律与经济研究所特约研究员、华中科技大学兼职教授、"亚洲经济论坛"成员等。主要从事实证和政策性研究，探讨中国企业、金融、及制度改革与发展，为大陆和香港的决策部门提供政策分析与建议。

王志浩　渣打银行大中华区研究主管，常驻上海，经常往来于中国各地。获伦敦政治经济学院政府系博士学位。大学本科阶段在剑桥大学度过，并获一级荣誉学位。曾在复旦大学和深圳证券交易所从事访学研究。加入渣打银行之前，王志浩曾在肯尼亚和莫桑比克的乡村做过为期两年的志愿援助与教育工作。

● 人民币升值、美元贬值备受关注，对我国外汇储备会产生怎样影响？

● 高达三万亿的外汇储备，究竟如何花？中国人在关心，西方也在关注。

● "藏汇于民"就是把外汇储备分给国民吗？

中国的外汇储备，在 2006 年 2 月份的时候已超过日本，成为全球第一大外汇储备国；到 2011 年 3 月份的时候，已高达 3.04 万亿，似乎变成了全球外汇储备大款，但一系列的问题也随之而来，比如这么多钱怎么用？如何保值？

说到中国外汇储备增长迅速的原因，美国哥伦比亚大学全球中心东亚区主任肖耿提到两点。一是中国老百姓有很多储蓄，且不知道该怎么花，于是，其中很多希望孩子去美国读书、去美国买房的人，现在持有人民币资产，将来可以用外汇。二是投机人民币升值。贸易顺差是一国外汇储备的重要组成部分。我国在 2011 年第一季度贸易出现 10.2 亿逆差的情况下，外汇储备上仍然有将近 2000 亿的增长。原因何在？其实，这跟投机人民币升值有很大的关系。因为我们有长期人民币升值的预期。这种预期导致了中国老百姓、海外华侨还有外国投资人都想持有人民币资产，导致涌入中国的外汇增加。

而从银行角度又该怎样看待这个问题？渣打银行大中华区研究部主管王志浩提出自己的见解。他认为，外汇储备迅速增长有利也有弊。从好的方面来说，外汇储备可以当做经济出问题时的保障金；从坏的方面说，外汇储备一直在涨，人民币货币也要涨，所以我们可能会面临通胀的压力。

外币贬值对外汇储备影响有多大

中国是世界外汇储备里面第一大国，有三万亿之多；第二名日本，一万亿；中国的台湾、香港，也都在前十名之内……于是，想办法化解掉或者抵消掉某些外汇储备缩水或者成功实现风险分散就是很重要的问题了，那么，人民币升值是不是解决这些问题的好办法呢？压力到底有多大？

王志浩认为，这是一个方法，快一点升值对中国来说有一个总体的好处。只是能够达到一个什么程度，却不好确定。因为经济一直在变化，国内需求在变化，中国的出口也在变化。

至于因为担心人民币升值，会给中国出口造成压力而对升值持保守态度的观点，王志浩表示，很多中国企业竞争力非常大，对于出口不用担心太多，更需要担心的是通胀。

而说到人民币升值，自然不能不提到美元贬值。因为汇率的关系，美元贬值，导致我们的外汇储备出现了账面亏损。这对我们的外汇储备伤害大不大？

对此，肖耿解释，这里面存在一些误解，虽然我们持有的外汇储备账面出现了亏损，但是如果人民币升值的话，意味着我们所有人民币资产相对于全球的资产购买力在不断增加，所以，从这个意义上讲，以购买力来计算的话，我们整个国家的财富在全球范围是大大增加的。因此，我们不能仅仅看外汇储备的账面亏损或者盈余来决定货币政策。

另外还有一个担心，就我国的外汇储备来看，主要还是持有美元；就手段上来讲，主要是政府的公债或者基金债。但根据美国政府所公布的债务情况来看，其政府公债已经达到了 14.250 万亿之多。当美元的价值跟它的信用程度，尤其对美国的债务形成危机的时候，我们持有的大量的外汇储备是不是一种危机？

王志浩说，从一个经济学家角度谈这个问题，当然是担心的。但他同时表示，如果想把三万亿的资金真正分散到其他的资产的话，困难是非常大的。除了这个三万亿，每个月还会有新的外汇储备 200 亿，300 亿……因此，如果想要投这笔钱在一个市场，就必须找一个非常巨大、非常有流动性的市场，而到现在，基本上只有美国国债市场、欧洲国家的国债市场能吸收这么大的一个新资产。

三万亿怎么花

这么大一笔外汇储备该怎么花？不仅中国关心，西方也在关注。英国《金融时报》发表一篇名叫《中国买得起意大利》的文章，为中国如何使用这笔巨额的外汇储备提供了三点建议：一，买下意大利这个国家。据测算，到 2062 年，意大利的全部主权债务将达到 3.03 万亿美元；二，买下美国最大的十家上市公司；三，囤积 250 亿桶的布伦特原油，这可满足中国近 13 年的石油进口。

其实这些建议都是分散外汇储备风险的几条路径。那么在中国外汇储备避险方式比较单调的情况之下，能不能通过买大宗商品，如石油等，以此来避免因持有大量美国国债背负的风险？

肖耿对此持否定的观点。他认为，用外汇储备去买石油和短期商品，这种想法是不切实际的。我们需要考虑这些外汇储备的流动性与安全性。外汇储备的实质是我们帮投资人代管美元资产。如果某一天投资人将人民币资产换成美元资产撤出去，我们的外汇储备就可能不够。

与此同时，他还提到中国外汇储备流失的可能性。如果中国的通货膨胀连续三年7%以上，老百姓就会放弃持有人民币而改持美元。当所有人都这么做的时候，就会带来金融危机。

对外汇储备的避险和避免缩水问题，他也给出了自己的建议。

第一，一定要打掉人民币长期升值的预期，因为有这个预期就永远有人来投机。所以，应该让这个市场有一个对称的预期，即有可能升也有可能跌。

第二，藏汇于民。中国现在有这么多外汇储备，可以让老百姓去自由兑换，比如买美国的股票、到美国买房子……这样也是有利于减少中央银行的困难的。

藏汇于民是何解

经济学家张卫宁教授曾经提出，当中国外汇储备达到两万亿的时候，应该拿一半分给老百姓，日本的外汇储备是一万亿，中国有一万亿也就够了。这是一种"藏汇于民"的观点。

对此观点，高西庆表示反对。他认为，这样会影响国家的金融稳定和整个经济的稳定。

那么，藏汇于民到底是怎么回事呢？可行吗？

王志浩说，这里面有一个实际的问题。把美元资产分给中国老百姓，大家自然开心，但是我们的生活成本是人民币的成本而不是美元的成本，所以，结果可能会导致有大量的人把美元卖给人民银行。

肖耿则明确表示，张卫宁教授的观点是错误的。因为外汇储备不是国家的钱，不是老百姓的钱，而是来中国投资的投资者的钱。当投资者离开时，必须将钱兑换给他们，所以这个钱是不可以分的。张教授说的藏汇于民也不是这样的意思，他藏汇于民的意思是说如果老百姓有外汇需求，可以允许更多的自由兑换，这是中央银行要做的事情。

事实上，现在已经有人用外汇储备去购买国外资产。有一些家庭已经在新加坡、澳大利亚买了房子。而根据英国最新公布的调查报告，伦敦30%的房子是中国人买的……当然，这些事情都是市场在做着引导。

2012年，希望外汇储备能继续保持增长，同时，希望在确保外汇储备投资的安全性上更有作为。

三峡工程被妖魔化了吗

嘉宾介绍

张博庭 中国水力发电工程学会副秘书长，教授，高级工程师。1982 年 1 月毕业于北京理工大学力学专业。1988 年毕业于中国水利水电科学院研究生院。先后在中国水利水电科学院从事水电站大坝设计研究、坝体应力分析计算和实验研究以及工程结构可靠度分析等科研工作。曾经在国内、外专业杂志上发表论文数十篇，并曾获得过国内、外的优秀科技论文奖。有的专业论文被收录进《中国科学技术文库》，有些成果获得了国家专利。进入中国水力发电工程学会后专职从事水电专业国际交流，曾任学会国际交流部副主任、全国学会理事、专职副秘书长主管宣传、科普和国际交流工作。

同时还先后兼任过《中国电力》《水力发电学报》编委、《岩土工程学报》常务理事、美国《Hydro Review Worldwide》杂志顾问、中国长城资产管理公司咨询顾问、云南大学客座教授等兼职学术职务。

王以超 财新网主编。主要关注新闻事件中的科技和环境元素，争取给出严肃一点的解读。之前，曾长期关注环境、科学以及新技术领域。毕业于中国科学技术大学，物理学硕士。

- 三峡工程是旱涝的"罪魁祸首"吗？
- 三峡工程防灾功能真的很强吗？
- 三峡工程破坏了生态环境吗？

三峡工程给长江流域带来了什么？面对 50 年一遇的旱灾，当年论证时期所提到的诸多弊端，有没有很好的解决？如何让这项伟大的工程能够更好的兴利除弊呢？

曾经烟波浩渺的鄱阳湖，2011 年大旱时它的水位最深处还不足一尺。在严重的旱情面前，三峡大坝的开闸放水也不能保证旱情的有效缓解，仅仅是增大了缓解的可能性。三峡工程的建成的确对长江领域的自然环境和经济环境都产生了巨大影响。虽然三峡大坝已经建成，但整个工程仍在不断的完善过程中，如何以成熟和科学的态度，发挥它的最大功效，是人们最为关注的话题。

三峡工程是旱涝的"罪魁祸首"吗

2010 年上半年，长江中上游的旱情非常严重，再加上一直以来有关三峡工程的争论，很多人确信旱灾与三峡工程是有联系的。对于这种看法，中国水力发电工程学会副秘书长张博庭认为，这场大旱和国务院通过《三峡后续工作规划》的时间非常接近，因此很容易让人产生三峡是造成干旱的主因的推断。但这最多只是一个巧合，从各方面来说三峡工程都不该对此负主要责任。首先，假设其中的主因是三峡工程，那么由于特定的物理影响，应该造成反复的旱或者反复的涝。而事实是长江下游在 2010 年大旱 2009 年大涝，这就说明三峡工程并不是主因。其次，如今的气候异常是全球性现象，例如澳大利亚在 2010 年发生特大洪水，而此前曾在 2009 年发生特大干旱。由于温室气体排放过多等原因，极端气候不仅发生在中国，也发生在全世界。再次，水库对旱灾的影响不单能体现在三峡工程上，也能体现在其他水库上。例如，全世界在 50 年以前就有 20 多个比三峡工程大得多的水库，这些水库都从未造成严重的气候变化。综合这三点，把大旱或大涝归因于三峡工程是不合适的。

与张博庭类似，财新网主编王以超也认为三峡工程不应对大面积干旱负主要责任。因为无论是理论上还是实践中，都未能找到一个充分的例子来支持水库的蓄水对长江生态气候的不利影响。虽然中国在传统意义上是南涝北旱，但中国南方在春天和夏天也是旱灾频发的。干旱不是三峡蓄水之后才出现的，而是有长期的历史记载，太湖地区曾出现过整个湖区的干涸，而湖南、湖北和四川都是长期受到旱灾的威胁。因此旱涝对于长江流域是很常见的，2011 年的旱灾是一个极端性事件，但其实并没有超出长江中上游地区曾出现过的旱灾的幅度和强度。同时，他也承认全球性的气候变化的确增加了极端气候的几率，中国自然也不例外。未来有可能发生的几十年一遇的旱灾，必然和气候全球化是有联系的。

三峡工程防灾功能真的很强吗

为了有效应对长江中下游的严重干旱，三峡水库开闸放水。正常情况下，三峡水库水位保持在 155～175 米以便维持航运要求，而在 2011 年 5 月上旬，这个水位已经下降到了 155 米以下，放掉的 165 亿立方米的水量几乎等于一个洞庭湖。

张博庭认为，三峡水库水位在汛期一般要降到 145 米，即使还没有进入汛期，如果中下游旱情进一步恶化，就必须继续放水。这是个很矛盾的问题，由于上下游的旱情，2010 年的放水时间已经比往年要早一些了，但 2009 年长江下游涝灾导致三峡不敢放水。因此放与不放还是要在国家控制下有步骤地进行，既考虑到抗旱又考虑到防洪。

针对抗旱问题，王以超强调，三峡工程还有进一步放水的余地，继续放水的力度取决于对目前旱情的判断。如果断定当时的旱情还不是最严重的时候，就会适当保留一部分，以便缓冲未来更加严峻的形势。同时，虽然三峡水库规模很大，它的容量相对于抗旱需求仍是一个比较小的比例。是否能缓解整个长江中下游的旱情最终还要取决于天气状况，这个天气不仅包括中下游也包括上游。各类机构也在密切关注长江流域中长期的气候变化，从而对三峡放水的功能做出进一步的调控。

人们之所以把干旱和三峡工程联系起来，与三峡工程最初的争议有很大的关系，也与宣传的导向有很大的关系。从近八年来媒体相关报道的新闻标题可以看出，人们对于三峡防洪功能的预期在逐步降低，甚至产生了很大的负面心理影响：2003 年《三峡大坝可以抵挡万年一遇的洪水》，2007 年《三峡大坝今年起可防千年一遇洪水》，2008 年《三峡大坝可抵御百年一遇特大洪水》，2010 年《三峡的蓄洪能力有限，不要把全部希望寄托在三峡大坝上》。张博庭对此分析，这其中更多的是新闻宣传的技巧问题，而非三峡工程本身。有一些记者的科学素质不是很高，如果中央要求大力宣传三峡工程，那么他们的文章就会不够客观。但他强调标题《万年一遇》是相对客观的，这里面所指的是三峡大坝固若金汤，是大坝本身的强度，并不是指三峡的防洪功能。而防洪功能是一直存在争议的，有些人认为非常大，有些人认为非常小，拥护派和反对派存在天壤之别。由此可见，采取不同的解读方法，对三峡实际能力的认识也就完全不一样了。

三峡工程破坏了生态环境吗

早在三峡工程的论证时期，反对声音就一直存在，人们普遍担心它带给长江流域甚至更广范围生态的隐忧。据披露，作为地质灾害密度最高的地区之一，重庆三峡库区布下的隐患点达 10792 处，已发生地质灾害及险情 252 处，有 2500 余处监测预警点可能复活。同时，库区水土流失面积占总面积的 48.6%，大量的坡耕地、劣质耕地需要改造。

除了地质灾害，水污染也是频频的发生，例如不断加重和扩大的水华现象，2004 年三峡库区支流库湾累计发生 6 起，2005 年 19 起，而 2006 年仅 2 到 3 月就发生 10 余起。

面对这些逐步浮现出来的问题，王以超指出，三峡库区有史以来就是地质灾害多发地区，而并不是在三峡蓄水之后才变成了地质灾害的活跃地区。在蓄水的过程中以及在蓄水到达 175 米高程之后的一段时间内，这里的地质活动也许比较活跃，但只要加强对地质灾害活动长期的监测，并针对隐患及时采取措施，在经过几年的调整和适应期之后，这些问题就会得到初步解决。对于水质问题，他表示这是预料到的也是没有预料到的。预料到的是，三峡大坝建成以后，水流和污染状况必然会有所改变；没有预料到的是，库区的工业发展会产生远超出预期的污染水平。事实上，有关部门已经意识到三峡工程带来的负面影响，并已采取比较积极的态度应对这些灾害，其中国土资源部投入很大的精力在地质灾害应急工程当中，环境保护部也通过了三峡库区的环保规划。

张博庭介绍说，不仅仅是三峡，世界上所有的水库，都难以完全解决水资源的问题，由于施工分布的矛盾，水多了会发生洪水而水少了会发生干旱。但人类只能通过建水库，在水多的时候保存，在水少的时候释放，到目前为止还没有找到其他更好的办法。同时，也必须看到三峡工程的生态影响。大坝建成之后，水生动物要受到影响，土地会被淹没，相关的生态圈也会受到冲击。因此要引入一些及时的措施进行修复，国务院出台的《三峡后续工作规划》也包含了这方面的考虑，是很有意义的。

总体来说，各省各部门看待三峡问题都会有不同的出发点，代表着各自的利益或者权衡。针对其中的协调和配合，王以超表示，既然三峡工程已经完成，各个部门和各个省市的目标大体是一致的，也就是如何把三峡工程的各种目标发挥到最大化，同时尽可能减少随之产生的负面影响。从国务院到水利部，正在建立很多的协调机制，而且这些协调机制已经初步的发挥了效用。对于三峡工程的最初关注点主要集中在防洪和发电，而对于生态维护的考虑不是很多问题，近年来，中央和地方都开始逐渐重视它在生态环境方面的巨大功能，并采取了相当多的举措，因此人们有充分的理由期待三峡工程在未来的光明前景。

2012 年，三峡工程肯定会在降灾减灾上惠及长江流域的黎民，同时也一定会在关心经济效益的同时，更加注重社会效益，从而更好地保护环境，保护我们赖以生存的母亲河——长江。

谁来解中小企业资金"慌"

嘉宾介绍

魏建国 1965 年 12 月加入中国共产党，1969 年 8 月参加工作，上海外国语学院法语专业毕业，大学学历，经济师。2001 年 6 月至 2003 年 3 月，外经贸部副部长、党组成员。2003 年 3 月至 2008 年 4 月任商务部副部长、党组成员。2009 年 4 月任中国国际经济交流中心秘书长，中纪委委员。

李东生 TCL 集团股份有限公司董事长兼总裁。曾入选美国《时代》周刊最具影响力商界人士，荣膺 2009 年"中国经济年度人物"奖，被评选为 2004 年"广东十大经济风云人物"和 2004 年"全国影响家电发展趋势十大创新人物"称号。李东生被中华人民共和国贸易部授予"发展中国家电集团特殊贡献功臣"荣誉称号。

● 通货膨胀高企，货币政策紧缩，经济发展遇阻，中小企业首当其冲

● 利润空间被压缩，银行信贷难争取，中小企业缘何融资困难？

● 人民币升值，出口业务难做，中小企业怎样应对？

2011 年，通胀压力始终困扰着中国经济的健康发展，为控通胀而实行的货币紧缩政策使民营企业的经营环境进一步恶化，在融资困难和生产成本不断上升的双重夹击下，东部沿海地区的很多中小企业甚至出现了破产倒闭的现象。

尽管中央要求银行信贷政策应向中小企业倾斜，但困于银行运行指标压力，民营企业仍然难以从银行轻松融资。在人民币升值成为长期趋势的背景下，中小企业将何去何从？2012 年，中小企业资金压力还会持续吗？中小企业能否绝处逢生，重新迎来发展的春天？

紧缩持续，中小企业压力倍增

中小企业被认为是最具活力、最富有生机的市场主体，但不可否认的是，一旦国家面临通胀压力而不得不采取持续货币紧缩政策，中小企业必将首当其冲。2011 年，中国政府将控通胀作为全年经济运行的首要目标，流动性全面紧缩，中小企业最先被浓浓寒意包裹。

中国国际经济交流中心秘书长魏建国分析称，2011 年民营企业的压力比往年都要大。之前的压力来自于三座大山，而 2011 年则出现了五座大山：第一，原材料价格上涨；第二，用工成本增加；第三，贸易保护主义盛行，中国连续遭遇来自发达国家和新兴发展中国家的贸易保护政策；第四，人民币升值预期长期存在，出口企业生存困难；第五，民营企业转型困境。如果不能尽快在总体思路上有所突破，不能对产品结构和科技含量进行升级转型，再加上前四座大山的压力，中小企业只有死路一条。

TCL 集团董事长李东生认为，虽然市场人士对 2011 年与 2008 年民营企业受到的压力孰重孰轻这一问题仍有分歧，但总的来看，2011 年竞争性产业内的所有企业确实面临了很大的压力，只有包括资源开发行业与公共服务行业在内的垄断性行业受到的影响相对较小。他指出，金融危机后全球市场需求放缓，国内市场成长速度慢于以往，客观来看，中国虽然仍是全球制造大国，但大部分工业领域内的产能出现了供过于求的局面，消费产品领域尤其如此。这种情形与行业性的竞争压力、人民币汇率单向升值和近年国内用工成本上涨因素相叠加，给以外销出口业务为主的民营企业带来了更多经营压力。

政策倾斜，中小企业为何仍融不到钱

中国民营中小企业的数量超过 1000 万家，最终产品和服务的价值占到国内生产总值的 58%，贡献了全国 50% 的财政收入，解决了 75% 以上的农村剩余劳动力就业问题，拥有 65% 以上的发明专利，但其所占有的金融资源仅为全国的 20%，仍然远离金融资本中心。商业银行信贷需向中小企业倾斜的政策出台已久，为何一直无法得到贯彻执行？

魏建国认为，中国很多的商业银行服务部门、保险服务部门等相关服务机构，没有看到中小企业的长期发展前景。实际上，只要对中小企业稍微有所扶持，把水浇上去，等到炎热的夏天一过去，他们就会像树苗一样茁壮成长。中小企业在 2011 年遇到了生存危机，特别需要国内金融机构的大力照顾。

作为民营企业家代表，李东生表达了自己的切身体会。他指出，整体来讲，中国竞争性领域得到的金融资源是非常少的。银行虽然得到了政策的清晰指引，即在信贷上扶持中小型企业，但银行放贷肯定不会以企业的性质为标准来操作，银行对中小企业投放的信贷数量少是和目前国内的经济体制以及银行金融体制改革密切相关的。在中国，国有企业占据了大部分垄断性的、资源性的产业和公共服务业，在目前的经济环境下，这部分产业的总体经营效益是非常高的，像中国移动和中国石油都是规模和利润非常好的企业。商业银行改制后，银行总经理承担着保障贷款安全的责任，目标执行好坏与个人的职业生涯和业绩考核是密切相关的。垄断性企业的贷款偿还有保障，商业银行是愿意放贷的，因此无论政策如何，贷款是否安全是商业银行首先考虑的因素。而对于中小型企业，能否得到贷款资源出现了两极分化的情况，经营业绩不错的企业得到贷款还是没问题的，贷款困难的往往是经营业绩较差的企业，而他们恰恰是需要得到贷款。因此，政府在进行金融改革时应出台具体的政策条款，为向中小企业贷款的商业银行提供扶持和保障，而不能仅仅停留在呼吁和号召层面。

中小企业如何应对人民币升值压力

随着中国在全球经济格局中的地位迅速提升，人民币升值的预期在未来很长一段时间内将继续维持，以出口业务为主的沿海中小企业如何应对人民币升值所带来的经营危机？人民币应当以何种步骤和方式升值呢？

对此李东生认为，人民币汇率问题相当复杂，总体来讲人民币升值会对出口企业造成损害，在人民币升值不可避免的情况下，一步升值到位可能比缓慢升值更好，企业也更容易承受。一方面，人民币升值是必然的趋势，升值的结果一定会造成一部分出口产品因人民币升值而失去竞争力，甚至会导致出口企业破产，但缓慢升值和一步升值到位对破产企业的影响并没有差别。另一方面，还有一部分产业具有相对竞争力优势，能够承受人民币一定程度的升值。对于这类产业，其实客户买不买中国制造的产品，不是以人民币汇率上涨多少为标准的，而是看中国制造的产品相对于周边国家有多大的相对竞争优势。按照这个逻辑推理，即便人民币继续升值，这类产业的订单是跑不掉的。而如果人民币短时间内一步升值到位，消除人民币升值的预期，企业就可以把价格提上去；如果人民币像割肉一样缓慢升值，企业的产品价格反而无法上调，对企业而言并不是一件好事。

A 股牛市何时来临

嘉宾介绍

谢国忠　独立经济学家。1990 年获麻省理工学院（2011 年全美经济系排名第一）经济学博士。1990 年加入世界银行，担任经济分析员。在世行的五年时间，所参与的项目涉及拉美、南亚及东亚地区，并负责处理该银行于印尼的工商业发展项目，以及其他亚太地区国家的电讯及电力发展项目。1995 年，加入新加坡的 Macquarie Bank，担任企业财务部的联席董事。1997 年加入摩根士丹利，任亚太区经济学家。现任清华大学——中旭商学院特聘讲师。

- "郭四点"能改变中国股市吗？
- 中国股市真的机会来临了吗？
- 长期牛市会真的来到中国吗？

新任证监会主席郭树清上任之后提了几点比较新的建议，如提高上市公司的分红水平，完善 IPO 发行措施……这些被称为"郭四点"的意见，引发了关于中国股市未来发展的讨论。

"郭四点"能拯救中国股市吗

"郭四点"中提到"提高上市公司的分红水平"，这是否有行政手段干预的嫌疑？可行性又如何？

独立经济学家谢国忠认为，中国大的企业都是国有企业，所以政府的干预是不可避免的。但这些国有企业，如通讯和金融企业，借助政府的力量，形成了自己在市场上的特殊地位，他们的盈利能力比较强，如果还不分红的话，是没有道理的。而且，分红对股市来说也是很好的事情，可以让股民知道哪只股票具有投资价值，方便股民选股。分红是进行股票投资的基础，从历史来说，股民赚钱主要是通过分红来实现。

股民都希望分红，分红是实实在在得到的利益，作为股民，自然欢喜。只是当政府强行规定上市公司要提高分红水平，是不是也应该视情况而定呢？如果有的上市公司有更好的再生产计划，在某一年不分红，是否可以？

谢国忠认为这种情况是存在的。但他强调，中国很多公司，特别是金融公司的现金流是很充沛的，所以，分红是应该的。

用分红作为门槛，可以把不少绩差企业拒之门外。因为中国体制有一点特殊，是上市审批制，且上市后不退市，导致很多公司的质量是很差的。用分红作为门槛，可以提高上市公司经营业绩。另外，就中国 20 年股市的发展看，很多公司把上市看成一个赚钱的机会，而非看成一个企业发展好了之后把盈利分给股民。所以，在这个意义上说，将分红作为一个门槛也不是坏事情。

完善发行制度是"郭四点"中的第二点。是注册制还是核准制的论争由来已久，但就目前来看，中国固有的核准制还没有改变的可能。

谢国忠认为，一个资本市场最终起作用的资本分配应该是由市场主导，而中国却是政府主导。什么公司能上市要政府批，上市之后发行新股要批，筹资金扩大发展也要批。所以中国股市还没有走上正轨。当然，这关涉到中国体制中最根本的一件事，就是社会主义市场经济，其内涵就是鸟笼经济概念，即政府做什么事情都要戴个紧箍咒，有个笼子，笼子大还是小，也是政府来定。说到退市制度，中国不能说没有，但似乎很难看到它真正在起作用。原因何在？不退市主要是担心股民的极端反应，是对这种特殊现象的妥协。

同时，他强调，从长远来说，入市比退市重要。当一只股票从一块钱掉到一分钱，对整个市场的分配不是很重要，但是谁入市，谁决定谁能入市，这才是真正重要的，因为这决定了资本给谁。

扩容速度问题是长期制约股市发展的重要原因。在如今股市比较低迷的情况下，很多公司还在准备上市，继续扩容。谢国忠认为这是一个好事情。市场如果变成只是为了支持某一个价位的存在，从长远来说，是不健康的。当然，股民看股价在跌，会觉得很痛苦。但其实股价在跌不是公司股票发得多，而是公司的质量不够好。所以，从制度上把好公司上市关，这对股民来说是有利的；如果不改变现行的发行体制，其他方面再做改善也都是小的改变。

长期牛市真的会来吗

对于"如果下次股票市场有机会的话，那一定是中国市场"，谢国忠给出的解释是：中国人均产值在2011年才达到5000美元，而东亚四小龙出市的时候已经是15000美元，所以，不论从劳动力的质量还是工作的倾向性，跟其他国家相比，中国都是有竞争优势的，所以只要我们的体制不过分地阻碍经济发展，人均产值走到15000美元，应该是能够做到的。

而说到最过分的阻碍，谢国忠认为是政府赚老百姓的钱。中国上市企业以国企为主，上市也是赚国民的钱，不是帮股民赚钱。所以，要想中国股市变好的话，经济体制一定要有变化。首先最重要的一点，政府要给家庭让利。而这让利的第一步，就是要调控房地产。房价越高，政府越有钱，老百姓越穷，公司要赚钱就越难。如果房地产泡沫破灭，中国经济可以朝前走一大步，对股市也会有很大作用。第二，减税。中国的税收负担是非常重的。在西方国家，税率比较高是因为政府会搞重新分配，拿来的钱主要是搞社会福利。但中国政府搞社会福利的钱是非常有限的，收税的钱主要用于搞投资，所以，政府投资的规模现在是过大的。如果政府能够通过缩小投资规模减税，让利于民，对以后经济的长期发展是非常有利的。

房地产泡沫破灭了，增值税和个人所得税减了，就能为中国长期牛市打定基础。但是这两项又执行到什么程度了呢？

谢国忠认为，现在房地产泡沫已经开始破裂了。如果可能的话，房价的下降应该会从一线城市开始。中国房地产的未来在大城市，在人口有增长空间的地方，比如一些省会城市。在这些地方，房地产是有前途的。但即便是有前途也不意味着价格可以很高，一定要跟收入联得上。

将营业税改成增值税是一个好的方向。但希望在这件事情上面能够看到真金白银，要有具体数字，如政府让出来是 1 万亿还是 1.5 万亿，而不是只是在试点，只是在喊口号，这是起不了太大作用的。另外还要特别警惕，在房地产倒下来之后，地方政府巧立名目去征税。要解决这个问题，老百姓应该给政府划个圈，约束政府。他预测，如果能做到这两点，相信中国的牛市会很好。

长期牛市何日来

五年牛市就是长期牛市，这在中国历史上几乎没有。中国的牛市都是银根放松了，大家狂炒，炒上去之后很快地就变成了熊市。所以，中国的牛市，实际上是让大家套进去，让大家觉得好像赚钱快，而不是让大家看到公司以后可以慢慢帮你赚钱，慢慢帮你分红。可以说，中国股市 20 年是来套股民的，给予股市的正面作用并不是太大。那么中国长期牛市究竟何时能来？

谢国忠认为，2013 年可能性很大。首先，中国条件很好，有很多牌可打，如果解决了内部矛盾的话，掌控能力会很强，因为中国有外汇储备，外贸还是顺差，政府的负债率相对低；从政策上来说，为了实现外贸平衡，可能会对中国经济进行调整。这样，中国可以有机会把全世界的有钱人吸引到中国来，把中国的环境变好了，还可以让世界上很多地方的人把中国企业缺乏的技术带过来。所以，中国的前途还是很光明的，只是因为这几年的资本炒作、房地产泡沫把经济弄到弯路上去了。

此外，他还解释，股市见底和牛市起来不是一回事。随着房地产市场大幅度调整之后，房地产高利贷市场基本不存在了。但是成为牛市除了基本面外，还要有盈利，要有长期的持续增长。所以，要想实现从股市见底到牛市转变，经济上还要有适当的调整。

从短期看，政府通过一些手段，如从财政上通过对一些资金的控制可以影响市场，但从长远来看不可取。要想让中国牛市长远的话，政府应退一步，要让市场起主导力量。

另外，他提醒，牛市之前要注意公司倒闭现象的出现。但这种倒闭是应该的。因为演员不换的话，戏怎能演好？经济到了一定程度的时候需要的企业家是不一样的。所以，不要将企业倒闭看成经济崩溃的前兆，想办法去救，过了这关，中国的明天会很灿烂。

2012，我们翘首期盼中国长期牛市的来临。

安全中国篇

食品安全问题的病灶在哪里

嘉宾介绍

邱宝昌 现任北京市律师协会消费者权益法律事务专业委员会主任、北京市汇佳律师事务所主任，系中国消费者协会专家志愿者、北京市消费者协会法律顾问。理工学科背景，塑造了邱律师缜密的思维，这也成为他法律工作中的重要特色。从业十多年来，他以为当事人提供全面、专业、优质、高效的法律服务、圆满解决纠纷为执业理念，代理了民事、经济等各类案件数百起。对于每一起案件，邱律师都认真对待，以其深厚的法学理论功底、娴熟的办案技巧、丰富的执业经验，全力维护委托人的合法权益。

2004 年 12 月，荣获"全国 3·15 金质奖章"；2005 年 1 月，评选为北京市优秀律师；2005 年 3 月，评选为专业委员会优秀委员；2008 年 3 月，评选为最佳专业委员会主任。

吴广枫 中国农业大学食品科学与营养工程学院副教授；中国农学会农产品贮藏与加工分会会员；《色谱》杂志审稿人。主要研究方向：食品化学，食品安全。

- 中国的食品安全到底"病"在哪里？
- 食品安全标准是否一定要向国际看齐？
- 谁该为乱象丛生的食品安全负责？

中国有一句耳熟能详的老话，"民以食为天"，还有一句，"人是铁饭是钢"。由此可见，在国人心里，吃是头等大事。如今，在这头等大事上，我们不要求营养有多么均衡，但至少吃进肚子里的东西不应该是有毒的，不应该对身体有害。然而，这样一个看似简单，且算得上是最基本的要求在现实中却变得复杂起来。君不见，苏丹红大行其道，地沟油流入市场……食品安全乱象频出，让人忍不住疑问：中国的食品安全到底"病"在哪里？

标准缺失之伤

无规矩不成方圆，国人向来热衷于造各种规绳矩墨以约束大情小事。但在关系百姓切身利益的食品安全方面，标准的制定却漏洞百出，成为引发食品安全之祸的一个诱因。

为什么同样的东西瑞典的儿童不能吸收，而中国的儿童就能够吸收，就变成安全的了？同样一种食品的标准在中国和其他国家之间的差距为什么会达到十几倍甚至二十倍呢？一个个疑问揭开了中国食品安全标准的伤口。

据了解，我国现行的食品安全标准和国际相比相差甚远。例如原料奶，我国标准规定每毫升细菌含量不得超过 200 万个，但放在国际上却是超标的。另外国际标准中有奶牛的体细胞检测项目，这是判断奶牛是否健康的重要标准，而我国在这方面却没有相关规定。

食品安全标准的不完备、不全面成为中国食品安全的一大硬伤。但与国际食品安全标准存在差距是否意味着一定就是"不安全"、"有危害"？也有人产生了质疑，在中国如果大家觉得吃了米粉之后出了问题，能否拿着其他国家的标准去索赔打官司？

在中国农业大学食品科学与营养工程学院副教授吴广枫看来，从科学的角度出发，是允许存在差异的。食品安全不可能追求世界大同的统一标准，因为目前我国对食品的限量标准通常依据风险评估，而风险评估需要考虑的一个重点因素就是膳食结构。简而言之，按照风险评估的比例评估就是食物在这个国家国民膳食中占的比例，如果这个比例很高，那么它的限量值就应该很低；而如果占的比例很低，它的限量就可以放宽。

而中消协律师团团长邱宝昌也表达了类似的观点，他认为我国有明确的食品安全法，规定食品生产经营者必须严格按照食品的安全标准去组织生产和销售。产品如果符合我国食品安全标准，那就是合格的，而如果超过了国外的标准，也并不代表一定有害。出现这种情况，就必须进行安全风险评估，并对标准做出相应的修改。

这将民众的关注引向了另一个焦点——食品安全标准的制定。我国的经济总量已经位居世界第二位，仅次于美国，并超过了日本。在这样雄厚资金和广阔发展前景的支撑下，为什么还会出现别的国家有诸多的标准需要去检测，而我国却少得多呢？食品安全标准制定过程中到底有怎样的"猫腻"。

据邱宝昌所说，在我国，食品安全标准的制定必须采用标准化法，而市场经济受政府干预较多，所以标准比较滞后，和国际的标准有一定的差距。并且，我们的标准一旦制定，往往十几年都不会变动。但社会在发展，情况在变化，标准却原地踏步，这就导致了许多安全风险。因此，标准的修订刻不容缓。

但在吴广枫看来，食品安全标准的制定不能急于求成。标准的修订其实很耗费时间、精力，不能说别的国家有两三千条限量标准，而我们只有几百条，就要在短期内把这个数量拉上去。食品安全的修订应该是一个精细活，而且我们的政府也一直在做这项工作，比如乳制品的标准，在2001年的时候就进行过一次大范围的修订。吴广枫还提到了食品安全标准制定过程中的另一个重要问题，广泛论证的"被简化"。广泛论证是食品安全标准制定过程中的必要程序，但在实际制定过程当中，由于经费的限制或其他各种因素的影响，广泛论证会草率收场，这势必导致食品安全标准失之准确。

重重问题的暴露为事情的解决提供了方向。邱宝昌建议，制定食品安全标准首先考虑的是人民生命健康，一定要淘汰落后企业。不能考虑到一旦标准高了，可能有的企业难以为继了，不符合相关标准的可能就要退出市场了，某些地方、某些部门的利益就要遭受损失了。安全第一，民众的生命健康是第一准则。标准的制定还应该做到公开透明，特别是涉及人民生活健康安全的标准，一定要公开、公正、公平。

但同时，食品安全标准的制定是科学的过程，正如吴广枫所说，我们不能一味向欧盟等发达国家靠拢，而是要综合我国的具体国情，不但要考虑安全，还要考虑供给，不能捡了芝麻丢了西瓜。

执行、监督不到位，谁之过

沈阳曾发生过一起毒豆芽事件，沈阳警方一共查获了 40 吨掺有致癌化学品或者动物专用药的毒豆芽，12 名犯罪嫌疑人落入法网。而针对此事的后续处置，工商、质监、农委等部门都说此事不归我管，其中工商部门表示对食品生产领域的监管，应该由质监局负责，而不应该由工商部门负责；而质监部门则说，豆芽菜应认定为初级农产品，应该归农业主管部门监管。但是农委部门却表示，按照《中华人民共和国农产品质量安全法》的相关规定，豆芽菜不是初级农产品，它只是初级农产品的加工品，不应该由他们来负责监管。

一个小小的豆芽菜，涉及工商、质监、农委、公安等多个部门，大家都在管，却又都不管，所谓的综合管理造成的后果就是最后没有人管了。这不得不让我们深思，食品安全执行监督不力，到底该算在谁头上？

邱宝昌分析说，对于食品安全，我国食品安全法规定地方人民政府要负责，在他看来，沈阳地方人民政府必须负起责任。从这件个案追溯到食品安全的监管，可以发现我国对食品的监管是分段的，对养殖业、种植业实施监管的是农业部门，生产加工业则是质监部门，流通在工商。多头管理有好的一面，但也有不好的一面，例如出了问题互相推诿。要使法律和执行做到真正无缝隙的监管和对接，各部门就必须加大执法力度，地方人民政府要加大对职能部门的监管力度，遇事不互相推诿。吴广枫则对"十二五"期间的一个重要的举措——即在各级政府中设立一个专门机构来综合协调各个部门的工作予以赞赏。他认为，假如某个部门该管而不管时，这个综合协调机构就应该把这个责任承担起来。

而相对于各部门对责任的互相推诿，另一个问题则显得更为严重。山东某县质监局一位食品审查员曾多次反映他们的基层监管存在问题。据他介绍，现有的财政供养机制并不科学，收费罚款一般先由省局、市局各扣一部分，剩下的大约 80% 便留在本部门，所有人员的工资福利就从这些收费和罚款中获得，执法人员每天的工作目标就是想着如何完成创收任务。这样监管怎能没有漏洞？

但这种"养鱼执法"的危害性远不止造成监管漏洞，威胁食品安全，更重要的是它损害了政府执法部门的公信力，威胁到了整个社会体制的安定团结。

为此，邱宝昌认为必须严惩。他认为，这是严重的渎职，要从制度、政策上，杜绝这种"钓鱼执法"、"养鱼执法"行为。对徇私舞弊现象，一定要采取行政乃至刑事手段。否则，如果执法不严，再好的法律法规也只能流于形式。另外，检察部门要对行政执法部门起到严格监督，社会各界也要加大监管的力度。现在许多问题都是经媒体报道才披露出来的，这实际上是错误的，这种责任本应由职能部门履行，而不能仅仅寄希望于媒体的"揭黑"，更为有效的方法是职能部门能够严格地履责。

而在吴广枫看来，要真正实现有法可依，就必须把在食品安全违法事件处理中的基础性的工作做细、做实，明确执行程序要依据什么样的规定、处罚力度要依据什么样的力度等。

最高人民检察院下发了《关于依法严惩危害食品安全犯罪和相关职务犯罪活动的通知》，要求从司法层面，加大对国家公职人员在食品安全失职、渎职的犯罪查处，明确食品安全监管者和执法者的职责，实行司法问责制。对未来食品安全来说，这是一个好信号。

2012 年，国家将步入一个崭新的发展阶段，而无论怎样发展，食品安全这一人民最基本的权利仍然是摆在案头的头等大事。

双汇作秀给谁看

嘉宾介绍

李光斗 中国品牌第一人；中央电视台品牌顾问；著名品牌战略专家；影响中国营销进程的风云人物；品牌竞争力学派创始人；清华大学——中旭商学院高级讲师；华盛智业·李光斗品牌营销机构创始人。

李光斗自 1990 年开始从事市场营销和品牌策划工作，先后担任伊利集团、蒙牛乳业、广日电梯、民生药业、古越龙山、招商银行、长虹、德尔惠、喜临门集团等全国数十家著名企业的常年品牌战略和营销广告顾问，亲历了改革开放后中国品牌发展的历程，具有丰富的品牌建设和市场营销经验，荣获中国策划业杰出功勋奖。

李光斗出身于市场营销第一线，参与并策动了中国 VCD 和乳业营销大战，被评为影响中国营销进程的风云人物，并任北京大学、清华大学、上海交通大学、厦门大学等 EMBA 品牌学特聘教授。李光斗毕业于复旦大学新闻学院，曾任复旦大学研究生会副主席。

张起淮 北京市蓝鹏律师事务所主任律师，法学硕士，中国民航管理干部学院客座法学教授、空军后勤学院客座法学教授、中国政法大学航空与空间法研究中心研究员兼职教授、南华大学客座法学教授、中国法学会会员、中国国际经济贸易仲裁委员会仲裁员（首席仲裁员之一）、北京仲裁委员会仲裁员、武汉仲裁委员会仲裁员、中国国际贸易促进委员会、中国国际商会调解中心调解员。国际保护知识产权协会中国分会理事、国际商会中国国家委员会律师团律师、国际仲裁委员会网上争议解决中心专家、中国犯罪

学研究会常务理事、中国政法大学航空与空间法研究中心研究员、全国妇联法律帮助中心专家、北京市人大常委会立法咨询专家、法制与经济杂志社特邀评论员、新民网邀请特约评论员、法制网法律顾问、中国十大风云律师、航空案第一律师。

- 双汇万人大会为何饱受诟病？
- 食品安全乱象频生的背后有怎样一只看不见的手？
- 中国食品安全将走向何方？

从苏丹红到孔雀绿，再到三聚氰胺、地沟油，食品安全问题一再挑逗着公众敏感的神经。而各"触礁"企业也以商人特有的八面玲珑、长袖善舞，急着扑灭这从自家后院燃起的熊熊大火。然而，"秀"做久了，有些人就忘了经商之根本、处事之根基，上演了一出出得不偿失的闹剧来。继瘦肉精事件挑战大众道德底线后，一场颇具炒作色彩的"万人大会"再一次将双汇推上了批评的风口浪尖。

从万人大会透视双汇错在哪里

为了巩固销售链，挽回品牌形象，深陷瘦肉精漩涡的双汇召开了一场别开生面的大会，近万名经销商济济一堂，在双汇董事长万龙的激情演讲下，畅想着双汇美好的未来。气势很宏大，场面很壮观，这些激动的经销商甚至还喊出了一些口号，像是"永远跟定双汇"、"万里长城永不倒"等。

但在这样一场盛会里，双汇产业链真正的源头——消费者却不见踪影。结合此前双汇所有表态中仅对消费者表示口头道歉之外，不提回购、不提赔偿，缺乏实质性行动的危机公关，不得不让人怀疑双汇的诚意。

而针对国务院派遣到河南调查瘦肉精事件联合工作组提出的四条整改意见，双汇董事长万龙的解读更是透着一股推卸责任的意味，他说这四条整改意见都没有说要追究双汇集团的意见，这证明瘦肉精事件的源头不在双汇，而是养殖业的问题，也就是说双汇实际上是在代人受过。

在北京蓝鹏律师事务所主任律师张起淮看来，这种说法不但不符合逻辑，而且不符合法律规范。从司法角度讲，双汇集团毫无疑问是瘦肉精事件的直接责任人。因为如果没有双汇这个企业，那么就不会有含瘦肉精的双汇产品。他质疑，双汇检验、收购、生产、最后出品的整个生产过程中，难道都没有检验吗？所以，有理由怀疑双汇在其中可能扮演的角色：知道、纵容，甚至参与策划；知道，然后默许；可能不知道。但不管是哪种情况，按《食品安全法》实施条例规定，这个责任应该由作为生产厂家的双汇承担，上游的养殖户是无需承担责任的。在此次事件中，双汇应该承担相应的民事责任，并接受相应的行政处罚，甚至可能要被追究刑事责任。

显然，双汇的做法和说辞并不能让大众信服，而这种不信服表现在双汇由瘦肉精事件而引发的惨重损失。双汇发展股票曾一度跌停，市值蒸发了103 亿元，销售额锐减了 10 多亿元。此外济源双汇处理的肉制品和鲜冻品直接损失利益将达 3000 多亿元，预计全年增加瘦肉精检测费用 3 亿多元。更重要的是民众信任的丧失，据一份来自凤凰网关于"你还会再购买双汇肉制品吗"的民调，选择不会的人最多，占到了近九成，认为会的人仅占到了7.9%。也就是说，90% 的消费者因为这件事而不会再选择双汇的肉制品了，双汇的品牌形象受到了很大的伤害。

对此，品牌战略专家李光斗评价"双汇选错了方向"。双汇现在给经销商鼓劲，其实最应该关心的是消费者，消费活动就像周瑜打黄盖，要一个愿打一个愿挨，但消费者不愿挨了。所以双汇现在要解决的是收回所有的产品，更换新的包装，告诉消费者，现在的双汇已经开始不会再含瘦肉精了，给消费者一个说法。

他分析，让双汇倒闭不是消费者的初衷，他们只是希望这样的事情以后谁也不敢再犯。但是消费者却看不到这种努力，这就是令人寒心的地方。李光斗认为双汇的做法是危机处理的一个大忌，没有和消费者沟通，没有真正负起责任，这才是整个事情的关键；而且也没有讲产业链以后怎么打造，以后再出问题呢？如果再出现新的化学添加剂呢？

谁在给双汇撑腰

从事件的爆发到万人大会的召开，双汇目中无消费者的态度一直为大众所诟病，但仍有双汇的管理层称他们的生产很快就可以恢复到和以前一样了。那么，双汇的底气究竟源自哪里？是谁在为双汇撑腰？

一份调查发现，社会上为双汇加油打气的共有三种声音，首先是政府方面，在河南漯河，双汇的税收占到 50% 以上，在当地有这样一句话："双汇只要打一个喷嚏，漯河就会感冒。"双汇因瘦肉精事件而中枪落马导致漯河在不到半个月的时间内就损失了各类税收达 8500 多亿元。据资料统计，2006 年时，双汇的纳税在漯河市达到 11.59 亿，占到漯河市的 30%，另外他也是河南省排名第四的百强企业，所以他在当地的重要性，在产值或者纳税方面是可见一斑的。另外一个就是基金方面，截止到 2011 年 3 月，持有双汇发展的基金数量高达 63 家。最后就是双汇内部员工以及经销商，他们在万人大会等场合公开表示要力挺双汇。

透析整个事件以及各方言论，不难发现，其背后都隐藏着一只手——利益。政府为税收，各投资基金为获利，而双汇内部员工和经销商更是靠双汇谋生。古语有云："天下熙熙，皆为利来；天下壤壤，皆为利往。"在现有的市场经济体制下，逐利本是正当行为，但如果将大众的生命健康弃之不顾就不仅是本末倒置，更是一种触犯国法的行为。

但双汇似乎并没有受到应有的处罚，其高层也一直拒绝放下身段与消费者对话，继续保持高调的双汇被指缺乏诚意。这也给消费者赔偿蒙上了一层阴影，作为吃了十几年双汇产品的消费者，在这样的情势下，如果想去索取赔偿有戏吗？

对于这一点，作为律师的张起淮显得比较有信心，他认为，从法律的角度来讲，消费者的这种做法是有法可依的，关键是消费者如何证明所受损害与食用双汇的产品之间有因果关系。而李光斗的看法则没有那么乐观，毕竟法律上有一个谁主张谁举证的原则，消费者举证难度重重。他倡议，在食品安全上这个原则可以倒置，不能让消费者主张，而是要厂家证明，证明你的瘦肉精没有损害到我的利益。法律条款的制约性也在不经意间成为双汇强势态度的一个支撑。

惩罚不严是首恶之一

三鹿、蒙牛、雀巢，再到双汇，当一个个民众曾经信任的大品牌纷纷落马；奶粉、肉食，甚至面粉，当食品乱象对公众形成合围之势时，人们不禁疑惑，为什么法律不能威慑住商家的铤而走险？为什么食品安全屡禁不止？

透视双汇事件，或许可以看出些许端倪。在整个事件的处理中，双汇除了因股票等导致的损失外，在赔偿受害者和政府行政处罚方面的付出似乎并不能和其造成的严重后果相抵，尤其是消费者健康受到的损害，双汇提都没提。

在李光斗看来，对此政府有要检讨的地方，双汇事件调查组提出的四条意见里有一些不足，这也是中国为什么屡出食品安全的问题，归结到一点即我们的政府没有给企业施以惩罚性赔偿。在美国，因轮胎问题而遭受处罚的通用汽车，曾经赔了95亿元，这样的处罚结果有很强的警戒性作用。而在我们国家，政府的处罚对企业通常是不疼不痒的，难以对企业形成警戒，所以今天出现了双汇。他担忧的是，今天是双汇，不知道明天会不会出现一个三汇；今天有瘦肉精，明天会不会又出现一个瘦鱼精。

张起淮与李光斗的看法一致。他认为，如果按照《食品安全法》进行处罚，双汇的损失要严重得多。因为按照《食品安全法》的规定，不仅要以五到十倍的非法所得处以罚款，对有问题的生产线、流水线、包装线统统没收。在他看来，双汇瘦肉精的危害和三鹿三聚氰胺的危害是并驾齐驱的，三鹿倒了，但双汇却仍然在召开声势浩大的万人大会。在利润和利益的驱动下，不断有人冒着违法犯罪的危险，去赚取黑心钱。所以，相应的处罚一定要全面而且是重罚，对出问题的企业，一定发现一个严惩一个。并且，政府可以扶持更多有诚信的企业和品牌，以避免一家独大。他认为，政府、企业的失责，以及重大的利益驱动酿成了双汇之灾，而这个苦果也不独独由消费者承担，在消费者受伤害的同时，企业经济受损，信誉受伤，企业员工也可能因此丧失工作机会，政府是否尽到职责也遭质疑。这样的损失虽然让人痛心，但不管怎样，确保食品安全仍是首要之责，重罚不可逃脱。

2012，甚嚣尘上的末日预言让未来变得前途叵测，而我们的食品安全，是否能在此之前乘上"诺亚方舟"。

李光斗提出了自己的思路，他认为"不吃"不可能是长远之策，最主要的是回归食品链的建设。历次的食品安全风暴应该成为企业、政府学习成长的机会，所有的食品企业都重视产业链的建设，比如说牛奶的产业链源起养牛，首先你的饲养基地在哪里，这样一个个解决，从全产业链的角度构建品牌信任感。而张起淮则认为，要构建企业与消费者之间平等、正常的交流机制，让广大的消费者站出来。

"塑化剂"拷问台湾食品安全

嘉宾介绍

邱宝昌　现任北京市律师协会消费者权益法律事务专业委员会主任、北京市汇佳律师事务所主任，系中国消费者协会专家志愿者、北京市消费者协会法律顾问。理工学科背景，塑造了邱律师缜密的思维，这也成为他法律工作中的重要特色。从业十多年来，他以为当事人提供全面、专业、优质、高效的法律服务、圆满解决纠纷为执业理念，代理了民事、经济等各类案件数百起。对于每一起案件，邱律师都认真对待，以其深厚的法学理论功底、娴熟的办案技巧、丰富的执业经验，全力维护委托人的合法权益。

2004 年 12 月，荣获"全国 3·15 金质奖章"；2005 年 1 月，评选为北京市优秀律师；2005 年 3 月，评选为专业委员会优秀委员；2008 年 3 月，评选为最佳专业委员会主任。

李怡静　1998 年开始从业的资深记者。主要从事生活、财经、政治领域的报道。曾两次荣获中国台湾地区颁发的"两岸新闻报道奖"。

- 谁毁了台湾食品安全的招牌？
- 30 年潜伏，塑化剂是怎样做到的？
- 食品安全出路何在？

在对一些普通饮料进行的一次检测中，台湾当地机构发现其中含有一种工业原料——塑化剂。经调查发现，在台湾地区，饮料生产商向其中添加塑化剂的历史已长达 30 年，并且受污染的不仅仅是饮料，还牵涉到其他的食品，甚至包括药品。自此，蝴蝶的翅膀轻轻扇动，牵涉在内的商家越来越多，事情也愈演愈烈，最终酿成一场台版"三聚氰胺"风暴。

"塑化剂"之恶

要说塑化剂，就不免要提到起云剂，起云剂是一种合法的食品添加物，经常被添加到果汁、果酱和饮料等食品中，饮料中添加了起云剂之后可以增强饮料的润滑性，使其喝起来更有厚实感。

而在"塑化剂风暴"中，塑化剂是作为棕榈油的替代品，并制成起云剂，被加入到食品中的。相对而言，其造价更为低廉。然而，它是一种有毒的化工原料，通常用作沙发、汽车座椅、橡胶管和玩具等的原料，长期食用塑化剂可能引发生殖系统异常，甚至导致食用者罹患癌症。

就是这样一种"毒"的工业原料被"恶"的厂商添加到了维系人之生存的食品中，并最终酿就一场食品安全之祸。

在台湾中天电视台驻京记者李怡静看来，这次事件的影响是很严重的，在她 30 多岁的人生经历中，还从未听说台湾曾发生过如此大规模的食品安全危机。自事件爆发后，被污染的食品种类有 506 项，包括在日常生活中经常会接触到的食品、药品等，有 100 多万罐运动饮料下架，有 8400 多包果汁、果酱浓缩粉被召回。

这种下架与召回的涟漪越荡越大：台湾珍珠奶茶连锁店"日出茶太"的百香果汁在台湾被验出含有塑化剂，"日出茶太"在香港的 25 间连锁分店已经停售相关的产品。上海进口的 800 箱"悦氏"运动饮料可能含有塑化剂，进口商已经采取召回措施。上海经销台湾"悦氏运动饮料"的大润发超市和沃尔玛超市已经将相关产品全部下架封存，共计 5019 瓶。塑化剂危害的范围也越扩越大。

相对于精神损失而言，台湾食品"金字招牌"的蒙尘更让人扼腕。有台湾媒体报道，此次危机可以说重创了台湾的饮料业和保健品业，对于行业的影响或者说对于整个产业的影响都很大，尤其是民心的丧失。李静怡说自己的母亲打电话给她，说她很紧张，什么都不敢吃，心情很不好。而这种怀疑和恐慌已经成为台湾地区民众的公共情绪。

而每个消费者可能都非常关注的问题是——塑化剂对人体的危害。有一个动物试验证明，就是会引起动物的生殖系统异常，对人体的伤害还没有明确的试验来证实。但是据一条新闻所说，台湾地区的生育率已经是全球最低的了，让人不禁将之与塑化剂的长期使用联系起来。为此，一些民意代表提议，希望国学在入学的时候增加一个项目，先检查男性学童的生殖器官，是不是在那个时候就已经出现异常状况，好做后续的追踪。这又是塑化剂的一宗罪。

30 年蛰伏期背后的隐忧

当"塑化剂"事件愈演愈烈，并成为一场食品安全大风暴时，越来越多的人开始把它比作台版"三聚氰胺"。但在中国消费者协会律师团团长邱宝昌看来，塑化剂比大陆的三聚氰胺还要严重，第一，它的时间跨度 30 年；第二，它涉及的食品不仅仅是奶制品，更包括饮料、保健品，甚至药品。而让李怡静感到可怕的是，昱伸公司负责人被抓去的时候说过这样一句话，他说业界很多人这样用。换言之这可能是业界的潜规则，它不是业界的唯一一家，这后面可能有一个更大的黑洞。

长达 30 年的时间跨度让人不禁疑惑，究竟是怎样的环境为这样的罪恶提供了温床？究竟是怎样的黑洞将民众拉入了不健康食品的深渊？

"我认为根本原因是违法成本过低。"邱宝昌给出了这样的答案。他认为主要是台湾的食品主管部门对食品添加剂违规滥用进行处罚的违规成本不高，违法获利过大，所以很多企业为了食品好卖，增加它的味、色、感官享受，不惜放一些违规的工业用品，包括塑化剂，实际上就是说违法成本过低。对食品安全来讲，全世界都应该重点关注。

对此，李静怡表示赞同，据她了解，台湾食品卫生部门对于违规食品的处罚比较轻，大概就是 30 万新台币，折合成人民币大概也就是 7 万多。而且有的业者风头一过，就改个名字重新出发，所以防不胜防。

而邱宝昌显然想得更远，他认为，此次塑化剂事件量大、面广、毒强，尤其是潜伏时间长达 30 年，这不得不引起我们的重视，现在仅仅是台湾地区曝光了，那么国内其他地方生产的这种饮料、食品当中，有没有这种塑化剂成份？在他看来，三聚氰胺事件给我们敲响了第一个警钟，在问题曝光之前，三聚氰氨并不在正常检测范围内，而此次塑化剂事件则敲响了第二个警钟，他认为应该把所有的食品、饮品都过滤一遍。质检部门、食品安全部门等相关部门要对起云剂、塑化剂等类似的东西，进行跟踪检查，不能简单地以处罚了事。

食品安全出路：从源头管起

风暴过后，如何善后成为民众关注的首要之事。鉴于含有塑化剂的部分饮料可能流向海外和大陆，台湾向世界卫生组织做了通报，至于流向大陆的部分原料，则通过两岸食品安全协议窗口处理。同时，岛内卫生主管部门已经紧急要求 20 多家公立医院加开健康门诊接受民众咨询，为担心孩子成为塑化剂受害者的家长们解忧答惑。同时，为加快处理这起严重的食品安全事件，岛内有关机构将展开扫荡，使用起云剂的运动饮料、果汁、茶饮等五大类食品，都须提供检验安全证明，否则一律下架回收，违者将受重罚，官方也不再接受诸如"下游厂商也是受害者"、"不知者不罪"等推托理由。

但是，再雷厉风行的补救也不能抹去民众信任受伤害的事实。在塑化剂曝光之前，台湾食品安全是有口皆碑的。然而这样一出"罗生门"的演绎让人不禁叩问，消费者的权益怎样才能得到保障？

据李怡静介绍，已经有民众投诉说因吃了某种品牌的健康食品而得了癌症，怀疑是里面有塑化剂导致的身体出问题，一些消费者团体打算帮他找出真正致病的原因，并帮他求偿。在李怡静看来，可以借助各种消费者团体的力量，帮助受害者举证，及时进行民事诉讼，消费者需要这种在背后支持的力量。也可以把受害者的力量凝聚起来，进行团体诉讼，这样力量会更大一些。

邱宝昌也表示，集团诉讼、公益诉讼对受害者而言的确是一条很好的解决办法。这对大陆也是一个很好的借鉴。从三聚氰胺、瘦肉精等食品安全类公共事件频发的现状看，公益诉讼、团体诉讼等此类诉讼资格的确立在大陆非常重要，大陆的民事诉讼法将会出台相应的规定。而从法律的角度出发，邱宝昌也给出了自己的建议，如果真的需要提出集体诉讼，受害者要注意把不合格食品的票据包括小票、伤害鉴定证明等保存好，作为诉讼的证据。

但这种建立在伤害已发生之上的事后赔偿措施，只能是一时的善后之策，并不能成为食品安全健康发展的策略。

　　"要从源头查起，让经营者按照食品安全的标准去生产，把食品安全问题堵在源头上。"邱宝昌的建议让在重重迷雾中跌跌撞撞前行的食品安全看到了一线曙光。他分析，就此次塑化剂事件而言，塑化剂在食品领域的应用显然不只是饮料业，兴风作浪的当然也不止塑化剂这一种"毒物"。有的工业原料在工业上应用没有危害，但是如果滥用、乱用在食品行业就会对民众生命健康造成威胁；有的可能已经造成了损害，相关部门就要追查到底；对那些不是食品添加剂的化工原料，如保持干燥的干燥包等，在与之接触时要远程隔离，避免入口，对人体造成损害。从这些角度出发，他认为有关部门对生产、流通领域应该有一条龙的追查。

　　2012 年，食品安全的出路到底在哪里呢？

特供食品如何普及

嘉宾介绍

毛寿龙 北京大学政治学博士，中国人民大学公共管理学院公共财政与公共政策研究所教授、博士生导师，公共政策研究院执行副院长，九鼎公共事务研究所所长，中国政府制度创新研究中心主任，北京市海淀和谐社区发展中心理事。北京大学政府管理与政治发展研究所兼职研究员，北京师范大学、外交学院、安徽大学、云南民族大学、苏州大学、山东理工大学、北京社会主义学院、浙江警察学院等兼职教授。曾任中国人民大学行政管理系主任，中国行政管理学会副秘书长。

蒋昕捷 2001 年高考凭古白话文《赤兔之死》获得满分，随后被南京师范大学录取，就读广播电视新闻系。2005 年 7 月毕业后，进入中国青年报工作，从事 3 年教育新闻报道，现为财新《新世纪》周刊记者。

- 特供食品"特"在哪里？
- 特供食品的高成本从哪里来？是否妨害社会公平？
- 特供食品能成为公共食品安全的救赎吗？

中国的特权意识由来已久，从"只许州官放火，不许百姓点灯"的俗语到今日的"公车"、"公款吃喝"等，特权这两个字一直广受诟病。而随着最近几年食品安全频频亮起红灯，"特供食品"一词也引发了越来越多的联想和议论。什么是"特供食品"？特供食品"特"在哪里？特供食品是否妨害社会公平？一个个疑问点燃了公众情绪，也将"特供"推上了舆论质疑的风口浪尖。

特供食品的前世今生

有些企业可能生产面向所有人的食品，但同时有一些特供车间生产特别的食品供应给特别的人群，这就是与众不同的"特供食品"。在我国，特供是有一定历史的，开始于上世纪50年代，但是在上个世纪80年代末，中共中央政治局宣布取消特供，原因是本来只是供给极少数领导人的特供食品政策，被层层效仿，最终国家决定取消特供。

所以，现在特供食品并非一种政策。但是，没有了政策推动，或者说约束的特供食品如今反而有愈演愈烈之势。例如现在北京顺义设有一个专门的食品供应基地——海关大棚，专门为北京海关提供特供食品；各级省政府都有自己的食品基地，而关于各种特供食品的新闻也屡次现于媒体。

在财新《新世纪》周刊记者蒋昕捷看来，特供食品的大行其道与目前的社会现状有关。如果说上世纪50年代特供食品主要是应对计划经济物资短缺而保供应的话，如今特供食品的大热则有很大一部分是源于问题频发的食品安全。所以现在特供的功能已经发生改变，它现在的功能是保安全。

而中国人民大学公共政策研究院教授毛寿龙分析，特供食品的流行是多方面因素共同作用的结果。他认为，首先，特供食品是一种习惯的延续，也就是说一看到"特"人们就觉得是身份和地位的象征，感觉自己有特权了，跟别人比就显得特殊了。从这一意义上来讲，特供食品更像是由政策演化而来的一种特权价值观的延续。第二，综合各种特权食品案例，可以看出大部分特权食品已经脱去了"政策"和"政治"的外衣，已经成为市场的一种组织模式。也就是说，我们买东西可以委托商家按特定的要求生产产品，比如定做衣服。所以从这个意义上讲，特供食品现象就是在市场经济条件下，通过特殊的渠道和方式来购买更符合自己主观愿望的商品。当然，价格一般都会贵一点。而在毛寿龙看来，特供食品的流行其实还暗含了另外一个重要原因，那就是当下食品安全问题频发的现状。也就是说，食品现在普遍不安全，所以有些人就青睐于搞一些特殊的东西，比如三聚氰胺事件爆发后，有条件的人就都开始购买外国奶粉了。

解读特供之"特"

特殊供应、面向极少数人群、质量高、价格贵……一系列标签让特供食品显得高高在上，颇具几分神秘色彩。人们不禁纳闷，特供食品到底"特"在哪里呢？

一个案例为我们揭开了特供食品的一角：为保证 2009 年某次会议所需特殊原材料的质量，二商集团对供应厂家层层筛选，并对出库前的每种样品都逐箱检查，然后给合格的产品打上特殊的防伪标志。其中负责清真食品特供的月盛斋公司更是派专人到内蒙古基地监控，还使用五倍的带灯放大镜对产品逐片检查，确保不混入羊毛、牛毛等异物。近几年，该集团为了确保检测的精准性，还投资数千万元购置了先进检测设备。另外，负责酱菜特供的天源酱菜，规定必须把酱菜切成四毫米的薄片，还要用手工戳花。由此可见，特供食品把关的精细度是普通食品无法比拟的。

保密性是特供食品颇为值得玩味的一个特点。据传，北京市农委有自己专门成立的特区农产品服务中心，特别为一些会议、活动或者某个群体提供特供食品，保安全、保及时、保质量、保秘密成为他们严格遵循的"四保"原则。前三条还好理解，"保秘密"就有点令人费解了，吃个东西怎么还保密？

这一点，蒋昕捷给出了自己的解释——怕敌对分子投毒，因为这已经不是严格意义上的市场行为，而是一种政治任务。这也是特供食品的重要属性之一。

严格的检疫是特供食品的另一个重要特点。蒋昕捷披露，他曾去过河北三河郊外一个参与特供体系的已有十几年历史的养殖场。从养殖场的厂房结构来看，并不起眼，但是在原料、饲料的引进，疫苗的引用上，该养殖场是不计成本的。例如，2006 年时爆发了全国范围的蓝耳病，为了确保质量，该公司拒绝了政府免费提供的疫苗，而是以 16 元/支的高价从国外引进了疫苗。据蒋昕捷了解，特供的产品和供给普通民众的本质上没有太大区别，但是在收购时要过的质量关更严格，普通人吃的猪肉在检测瘦肉精的时候每十头检测一头，而特供产品两头就要检测一头。

这样明显的区别对待让普通公众的食品安全更显弱势。2010 年 5 月中国著名柔道女运动员佟文，因误食了瘦肉精而被禁赛两年，所幸的是，佟文在申诉后获准取消禁令。而国家游泳队则专门发布了"禁止队员外出就餐，以免误食到瘦肉精"的通知。但在农业部畜牧业司饲料处的通报——"从 2005 年开始，中国的商品饲料瘦肉精检测率一直保持为零"面前，这种遭遇似乎变得无足轻重。面对高坐"金銮殿"之上的特供食品，供给普通民众的食品显然要弱势得多。

严格的把关、检疫，以及保密性等方面的"居高临下"，使特供食品和普通食品之间划下了一道深深的鸿沟。而特供食品因此而产生的高成本，在毛寿龙看来则被转嫁给了享受着低层次食品供给服务的普通民众。这样一个成本，受益者肯定没有付，实际上它是滥用了相关的公共资源，是一种特权的象征。

特供给食品安全的启示

吃有机菜、穿定做的衣服、喝标着"特供"的酒……当特供褪去政治的外衣，以市场化的脸谱迈着小碎步走进越来越多普通百姓的生活时，从"特供"到普通的道路看起来似乎也并没有那么遥远，"特供"与"普通"的关系也并非是斗个天昏地暗的死敌。从某些方面来看，特供食品的"特"为如何保障公共食品安全吹来一阵清风。

在蒋昕捷看来，特供体系中的确有一些东西可以借鉴，比如追诉机制，食品从哪个农场生产的信息，在特供的体系中都有签名记录，明确这期由谁负责。据他所知，中国农业部和商务部在联手打造这样的体系，比如在肉食上贴条形码，扫描一下就能知道它产自哪儿。另外，就是特供食品的严格检疫制度，对普通食品抽检中的规避手段有很好的借鉴意义。

毛寿龙对此表示赞同，他认为普通食品要有选择地吸收特供食品的成功策略。特供食品的有些属性并没有推广的价值，如特权的性质，人人有特权也就等于谁也没有权利，特权不能，也不可能成为普通食品的福利。另外一个是高成本，民众不能为了吃一颗米而把一碗饭的成本都投进去，因此不惜成本地追求高品质特供食品对普通百姓而言是不现实的。但也有几点值得关注：一个就是特供食品的责任制度，即蒋昕捷也颇为赞同的追诉机制，明确谁生产的。这个做法的成本消耗对公共食品安全而言并不算高,而且能明确落实食品安全的具体责任归属。另外,要培养消费者和厂商之间的信任关系,建立一个小范围的信任机制,这是保障食品安全的一个重要法宝。特供食品的特殊市场组织模式也值得借鉴,食品保鲜期一般都较短,而且生产的每个环节都容易出问题。存储不当食品很快就会腐烂变质,即便把坏的淘汰掉,但在运到消费者餐桌的过程中一着不慎,很可能质量又不合格了。从这个意义上讲,每一个范围、每一个级别都应该严格监控,并落实相关的责任。在毛寿龙看来,这种做法非常重要,不仅责任分工更细、更明确,保障了食品质量安全,而且所需成本也较低。

"绝育"黄瓜、"爆炸"西瓜、染色馒头……公共食品安全似乎陷入了一个泥潭。如何突围?向哪里突围?一个个疑问拷问着众人的良心。

在毛寿龙看来,低成本供给高质量的食品是保障食品安全长期而有效的策略。当出现严重的食品安全问题时,我们现阶段的做法一般是加大各方面投入,或转移其他资源以解决这个问题。但这只能治标而不能治本,以低成本保障高质量才是保障大众食品安全的最佳出路。目光敏锐的毛寿龙认为这同时开辟了一个巨大的商机,也就是说当别人不得不依靠增加投入确保食品质量时,如果有企业可以以其他方式来确保自己的食品信誉,不用检测,无需贴检验码,就能让消费者相信产品的质量,实际上企业就拥有了免检的权利,也等于拥有了一条"特权"。但这个特权是建立在信任基础上的,可以找一些为公众所信服的人来领衔,或做形象代言人,形成一种新的食品信任机制。

瘦肉精的爆发,让一些政府部门把食品安全的相关问题纳入到了干部政绩考核范围,从管理上把食品安全归入行政首长的核心责任范围,这让民众看到了未来食品安全的光明走向:优先程度会提高,投入会增加,社会关注也更上一层楼。相信在 2012 年及未来,普通民众的食品安全不再是群体的伤痕。

高铁安全还有多少不能说的秘密

嘉宾介绍

赵　坚　北京交通大学经济管理学院教授，1982 年 1 月毕业于同济大学工业自动化专业。1982 年 2 月至今在北京交通大学经济管理学院工作。

1990 年 10 月 –1991 年 11 月为英国 Bradford 大学发展与规划中心访问学者。1997 年 5 月 –1997 年 8 月在美国 Duquesne 大学商学院短期研究访问。1999 年 4 月及 2000 年 4 月在瑞典 Uppsala 大学作短期学术交流。2001 年 7 月 –2001 年 9 月在澳大利亚维多利亚理工大学作短期研究访问。2003 年 7 月—2004 年 1 月美国 Connecticut 大学经济系高级访问学者。

郝劲松　青年法律学者。从 2004 年夏天开始，他先后 7 次将国家税务总局、北京地铁运营公司、北京铁路局告上法庭，原因是在火车上购物和地铁如厕时未能要到发票。他因对"打破行业'霸王条款'起到了一定作用"而入选"2004 年构建经济和谐十大受尊崇人物"。被先后提名为 2005 中国法制新闻人物，2005 年度十大法制人物。两起案件分别入选 2005 中国十大案件，2005 中国十大影响性诉讼，并以"维权战士"的身份写入《2005 中国法治蓝皮书》。因介入推动铁道部春运不涨价案件入选《2006 中国法治蓝皮书》，并当选 2006 中国十大消费维权人物，2008 年因介入陕西华南虎案件和杨佳案被《南方人物周刊》评选为"中国魅力人物——公义之魅"。

- 高铁之殇，是天灾，还是人祸？
- 铁道部为何成众矢之的？
- 高铁，难道真的到了末路？

7月23日的动车事故将中国铁道部推上了风口浪尖，一条条逝去的生命拷问着政府的良心，而一个个"不能说的秘密"也让真相在民众的猜测之中愈发模糊。真相越晚出现，民众质疑的声音就会越大；质疑的声音越大，民众对铁路安全的信任，甚至铁道部、政府的公信力都会受到严重灼伤。但综观"7·23"事故，一系列的"不可说"、"不能说"却造就出扑朔迷离的"高铁罗生门"。

众声质疑：雷击 or 调度

真相是民众期待的，但他们并不是要看到一个完整报告，而是希望政府至少能针对大众质疑的某些问题答疑解惑，以满足民众的知情权。这种算不上过分的要求却因为事故分析会的一再延迟而搁浅，直接导致了民间质疑声浪的成形乃至壮大，而质疑的焦点便是事故的成因。

是雷击？但据了解，在我国铁道历史上，用电网的非动车从未因打雷而出现故障或导致事故。而且据防雷击委员会专家说，"雷公、雷婆"走过必有痕迹，而调查中并未发现事故动车受雷击的痕迹。青年法律学者郝劲松也提出了类似的质疑，大部分列车都是用电网，为什么动车一打雷就停了？为什么 T 字头、K 字头的从来没有听说过打雷事故？

而北京交通大学经济管理学院教授赵坚则表示，铁路是全天候的运输工具，它不会受到雷电的影响，且雷电为什么会使系统不起作用。在他看来，这种撞车事故按照现在的设备条件来说是不应该发生的，如果铁路车辆在一个区间内停车的话，那么在调度台上就会显示出红光带，下一辆车在计算机车载系统也可以看到它占这条线路，所以从道路以及设备的连锁保证来说不可能发生这种事情。

这又将焦点引向公众关注的另一个敏感词：调度。即便是系统遭雷击受损，电脑调度出问题，但调动和放行通车都有人通知。谁下的调度命令，为什么下这个命令？这个疑问也迟迟未得到回应。而据赵坚所言，铁路行车一直是由调度部门统一调度指挥，别的部门不可能插手，责任的落实不应该成为"不能说的秘密"。

事故发生之后，原任铁道部总调度长的安路生走马上任，成为上海市铁路局局长。据传，他在一次内部电话会议上说，行车部门不应该盲目地指挥行车。民众认为这可能暗指此次事故人为忽视的可能性很高。但郝劲松对此不以为然，他认为"空降"上海铁路局的安路生并不能成为破解谜底的"密钥"，他的到来本身就是一件很具讽刺性的事。因为 2008 年山东胶济铁路发生重大事故，死伤 70 多人的时候，安路生就是当时铁道部的总调度长。他的到来并不能给民众带来信心，而只是再一次将"调度"推向舆论中心。

是雷击，还是调度？这样一个不算难答的选择题在层层"不能说的秘密"的包裹下，演变成一个"哥德巴赫猜想"，真不知道是谁之"罪"。

"伤感情"的赔偿金

相对于事故调查分析会的姗姗来迟，对动车事故遇难人员的赔偿金额却堪称"高铁速度"。事发四天之后便已有四名遇难者的家属与善后工作小组签订了赔偿协议，赔偿金额都是人民币 50 万元。

但对于这样的"高效率"，公众并不领情。他们对赔偿有几点疑问，一是事故责任还没有完全认定，怎么就先制定了赔偿标准？二是家属需要凭借火化证明，才可领取赔偿金。三是据传尽早签订协议可得到四到五万元的奖励。

尤其是第三条，一条条曾经鲜活的生命沦为"论斤称两"、讨价还价的"商品"，不禁令人心寒齿冷。虽然温州市委宣传部已经正式辟谣，但据《浙江在线》所公布的采访内容，第一家跟他们签订赔偿协议的遇难家属得到了在标准 45 万上加了 5 万的奖励。

而据通过网上视频接受采访的遇难家属说，谈判小组或处理小组跟他们只谈钱，不谈真相，不谈责任。另一位在事故中痛失五位家属的杨峰先生则在经过与谈判小组的接触之后，选择了妥协。他说他对不起关注真相的民众，但他必须自私。

当赔偿金不再是对逝者的告慰、生者的扶助，而沦为威逼利诱、掩盖真相的工具时，整个赔偿背后似乎也透露出几丝说不清、道不明的玄机。有人便质疑，是不是有一股背后的力量在压制着整件事尽快结束。

郝劲松给出了肯定的答案，铁道部这么干一点也不奇怪。2008 年胶济铁路发生重大事故，他们也是这么做的。据他说，当时有一个家属给他打电话，寻求法律援助。铁道部随即就派人跟家属结对子，一对一，并且把死难者家属户籍所在地的干部都找来，形成一个工作组。这个工作组的目的就是让遇难家属签协议，拿 15 万块钱的赔偿金，同意火化。时隔三年之后，他们依然在走这样三步程序，包括手段都一样，先签字就先拿两万块钱，如果不签字可能这个赔偿也拿不到，而且也要火化。到底是死难者赔偿金还是火化赔偿金，为什么要急着火化尸体？这样的质疑同样得不到解答。

"伤感情"的赔偿金、不公开的事故调查、原因不明的事故"导火索"……一桩桩"不能说的秘密"将各种民间猜测推上了舆论顶峰。而民间情绪日益发酵，最终酿成了一杯苦酒——民众对高铁安全乃至铁道部公信力的信任水平不断下降。据一项"你对高铁安全是否还有信心"的民意调查，有 56.21% 的调查者表示没有信心。超过一半的高比例是一个极其危险的信号，它带来的可能是整个社会群体对铁路——这一我们原本最依赖的交通工具的信任度大打折扣。

与之形成鲜明对比的是，事发之后铁道部称"对高铁有信心"。郝劲松对此的反应是，"用四个字形容他就是厚颜无耻，都死那么多人还有信心。"这样的言论虽然失之偏激，但在网络舆论中并不是个例。政府的迟缓反应和民众知情权迫切要求得到满足之间呈现出一种失衡状态，"我不管你信不信，至少我信了"的粗暴态度更是让铁道部几乎成为了众矢之的。

而赵坚教授的看法显得更为理性，他认为大多数民众信心丧失对高铁的影响将是非常大的。但一味地责骂铁道部，实际上要考虑到一段时间内发生的事故都是在雷雨等特殊天气，所以铁道部特别要把这个弄清楚，为什么在这种情况下会出这种事情。

但在郝劲松看来，寄希望于铁道部的调查是无望之举。他认为，政府总是以调查结果不符合他的要求，或者需要领导的批示等借口，从而把调查的某一个环节卡住往后推迟，让大家空等。就像此次事故，不会主动承认系统出问题，而是将责任推到雷击的头上。希望前因后果调查清楚了，然后拿出一个书面的东西，有人问的时候再发布，而不是像针对调度人员有没有打电话等细节问题专门给民众一个交代。

高铁要停运吗

"7·23"事故不是个案，自 2011 年 7 月 10 号开始，就已发生多起因雷电关系造成的高铁延误、停驶事件。而面临如此多问题的密集发生，甚至发生了灾难事件，高铁系统是否应该停运检查，给社会和公众一个更安心的未来，希望有一个更好的交通运输网络，成为民众的诉求。于是，从法律的角度，有人建议高铁应该停运，甚至有人建议铁道部的高官应该比照矿难的方式，在每一辆高铁列车上随车保障安全。

而这样的诉求之后，又有着怎样的隐忧?

中科院研究铁路安全系统的 82 岁的老教授简水生，提出了一连串的质疑，第一是铁道部自称的在断电以后 120 分钟的自备电源，按照常理，可以跑 600 公里，但实际的情况根本不可能。第二，接触网故障，这不是最大的问题，目前更大的问题是，铁路的供电网本身防雷技术不过关。第三是速度越高，隐藏的危险就越大，我国高铁运行的高速度都只是经过短期的实验就投入使用的，而铁道部却把瞬间的成功，看作是自己的成绩。

而郝劲松也认为高铁的出事表面上是偶然现象，但是实际上却是必然的，为什么这么讲? 一种大跃进的速度，在一年时间内把十几年的高铁线路建起来，开通上百列动车，本身这种大干快上的速度已经违反了科学发展规律，然后是四万亿要迅速花掉，导致了整个系统不合格，所以这次仅仅是一个开端。他认为，还是安全第一，建议可以把一些不必要的高铁停下来，可以重新增开 K 字头或者 T 字头的。以前虽然慢一点，但是很安全；现在表面上很快，很有成绩，赶超世界水平，但实际上是在拿人民的生命安全开玩笑。在没有搞清楚之前不要再盲目的开通，要不然过不了多久又要出事故。

赵坚显然不这样认为。要速度就要票价高，就要有风险。中国的高铁是以高标准、高速度、高成本、高价格的规格建起来的，一旦停运，沉没成本将是极其巨大的。所以，应该反思是不是还要建高标准的高铁，这是第一点。第二点就是如何把它运营得更好，比如出台新的保障措施，在极端天气，特别是雷雨天气下保证行车安全。他认为此次事故是违背科学发展观而导致的一个后遗症，只要采取理性的补救措施，比如说把速度降下来，京沪高铁就按 300 公里运行，高铁停运便没有必要。而针对停运高铁，多开普通 T 字头、K 字头的建议，他认为可行性并不大。普通的 T 字头是由机车牵引的，不是动车，不能上高铁运行。300 公里的高铁线路靠电网支撑，只能上动车组，普通的客车不能上。

在赵坚看来，不兼容是中国发展高铁的最大问题，中国根本不该建高端的高铁，而应该建更大的路网。

2012 年，中国高铁发展将会路向何方?

能源中国篇

中国能保证能源安全吗

嘉宾介绍

冯连勇 中国石油大学（北京）工商管理学院教授，博士生导师，经济与贸易系主任，1997 年获莫斯科石油大学经济学博士学位。曾在俄罗斯和比利时学习，曾在哈萨克斯坦工作，访问过巴林、阿联酋、阿曼、伊朗、巴基斯坦、法国、瑞士、奥地利、德国、意大利、蒙古、吉尔吉斯、美国、利比亚、瑞典和爱尔兰等国。1996 年前在中国石油大学（华东）任教，之后在莫斯科石油大学毕业后先后在哈萨克斯坦以及中国石油天然气集团公司工作，2003 年 9 月从中石油返回学校，2007 年晋升教授职称，2008 年 6 月评为博士生指导老师。主要从事能源经济学、国际石油经济学和技术经济学的教学与科研工作，多年从事石油峰值方面的研究工作。

韩晓平 华北电力大学客座教授，新华社特约经济分析师，中央电视台、中央人民广播电台能源时事评论员，人民网专栏作家，中国能源研究会能效投资委员会副秘书长，中国环境记协互联网专委会理事，中国电机工程学会热电专委会新技术委员，全国热工中心站理事，北京动力工程学会理事，中国能源网能源研究中心高级研究员、首席信息官。

- 北非政局动荡，石油供给减少，国际原油价格飞涨
- 油价攀升，出口受阻，第四次石油危机来临了吗？
- 石油依赖严重，中国如何保证能源安全？

2011 年初，中东地区政治局势再度动荡不安。利比亚国内政权更迭引发石油价格上涨，第四次石油危机是否在向我们袭来？中国经济发展离不开石油供应，未来的能源安全如何保证？新一轮洗牌真的会降临吗？

政治形势突变，石油价格动荡强烈

2011 年初，北非政治格局动荡不安。利比亚的政治危机直接传导到石油价格上，国际石油价格反应强烈。对此中国石油大学工商管理学院教授冯连勇指出，在北非地区的石油出产国中，突尼斯的产量比较小；埃及的产量大概有 3500 万吨，但出口量微乎其微，甚至还需要进口；而利比亚石油产量达到 8000 万吨，其中出口量超过 7000 万吨，对国际市场带来的影响很大，因此利比亚政治动荡对石油价格的冲击十分明显，造成了美国及欧洲原油价格疯长。

中国能源网首席信息官韩晓平也认为，利比亚和阿尔及利亚是欧洲传统的主要能源供应国家，在出口石油的同时还出口天然气，支撑着整个欧洲大陆的经济发展，他们一旦出现动荡就难免造成欧洲石油价格的波动。

政局动荡，第四次石油危机来袭

石油是支撑世界经济发展的重要资源，但由于石油出产国政治局势的动荡，"二战"后已发生三次公认的石油危机。第一次石油危机发生在 1973 年，欧佩克组织的阿拉伯成员国为应对阿以战争收回石油的溢价权，使油价猛然上涨了十倍，触发"二战"后最严重的全球经济危机；第二次石油危机发生在 1978 年底，当时世界第二大石油出产国伊朗国内发生政变，导致石油供应量急剧下降，严重冲击全球经济发展；第三次石油危机发生在 1990 年，由于两伊战争，石油价格窜高到 42 美元每桶，致使当年的世界经济增长率跌破了 2%。2011 年，中东地区政治局势动荡，第四次石油危机到来了吗？

对此冯连勇认为，如果 2011 年的形势在未来再度恶化，就很有可能引发第四次石油危机。世界石油的供应需求本就非常紧张，平衡关系十分脆弱，且石油供应的难度逐渐增加，这些国家的政治动荡使得市场对石油产量的信心更加不足。

此外，在未来一定时期内，石油价格上涨的可能性依然存在，暴跌的可能微乎其微。原因有三：第一，2010 年和 2011 年很多西方石油公司撤离利比亚，可以预见北非局势稳定需要一段时间，从油田关紧到开放还需要一定的时间，这会对包括意大利、西班牙在内的欧洲南部国家产生很大的影响。第二，近年来石油价格只在 2008 年 9 月出现过暴跌现象，但当时世界经济出现了巨大波动，石油需求被严重打击。但目前来看，全球经济不太可能受到特别严重的威胁，因此油价攀升的可能性很大。

韩晓平对此却持不同意见。他认为，石油危机有发生的可能，也有不发生的可能，最大的问题是不确定性。假设目前发生动荡的国家在新政权建立后，为恢复经济生产而纷纷脱离欧佩克，那就还存在油价暴跌的可能，因此一切都有变数。例如在 2008 年，世界油价曾经一度涨到每桶 147 美元，所有人都预测高油价时代已经到来，没有人想到 2009 年春天时油价就跌到每桶 34 美元。此外，世界各国都在寻求替代性能源，以降低经济对石油的依赖程度。以美国为例，2011 年的页岩气革命大大提升了国内的天然气供应数量，美国的石油公司对此就非常担心。一旦世界经济永远摆脱石油，对石油公司就是灭顶之灾，所有石油出产国也面临着这个问题，因此石油供求双方仍处在不断博弈之中。

石油进口受阻，对中国能源安全影响几何

石油作为经济增长的重要支柱，是各个国家的战略性资源，石油安全直接关乎国家的能源安全和经济安全。在这种局面下，中国的石油安全如何保证？石油供应动荡对中国的能源安全影响有多大？

韩晓平坦言，中国最担心的问题并不是油价上涨，而是石油供应中断。一旦全球的石油供应量减少 6%，全球经济就可能出现危机，这种现象很容易发生。中国是新兴工业经济体，石油的需求量不断增长，一旦石油供应出现短缺，整个能源体系就会出现问题，山西的煤可能无法继续开采，发电厂可能发不出电，经济发展面临全面威胁。因此对于中国而言，油价高低是排在第二位的问题，通货膨胀也是第二位的问题，油价一定程度的上涨不是问题，必须首先保障经济社会的正常运行。此外，由于汽油在市场上的需求弹性较大，油价太高或买不到汽油可以不开车，因此对中国造成最大威胁的还不是汽油，而是柴油：包括农业和工业运输体系在内的整个经济体系都是靠柴油运转的。

在保证能源安全这一问题上，韩晓平认为中国必须改掉治标不治本的毛病，从根本上解决问题。面对 2011 年上半年的石油价格波动，美国显得非常从容，其原因很大程度上就在于美国在页岩气开发上取得了突破，天然气不仅可以解决石油供给不足的问题，还能解决电力供应短缺和交通运输的难题。在美国，目前共有超过 6000 家公司在上游进行勘探开发，获得足够替代能源的可能性比较大，在一定程度上有可能改变美国的整个未来发展方向。对于中国来说，开放市场是最重要的，只有开放市场才能增加石油供应。金融危机后，美国实行货币宽松政策，造成全球性通货膨胀，使得很多以资源垄断为特征的资源输入国出现了严重的民生问题。具备这种土壤的国家有很多，甚至有可能发展为全球性的动荡。因此，此轮金融危机后全球经济可能出现大洗牌，中国能否从容应对还是一个很大的挑战。

冯连勇指出，中国政府和企业正在做出努力保证国家的能源安全，非常多的石油干部职工奋战在海外一线，但即使这种情况下，中国要想保证石油的安全供应也十分困难，对此中国必须有充分的思想准备。此外，当常规的石油产能出现下滑时，包括油页岩在内的非常规石油的弥补速度是很慢的，不能寄予太大的希望；且由于中国土地资源有限，食品供应问题十分重要，生物燃料也不能过分依赖。总而言之，中国必须要降低石油消耗，对中国来说，油价高不是最可怕的，可怕的是缺油、没油。

更严重的是，美国对中东石油的依赖略超 10%，但中国的这一数据则达到了 50%，一旦石油供应出现波动，出现第四次石油危机，中国受到的损害将十分严重，世界可能会重新洗牌，赢家又将是美国。

电价乱象何时休

嘉宾介绍

韩晓平　华北电力大学客座教授，新华社特约经济分析师，中央电视台、中央人民广播电台能源时事评论员，人民网专栏作家，中国能源研究会能效投资委员会副秘书长，中国环境记协互联网专委会理事，中国电机工程学会热电专委会新技术委员，全国热工中心站理事，北京动力工程学会理事，中国能源网能源研究中心高级研究员、首席信息官。

王晓冰　财新《新世纪》周刊副主编，从事产业和公司报道多年，对垄断行业尤其有兴趣，致力于与同事们一起完成 21 世纪中国市场的浮士绘。

- 同城不同价，同业不同价，目录电价形同虚设？
- 煤电联动改革，电网公司亏损，电企管理如何定位？
- 改革迟缓，分歧严重，电价市场化能否真正实现？

电价一直以来都是普通老百姓十分关心的焦点问题，电网公司也始终处在舆论的风口浪尖，备受指责。

在存在目录电价指导的前提下，电费征收为何仍然十分混乱？煤电联动后发电企业连连亏损，电网公司究竟应该如何定位？电力改革迟滞多年，国外成功经验能否推动市场化改革继续前行？2012 年，电价乱象会不会画上句号？

电费征收混乱，目录电价为何难以执行

财新抽样显示，目前我国每个城市的电价都不尽相同，除上海之外，所有城市实际收取的电费均高于目录电价标准。甚至同一城市、同一行业的电费征收标准都不尽相同，实际收取的平均电价也不一样，由此可见电价征收之乱。既然目录电价始终存在，为何实际征收仍然不能实现标准统一呢？

中国能源网首席信息官韩晓平指出了三方面的因素。第一，发改委制定的目录电价并不包括峰补差电价的说明，但由于目前国内高峰用电过多对整个电网的安全利用等各方面都带来了一些问题，地方在执行时就普遍采取了峰补差电价的措施。以北京为例，高峰电价是在目录电价的基础上乘以 1.6 的系数，低谷电价则是乘以 0.4，但低谷时用电很少，所有用点都集中在高峰，导致实际电价可能就变成了目录电价的 1.3 倍。第二，电价高低涉及变压器容量的问题，只要变压器进行增容，用电户就必须分摊投资费用。第三，电力企业规模庞大，技术操作复杂，国家对电力公司的电价监管很难到位，很多监管措施难以推行。在实际操作中，发改委只能在原则上制定价格，没有办法指导地方具体如何收费，这样电力企业就有空可钻。电力企业如何制定电价要考虑很多因素，这些因素相当复杂，普通消费者难以掌握。以变压器容量为例，110 千瓦和 335 千瓦的设备投资成本就有差异。此外，在同一个电力公司内部，每一个供电公司的实际情况也不相同，很难在每一个具体细节上实现统一，对不同的用户采取不同标准收费的现象十分正常，电价混乱的原因也就不难理解了。

财新《新世纪》周刊副主编王晓冰解释了目录电价的制定过程。她指出，各地首先将各自的方案上报到国家发改委，由国家发改委审批，因此通

常所说的目录电价其实是国家发改委核准而非统一制定的。这样就造成了虽然发改委有平均电价的概念，但各个省市都有自己的一套目录电价体系，北京、天津和上海三个直辖市的目录电价标准就不一样。再者，部分省市实行峰补差电价，而另外一部分省市则没有推行。电力公司电价体系相当庞杂，各个工商企业很难搞清楚目录电价和收费依据，中小企业被超收的情况比较多。

电价上涨仍喊亏损，电网企业究竟怎么管

2011 年 11 月 30 日，国家发改委曾出台包括上调上网电价、对煤炭暂行最高限价和试行居民阶梯电价在内的调控煤电价格"组合拳"。其中规定，自 2011 年 12 月 1 日起，全国燃煤电厂上网电价平均每千瓦时提高约 2.6 分钱；随销售电价征收的可再生能源电价附加标准由每千瓦时 0.4 分钱提高至 0.8 分钱；对安装并正常运行脱硝装置的燃煤电厂实行脱硝电价政策，每千瓦时加价 0.8 分钱，以弥补脱硝成本增支；上述措施共影响全国销售电价每千瓦时平均提高约 3 分钱。

在电价上调的大环境下，发电企业仍然出现大面积亏损，电网企业亏损的局面也时有发生。2010 年，中国电网华北电网有限公司董事长马宗林就对媒体表示，2009 年国家电网公司亏损达到 23.4 亿元。

韩晓平认为，煤电联动后煤炭的价格上涨本来应该直接反馈到销售电价上，但国家考虑到 CPI 已经在高位运行，电价短期内不好调整，这部分差价便由电网公司自己承担。这一现象在很大程度上反映了对电网公司应当如何管理的矛盾：如果将电网公司当做企业管，电网企业的最大目标就应当是追求利润，无法承担应由政府或事业单位承担的社会责任；如果要求电网公司承担社会责任，就不能对其利润进行考核，否则电网企业背负不了煤电差价，就只能选择涨价。

王晓冰也指出，国家对于电网企业的监管思路如何非常重要。对一家企业而言，国家想要将其从头到脚管起来根本无法实现，关键是要制定对电网公司的激励和约束机制。目前电网公司的机制不透明，对其设定的激励和约束机制也是冲突的，一会儿要求电网公司追求利润，一会儿要求其提供普遍服务，把两个账合成一本糊涂账，问题很大。电网公司由国资委监管，就意味着电网公司就是企业单位，不是事业单位，追求的目标就是利润最大化，国资委就要像对待一般国企一样，核算收入。但从实际情况看，电网公司提

供公共服务，是资源垄断型企业，要想提高利润并不困难，电价每提高一分钱，电网公司的利润总量就很可观。可以说，电网企业的利润是全国人民的灾难。

电力体制市场化改革还能向前推进吗

国家曾在2003年制定了一套电价改革方案，其主要精神就是供电端和用电端放开行政制约，推进市场化。但时至今日，电力改革也没有取得实质性突破。电力体制的市场化改革还能推进吗？电价改革如何才合理？

韩晓平指出，2003年的电价改革方案在制定时受到了美国和英国电力改革的影响，改革的一部分措施很有效，但还有一部分方案受到了来自电力公司和电网公司的共同反对，无法推行。但这并不是不改革的理由，煤电联动的改革方案已经被实践证明是推动不下去的，原因就在于市场主体之间没有形成充分的竞争，没有实现市场化，仅仅推行价格市场化只能导致市场主体竞相涨价，结果便是发电公司和电网公司双双亏损。对于中国来说，电力问题必须解决。2011年福岛核电站出现的问题也说明，电力企业不能继续垄断下去，不仅外部无法对垄断企业进行监管，企业内部也无法及时反馈问题，一旦出现突发事件，反应速度迟缓必将危及企业生存。

王晓冰认为，市场对于竞价上网的具体模式怎么走还有不同的声音，但2003年电力改革方案所制定的市场化改革方向是正确的。欧洲和美国率先实践了供电端和用电端两头放开的改革，带来了整个电力价格的下降和效率的提高，说明市场化的方向是很成功的。中国电力改革第一步放开了发电厂的行政控制，实现市场化，结果是近年来发电厂的建设成本在不断下降，改革被公认为非常成功。但在现阶段，中国面临的最大难题则是电网公司应当如何改。具体而言，发电企业和电网企业应当剥离开来、主辅分离、核定资产、单独定价，下一步自然而然就可以实现竞价上网。但目前发电公司和电网公司对输配电价无法达成一致，电力改革就无法向下走。如果这一步能够成功完成，中国的电价改革就能前进一大步。

2012年，中国电价乱象会最终画上休止符吗？公众在期待。

油价上涨势不可当吗

嘉宾介绍

冯连勇　中国石油大学（北京）工商管理学院教授，博士生导师，经济与贸易系主任，中共党员，1997 年获莫斯科石油大学经济学博士学位。曾在俄罗斯和比利时学习，曾在哈萨克斯坦工作，访问过巴林、阿联酋、阿曼、伊朗、巴基斯坦、法国、瑞士、奥地利、德国、意大利、蒙古、吉尔吉斯、美国、利比亚、瑞典和爱尔兰等国。1996 年前在中国石油大学（华东）任教，之后在莫斯科石油大学毕业后先后在哈萨克斯坦以及中国石油天然气集团公司工作，2003 年 9 月从中石油返回学校，2007 年晋升教授职称，2008 年 6 月评为博士生指导老师。主要从事能源经济学、国际石油经济学和技术经济学的教学与科研工作，多年从事石油峰值方面的研究工作。

王炜瀚　对外经济贸易大学教师，对外经济贸易大学能源经济研究中心研究员。近年来从事能源经济政策研究。

- 中东政局动荡，原油价格上涨，国内油价何去何从？
- 通胀压力不减，物价水平高企，油价上调"火上添油"？
- 价低税高，成品油怎样定价才合理？

2011 年 4 月初，国内的汽、柴油价格在多年居高不下的背景下再次调升。北京 97 号汽油价格从此迈入 8 元时代。面对严重的通胀压力和风云莫测的国际形势，成品油价格就像是"展翅的蝴蝶效应"，牵动着我们整个社会的神经。油价上涨的缘由何在？成品油定价机制是否合理？2012 年，油价又会存在怎样的变数？

中东局势不稳，国内油价非调不可吗

据有关媒体统计，2005 年以来，国家发改委对我国汽、柴油的出厂价格共进行了 24 次调整，其中上涨 17 次，下调 7 次。国内成品油价格与国际原油价格之间是否存在必然联系？2011 年初，不断蔓延的"阿拉伯之春"运动使沙特、利比亚、也门等世界主要产油国的政治局势发生重大变化，由此导致全球原油价格出现大幅度上涨。在这一背景下，国内成品油价格是不是非涨不可呢？

中国石油大学经贸系主任冯连勇表示，利比亚是北非的主要石油出口国，在北非的战略位置非常重要，是周边国家的周转基地，很多国家的物资、技术和资源供应都需要通过利比亚的港口进行，因此利比亚出现的问题对整个中东地区的石油出产都带来了重要影响。因此，国际油价涨势比较明显，纽约原油价格曾一度飙升至每桶 108 美元以上，北海布伦特原油也达到了每桶 102 美元，涨幅远远超出中国国家发改委 4% 的调价幅度。总的来说，从石油工业形势的角度看，中国已处于后石油时代，石油出产稍有风吹草动，工业发展就会受到影响。

对于中国国内成品油的价格形势，冯连勇认为我国成品油在定价时不仅要与国际接轨，更要考虑国内社会的现实因素。某些时候为了抑制 CPI 上涨，国家可能会加大补贴、有意控制油价持续上涨；在国际油价下跌时，由于短期波动的影响持续存在，国内成品油价格也可能高出国际水平。但从长期来看，国内油价依然会以英国北海布伦特石油价格为准绳，上下波动。

对外经济贸易大学能源经济研究中心研究员王炜瀚指出，国际原油价格持续飙升是 2005 年以来国内成品油价格上涨的主要原因，按照我国现行的成品油定价机制，国际市场原油价格上涨必然反映在国内成品油价格里面。在

2008 年中期调价之前，基于国内市场价格管控的原因，国内石油价格一直低于国际市场的；在此之后，新的定价机制和石油行业寡头格局才逐步形成，但即便如此，中国成品油去税后的价格还是远远低于国际水平。

通胀压力高企，油价上调是好是坏

对于一个社会来说，成品油一直是非常重要的大宗商品，它的价格对下游各行业的生产和生活用品价格，都会产生实质上的联动效应。为缓解国内通货膨胀，韩国政府曾于 2011 年，将每升汽油和柴油的价格分别下调 100 韩元，约合 0.6 元人民币。中国国内通胀局面同样紧张，CPI 数据一路上涨，通胀压力始终未能得到有效缓解。在这样的背景下，发改委为何选择上调国内成品油价格？油价上调会不会对控通胀的总目标产生消极影响？

对此王炜瀚表示，2011 年成品油价格的上调是有政策和制度做保障的，在过去的石油管制时期，中国遭遇的最普遍情况就是短缺；2008 年中期调价之后，中国就一直面临石油高价的局面。由于中国市场发展水平相对落后，竞争不够充分，使得石油价格上涨在推动物价上涨时比较顺畅，能够传递到终端产品和服务价格上；但反过来，油价回落造成的成本价格下跌却很难反映到终端产品市场价格的下跌。因此，政府干预经济、同石油企业约谈虽然能在短期内起到一定帮助，但我国市场结构决定了这一举措不能解决长期问题，预期短缺不如直接提价。

而冯连勇则证实称，成品油价格上涨将会给消费者带来损害。他认为，石油作为基础类原材料，其价格上涨必将影响整个 GDP 增长，对 CPI 数据也会产生压力，但市场必须理解发改委上调价格是有原因的。以现有情况来看，我国的石油对外依存度约为 56% ~ 57%，一年进口原油达 2.4 亿吨，折合人民币一万亿元左右，国际油价上涨将会对国内成品油价格造成很大压力，在原材料不断上涨的情况下，想控制 CPI 是很难的，消费者必须有清醒的认识，用平和心态面对严峻的现实。

价低税高，成品油定价机制是否合理

有网友将中国和美国的成品油价格相比较，发现我国的油价高于美国。对此，国家发改委相关负责人表示，我国的成品油销售价格分为两部分：一部分是裸油价格，另一部分是税。调查发现，世界各个国家的成品油税收并不一样，美国全国平均油价为 6.38 元人民币，加州为 7.02 元人民币，均略低于中国，但如果刨除税的因素，我国的裸油价格低于美国，并远远低于欧洲国家。那么中国裸油价低、税高的情况是如何造成的？税收水平是否与成品油价格同步提高？中国成品油定价机制是否合理？

冯连勇表示，目前在国内，增值税与基础产品价格有关，提价时增值税肯定同步增加，但消费税没有增加。在油价这一问题上，中国的情况与美国存在区别，衡量裸油价格时不应回避。首先，美国原油的基础价格低；其次，美国的海运和管线运输都比中国发达；第三，美国炼油企业的规模经济效应比中国强。因此中国在这一方面先天不足，必须考虑现实国情和企业的实际情况。值得注意的是，中国可以借鉴国外在成品油价格结构调整方面的经验，在原油价上涨时调低税率，以减轻消费者压力；当原油价格下跌时再把税率调上去。

王炜瀚则指出，在目前的成品油定价机制下，成本可以随行就市，但利润不可动，成本加利润的定价机制存在根本缺陷。同时，面临通胀压力时，政府放弃部分自身利益、一定程度上下调消费税，对缓解 CPI 的上涨压力是有帮助的。但在进行跨国比较时，由于存在价内税和价外税的现象，单纯讨论税率很难说清。

特高压电网能建吗

嘉宾介绍

丁功扬　原电力规划总院规划处处长，现任国家电网建设公司顾问等职。曾和原国家计委燃料动力局局长、中国国际工程咨询公司副总经理蒋兆祖等 23 名专家联名上书，反对国家巨额 3000 亿投资的交流特高压。《新世纪》周刊封面文章"特高压成败"，曾对国家电网公司正在力推的 100 万伏交流特高压试验示范工程进行了调查。这个号称输电能力能达到 500 万千瓦的示范工程，最终最大输电功率只有 283 万千瓦。即便是在 280 万千瓦的设计输电功率上，实际也只能维持送电 1 秒到 2 秒。

王晓冰　财新《新世纪》周刊副主编，从事产业和公司报道多年，对垄断行业尤其有兴趣，致力于与同事们一起完成 21 世纪中国市场的浮士绘。

- 规划已经出台，矛盾依然重重
- 是好大喜功，还是产业垄断？
- 伟大工程风险究竟有多大？

国家电网要下一盘很大的棋，投资的总额将会达到 5000 亿元，但是对于这项投资是不是科学的、有效率的，还存在着相当大的争议，反方的声音如何能够被听见，而决策的过程能否公开透明，让国家的钱真正能够做到取之于民，用之于民呢？

什么是特高压

股市是经济的晴雨表。2011 年 3 月，电力股在市场上有了非常明显的反应，有关电力板块出现了比大盘更为明显的上涨，而他们当中的个股都跟特高压概念相关，特别是华仪电器，在 3 月份的时候，一周的涨幅达到了 40%，"五一"以后，在大盘颓势之下的涨幅也是相当明显。那么特高压究竟是一种什么样的概念呢？为什么引起那么大的关注呢？

特高压输电通道就如同电力高速路网，简单来说特高压对于国家电网公司的重要性，如同高铁对于铁道部的重要性。那么国家电网来说，建这套交流特高压输电线路是要解决中国能源、资源的地区分配不均问题，在水利和煤炭资源丰富的西部，就地建设电厂发出的电经过特高压线路进行远距离和大容量的传送，送到东部和中部等经济较发达的地区，满足这些地区对电力的需求。

有建的必要吗

对于要不要建的问题，出现了两种不同的声音，产生了争议。对此，原电力规划总院规划处处长丁功扬表示，建设特高压电网的争议点主要是经济问题和效用问题，成本过高而成效过低。说一条特高压能代替五条 50 万输送能力，实际上是不可能的，真正起到的作用是一条特高压相当于两条到三条 50 万输送能力，但是它的投资比 50 万的要大得多。

那么如果真是如丁功扬所说，国家又为什么要花大力气来建设特高压工程呢？财新《新世纪》周刊副主编王晓冰对此表示，问题出在国家电网公司，他们可能会更清楚，一方面国家电网公司认为这个技术代表了世界领先的技术，如果我们做成了，那说明我们站在了世界技术的领先舞台。另一方面，就是通过这种远距离大容量的输送，可以建成全国统一的电网，对国家电网公司来讲，全国电网就会在他的掌控当中，可以打破现有一个省一个区域联网为主的形态。国家电网公司怀抱能够更好地控制全国电网的愿望，所以希望建这样长距离的线路巩固自己的地位。

风险有多大

事实上，就在我国将特高压电网建设列入"十二五"时期重点项目的同时，世界上的大多数国家都已经摒弃了对于特高压电网建设的探索。

对此，丁功扬解释说，这个技术在 80 年代的前苏联是已经实验成功的，但是从前苏联的运行来讲应该说是失败的，运行了五年，最后降成 50 万千伏运行。这既有经济原因也有技术原因，交流有安全上的问题和稳定性的问题，经济效益很差。例如一条最大输送能力在 50 万到 100 万左右的线路，在实际运行中达不到这个数，比这个小，交流系统稳定性问题是固有问题。从上个世纪 70 年代开始，西方也放弃了特高压交流，长距离的大容量输送都是采用直流而不采用交流，到目前为止全世界大体上可能有 50 多条直流电，包括我们中国也有 10 条左右，输送能力在 3500 万左右。

也有官员曾打过比方，建设一个全国的特高压交流电网对国家来讲是有很大风险的，相当于把所有的鸡蛋放在一个篮子里，一损俱损。因为与原先按区域供电方式不同的是交流联网势必会形成全国大面积统一供电，一旦在某些环节出现问题，就会波及全身，形成多米诺骨牌效应，导致全国大面积的停电。

对此王晓冰表示，回顾当年高铁建设的过程，一开始说要建世界上最快的铁路，这个目标很激动人心，但是一旦变成一个全国联网就会使投资大幅度增加，而且投进去就不可能收回。为了获得盈利，必然要将成本转嫁给乘客。电网建设也是一样，只不过它现在才建了一套示范线，接下来还有宏伟的规划，投资成本必然巨大。

到底谁是对的

2011 年 5 月，国家电网曾表态将按照规划在"十二五"期间投资 5000 亿元，建成"三纵三横"特高压交流骨干网架和 11 项特高压直流输电工程，投资规模相当于 2 个三峡大坝，其中交流特高压的投资额约占 2/3，从而初步建成核心的世界一流坚强智能电网。就此，特高压将成"十二五"电网建设的最强音。

5000 亿的投资，对国家电网来说也是一笔不小的投资了，国家电网要投入这样大一笔钱，除了专家论证，会不会带来一些问题呢？

丁功扬表示，从经济效益上说，这个投资太大，经济效益太差，将来一定要提高电价上来解决这个问题。丁功扬说，从这个项目一开始，专家们就反对，专家们总共给总理写了七封信，最后一封信是 23 人联名签字向上面反映的，反对的意见主要有三条。第一，做特高压交流会影响到全国电网的安全性，涉及国家安全，相当于火烧联营。第二，随着距离的增加输送能力下降，投资很大，效益很差。第三，长距离输电不如长距离输煤。实践证明，输煤节能效果会更好。

王晓冰和丁功扬观点相同。她说，任何投资都是要有回报的，羊毛出在羊身上，不管用什么办法，最后归根到底还得老百姓掏钱，从你的电价里面掏钱。她担心这么多钱投下去，不知能不能收回投资。在项目论证过程中，专家的意见分歧其实非常多，不光是在输送能力这个方面，也包括国网一再强调的国产化问题。实际情况是，很多的国产设备被当成了摆设，核心关键还需要进口。

至于工程背后存在的其他问题，王晓冰认为，工程本身投资规模巨大。当年三峡的投资，包括像京沪高铁的投资，在整个项目上马之前业内是经过广泛讨论的，其中包括媒体上公开的辩论，可行性报告审批等一系列程序。但是在特高压这个项目上可能并不十分严谨。在此之前的 2005 年，北戴河会议上发改委就组织过业内专家进行比较开放的讨论，当时大家意见不一，有支持的，有反对的，也有保留意见的，但会议的纪要并没有能够迅速如实的汇总给决策层，在整个建设过程中间不断把一些持反对意见的人排除到了范围之外，国家电网对此应负主要责任。

网络中国篇

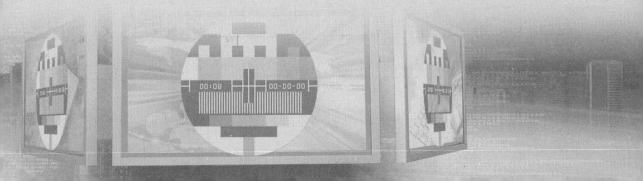

阿里巴巴"欺诈门"的背后……

嘉宾介绍

刘兴亮 知名互联网专家，多家上市公司顾问，CCTV 财经频道、中央台经济之声等特约评论员，计算机学会委员，中国电子商务协会委员。西南交通大学计算机硕士。IT 名博，访问量超过千万。主要著作有《智胜江湖：创业取舍经》《第三浪—互联网未来与中国转型》（合著）等。曾任互联网实验室总裁、红麦软件总裁等。曾任《网络导报》总编辑等职务。

马嵘松 易观国际 B2B 分析师，易观国际成立于 2000 年，是中国信息化、互联网和新媒体以及电信运营行业规模最大的中国科技市场领先的研究和咨询机构。每年为超过 50000 名来自于 TMT 产业的技术厂商、行业用户、投资机构、政府部门的高级主管等，提供包括连续性的技术市场追踪、技术及行业应用热点分析报告的多用户服务，以及顾问式专项咨询服务的全方位解决方案，并在每年举办的超过 20 场的行业封闭式沙龙中，进一步加强了产业与用户、政府机构间的深入沟通。

- 阿里巴巴曝出丑闻是成功的公关运作吗?
- 电子商务平台为何欺诈行为频出?
- 电子商务平台诚信构建中如何定位各方角色?

阿里巴巴缘何自曝家丑

阿里巴巴的内部调查牵出公司丑闻，2011 年 2 月的调查发现，阿里巴巴平台上共有超过 2300 家销售商在过去的两年内对客户存在欺诈行为，其中有一部分更是在阿里巴巴员工的协助下进行的。阿里巴巴集团董事长马云得知此事后勃然大怒，他在给员工的邮件中写到："我们必须要采取措施，捍卫阿里巴巴的价值观。"此事一出，激起行业内部千层浪，阿里巴巴的股票价格就像坐上了过山车，公告公布的第二日便暴跌近 9%，次日又下探 3%。其首席执行官和首席运营官的双双辞职也加深了外界对这一事件的担忧和质疑。那么，马云为什么选择在这一敏感的时间点选择自曝家丑呢？

红麦软件总裁刘兴亮认为阿里巴巴欺诈行为本身的性质是相当恶劣的，如果马云不选择主动将丑闻曝出，那么就会存在被竞争对手、媒体和海外资本市场曝出丑闻的可能性，而且还可能出现通过更为极端的诉讼手段暴露出来，那样会更加糟糕。按照中国惯例，自曝家丑可能会使得其他市场主体无法再对这一行为进行指责或者落井下石。因此，阿里巴巴的这次公关策划应当算作比较得当的，成功将丧事办成了一件喜事。此外，公司的两名高管因为此事引咎辞职，这在互联网历史上还是从来没有过的。同时马云还借此机会对外宣扬了公司的价值观，可谓一箭三雕，运作相当不错。

在易观国际 B2B 分析师马嵘松看来，阿里巴巴的网络欺诈行为自 2008 年左右就已经存在，而马云之所以选择这个时间点曝光是有考虑的。他认为，2009 年欺诈行为出现时阿里巴巴并没有采取相应的措施；之后阿里巴巴分别和国际迪微检验集团、天翔集团合作，推出了基于第三方的资质审核合作，希望通过和国际集团合作加强阿里巴巴在供应商面前的诚信度。但就是在这种情况下，阿里巴巴的欺诈行为仍然没有及时消除，这肯定是马云和他的团队所不能容忍的，所以直到现在他才把事情曝出来。为避免被竞争对手和媒体曝光，自曝家丑是十分明智的选择。

阿里巴巴是一家在港交所上市的上市公司，代码为 1688。丑闻曝光之后，阿里巴巴的股票价格出现了明显下跌，包括瑞银国际和摩根史丹利在内的众多机构对其股票评级都是卖出。但刘兴亮认为，阿里巴巴对于危机的口径宣传和自身价值观宣扬做得相当不错，因此尽管欺诈行为是大家不能容忍的行为（股票市场通常对此做出的反应是股价的应声下跌），但阿里巴巴的股价跌幅不算特别大，还处在可以容忍的范围内，长期来看此事对公司的影响也并不太大。

电子商务平台为什么防不住诈骗

B2B 电子商务平台的欺诈案件在多年前就时有曝光，不过一直没有得到广泛关注。但在阿里巴巴的案例中我们发现，骗子供应商在 2008 年和 2009 年连续两年都达到了千家以上，已经不再是个别现象。有人对欺诈过程进行了大致梳理：客户 A 急需一批产品，通过阿里巴巴平台寻找供应商 B 公司，B 公司此时要求客户 A 支付一万块钱押金，但客户 A 支付了押金后便再也联系不到 B 公司，B 公司就是涉嫌诈骗的供应商。

应该说此类欺诈行为本身并不复杂，也不高明，采用了高科技手段的电子商务平台为何连这种初级的欺诈行为都制止不了呢？

马嵘松表示，目前的 B2B 平台普遍缺乏诚信体系，这也是为什么阿里巴巴要加强第三方诚信建设的主要原因。在没有诚信保障的机制下，海外买家通过阿里巴巴的平台是很难找到资质合格的供应商进行采购的。在此之外，B2B 平台上涉及的业务主要针对企业，企业业务交易的资金量很大，第三方机构难以担负，才造成 B2B 平台上难以建立有效屏障。

马嵘松还谈到了阿里巴巴管理方自身的原因。金融危机以来，国外经济环境不断恶化，对中国出口业务造成一定影响，阿里巴巴平台上的出口供应商业绩增长也有所放缓，阿里巴巴的销售团队为了提升自身业绩，可能会故意放不合格的供应商入主平台。

刘兴亮认为任何商务平台都存在漏洞，欺诈行为不可能百分之百避免，现实生活中充斥着欺诈行为，网络只是现实生活中的一个缩影而已，因此也会必然存在欺诈现象。此次曝光的欺诈商家超过 2300 个，但经过统计发现这一数字在阿里巴巴占的比例不大，只有 0.8%。人们对欺诈行为都会有容忍度，阿里巴巴的欺诈行为一开始很少，但慢慢积累下来也已经达到 2300 家。阿里巴巴是当前中国最大的电子商务公司，它的 B2B 平台并非没有评价体系。这一体系与淘宝基本类似，每次交易成功后便会生成客户评价。问题在于现在有很多人专门从事刷钻交易，内部人员也可以通过刷信誉的方式提升自身业绩，因此阿里巴巴的诚信体系是有漏洞的。

如何共促平台诚信

调查发现，海外已经出现了两家揭露阿里巴巴诈骗者的网站，并收集到了 600 多条诈骗信息，创建者呼吁更多的受害人加入其中，并且通过集体法律诉讼的方式寻回损失。在阿里巴巴的网站论坛上，同样也能找到不少来自海外的投诉信息。

对于马云和他的公司而言，电子商务平台的无形资产含金量很高，值得全力维护。马嵊松认为，一方面政府目前也在大力加强商务体系建设，另一方面淘宝同样在大力加强信誉度建设，并且加强与国外第三方资质集团的合作，希望海外客户相信阿里巴巴的资质优良。

刘兴亮在政府监督方面提出了更为具体的建议。他认为，解决这一问题需要全方位配合，首先立法部门和政府要加快立法进程，对网站运营的奖罚惩处应当十分明确。其次，应当由政府或者行业协会牵头组成一个行业自律组织和第三方的评价体系，相关行业的公司也应当参与进来，如果整个行业的整体诚信水平无法提升，单独一个商务平台是无法出淤泥而不染的。

支付宝股权转移中的迷局

嘉宾介绍

马光远 中国社科院公共管理与政府政策所博士，经济评论员。毕业于中国社会科学院研究生院，师从成思危先生。学术研究主要在宏观经济、企业并购和民营经济等方面，关注中国的法治转型和制度变迁，正在筹办中国民营经济发展研究院。现兼任中央电视台财经频道特约评论员，中央人民广播电台中国之声特约观察员，民建北京市西城区副主委，西城区政协常委。同时，还是《经济观察报》《中国经营报》《中外管理》《新京报》《南方都市报》等报刊杂志的专栏作者。2009年荣获南方人物周刊年度"中国骄子青年领袖"称号。

刘兴亮 知名互联网专家，多家上市公司顾问，CCTV财经频道、中央台经济之声等特约评论员，计算机学会委员，中国电子商务协会委员。西南交通大学计算机硕士。IT名博，访问量超过千万。主要著作有《智胜江湖：创业取舍经》《第三浪－互联网未来与中国转型》（合著）等。曾任互联网实验室总裁、红麦软件总裁等。曾任《网络导报》总编辑等职务。

- 优质资产引发股权纠纷
- 单方面行为能否等同于"负起责任"?
- 马云何以实现股权转移?
- 善后赔偿如何才能令各方满意?

一边是支付宝业务持续增长，一边是股权转让纷争令马云深陷契约危机，中国最大的电子商务公司又一次成为市场热点。支付宝股权转让究竟有没有通过董事会？此次转让行为到底是不是马云绕过其他董事的单方面行为？对此，利益双方各执一词，一时难辨真假。

马云因股权转让受益匪浅，雅虎与软银的股权利益如何赔偿是此次纠纷的关键。电子商务平台飞速膨胀的同时，法律意识和诚信机制缺失的问题愈发被市场关注。

支付宝股权成为各方争抢对象

为确保以内资身份获取央行颁发的第三方支付牌照，阿里巴巴集团将旗下子公司支付宝的股权进行重组和变更，此举引发阿里巴巴集团主要股东雅虎、软银的不满，阿里巴巴由此身陷"违背契约精神"的泥潭。

中国的网民数量已经跃居世界第一位，而每十个中国网民里就有六个是支付宝用户。作为国内最大的第三方支付平台，支付宝业务还在不断的迅速增长。中国社科院公共管理与政府政策所博士马光远分析了支付宝对于阿里巴巴集团公司以及香港上市资产的重要性。他表示，一个公司可能有几大块业务，对于阿里巴巴而言，支付宝是集团旗下最重要的业务之一，它最起码给所有投资者一个很大的预期：如果投资者入股阿里巴巴或者雅虎的股票，几乎不可避免地考虑到了支付宝的业务。因此在这种情况下，马云的转让行为不仅与雅虎和软银有关，还与投资阿里巴巴和雅虎股票的投资者有很大关系。

对此，红麦软件总裁刘兴亮认为，阿里巴巴是集团公司，马云曾经把旗下的公司定义为"六脉神剑"，最锋利的一把就是淘宝与支付宝，也是最值钱的，把支付宝资产单独拿出来，不可否认在一定程度上肯定会损害投资者利益，支付宝股权纷争背后掩藏的就是利益纠葛。2005 年雅虎很庞大，阿里巴巴很弱小，但是发展到今天，阿里巴巴越来越强大，而雅虎却在走下坡路，但其对阿里巴巴集团这笔投资被认为是雅虎最值钱的资产之一，因此利益纠葛是不可能避免的。有个例子可以证明这一点，阿里巴巴曾经希望收回雅虎在支付宝的股份，但雅虎不仅拒绝此事，更是提议增加在董事会的席位，双方的关系十分微妙。支付宝事件箭在弦上，不得不发，于是马云把它作为勾心斗角、利益博弈的一枚棋子，企图通过这一事件起到一箭双雕的效果。支付宝要活下去的道理三方都了然于心，其中的利益纠葛不在于支付宝的股权不应该转，而在于转让价格十分低廉，马云应当为此作出赔偿。

马云是否构成单方违约

业内人士对支付宝的市场估价约合人民币 324 亿元，而这次转让给马云的价格只有 3.3 亿元人民币，刨除 3.3 亿元的成本，马云控制的私人公司等于白捡了 320 亿元人民币，而马云本人在这家私人公司中控股 80%，最后算来约有 250 多亿元进了马云个人腰包。可见在这一事件中，马云成了最大获益者。但资料显示，阿里巴巴董事会拥有四名董事，分别是代表阿里巴巴集团管理层的马云和蔡崇信，美国雅虎的杨致远，以及日本软银的孙正义，其中雅虎和软银是前两大股东，在支付宝股权转让之前拥有支付宝百分之百的股权。马云对此事做出的解释称，雅虎考虑的是雅虎股东的利益，而软银考虑的是软银股东的利益，但总要有人站出来、负起责任把事情推进下去。而在其他两个股东不作为的情况下，马云单方面履行作为股东的责任，是不是存在违反某种规则的嫌疑？

马云称其已经将此事知会雅虎和软银却没有得到回应，但总需要有人把这个事推动下去。马光远认为从法律角度讲这一说法肯定站不住脚，无论是从中国法律的角度还是从全球情理的角度看，这个说法都说不通。公司是契约组织，是利益的结合体。对股权转让等重大事项，任何一个国家的公司法都要求必须有股东签名，必须按照程序办事，这样的规定是基于诚信的考虑。因此如果马云是单方面行为，那么肯定是构成违约的，如果真的打官司，马云必输无疑，他拿不出证据来证明这一转让行为是得到大家批准的。

在雅虎曾发布声明，称支付宝重组的时候没有获得阿里巴巴集团董事会和股东的批准。但马云表示如此多双眼睛关注着他们，董事会根本不可能不知情。那么，这笔价值巨额的股权转让究竟是怎么做到的呢？

刘兴亮指出，用时髦的说法讲，马云是让支付宝失踪了。比方说一个人以前有好几个父亲，但却在其中一个父亲的组织下失踪了，同时另外两个父亲都是相当牛的人物，对商业运作都特别了解。支付宝是非常优质的资产，估值达到 324 亿元，对于这样一个敏感问题，他认为董事会完全不知情的说法并不靠谱，董事会是否批准并不好说。

马光远则认为，在阿里巴巴集团和支付宝之间，还存在着一个阿里派，阿里派本身也是独立的法人，这个法人究竟被谁控制、在一系列环节和程序上扮演了什么样的角色是大有文章可做的，一旦涉及股权纷争，马云要想在情理和法理上站住脚，唯一可用的就是阿里派。

善后处理如何定纷止争

雅虎方面已经与阿里巴巴集团管理层达成共识，认为获得牌照必须是第一位的。但是对于后续的补偿谈判，雅虎的创始人杨致远表示，这是一场相当复杂的谈判，并强调雅虎一定要得到合理的补偿；但软银的社长表示，对于此事感到非常的失望，他将拒绝参与补偿谈判。市场各方将如何处理之后的问题？

刘兴亮认为，马云也好、雅虎也罢，都是在行业内影响力很大的人物和企业，必须对这件事情有合理的处理，否则这件事情闹得沸沸扬扬，在气场上过不去。既然事件的结果是支付宝已经合法并获得牌照，那么接下来相关的利益受损方应当获得补偿。三亿多元的转让价格偏低，三方应该坐下来进行谈判，在合理的价位上达成共识，并对相关股东给予相应补偿。值得注意的是，支付宝正处于快速成长的过程中，是会下蛋的金鸡，属于非常优质的资产，因此雅虎和软银两方在心理上肯定无法接受流失的事实，在谈判过程中会考虑到自身资产损失，因而股权不可能完全等价平移。

在马光远看来，事已至此重要的不是董事会是否知情，而是马云如何处理善后，因为目前马云及阿里巴巴集团的诚信已经受到了质疑。这一事件中三方争夺的关键是商业利益，能够促使三方坐下来谈判的也是商业利益的博弈。论及事件的妥善处理，他表示首先应当摆出诚信的立场和态度，生意不管做得多大，失去诚信也很难成为一个伟大的公司。其次需要解决利益问题。雅虎的第一选择是想方设法避免支付宝股权转让出去，如果这一结果已经无法避免，那么必然会要求本方利益最大化，否则不会把这么值钱的资产以现在的价格送出。总的来看，诚信问题不解决，利益问题不解决，对于三方来讲都是共输的结局，不会共赢。事件解决的主动权仍在马云手中，态度过于强硬是对多年合作的伤害，马云作为电子商务领域的领先者，应当考虑如何建立中国公司的诚信，遵纪守法，对利益相关者有所交代。本着这样的心态，这件事情很容易解决，并没有想象的那么难。

2011年7月29日晚，当事三方就支付宝股权转让正式签署协议。根据协议，已分拆出去的支付宝将给阿里巴巴集团带来的经济回报不低于 20 亿美元且不超过 60 亿美元。

2012 年，支付宝能否上市及盈利状况如何，我们将拭目以待。

网络视频会带来媒体革命吗

嘉宾介绍

张朝阳 搜狐公司董事局主席兼首席执行官。与王志东、丁磊被称为"网络三剑客"。1996 年在 MIT 媒体实验室主任尼葛洛庞帝教授和 MIT 斯隆商学院爱德华·罗伯特教授的风险投资支持下创建了爱特信公司，成为中国第一家以风险投资资金建立的互联网公司；1998 年 2 月 25 日，爱特信正式推出"搜狐"产品，并更名为搜狐公司。搜狐于 2000 年 7 月 12 日，在美国纳斯达克成功挂牌上市。

谢 文 互联网业观察家。中国互联网的一个很有争议的人物。20 世纪 80 年代初毕业于中国人民大学，1983 年赴美留学，就读哥伦比亚大学。90 年代中期回国，先后在中公网及其所属联众游戏网站、互联网实验室等知名企业担任 CEO、董事长等职务，是中国互联网发展的重要参与者。曾任和讯网 CEO，在雅虎中国任总经理不到一个月即闪电离职。2008 年初加入一起网任 CEO，专注于 SNS 领域。2008 年 12 月 2 日，谢文辞去一起网 CEO 一职。

- 网络视频的春天是否已经到来？
- 高投入的烧钱模式能否持续？
- 网络视频如何寻找商业模式？
- 搜狐能在未来实现创新吗？

随着搜狐砸下 3000 万买下新版《还珠格格》版权，投入 5000 万进行宣传推广，网络视频行业正在见证一场战火的来临。网络视频的市场竞争参与者纷纷跑马圈地，希望在资本的盛宴中抢占先机、分一杯羹，但互联网企业能否从烧钱模式中真正寻觅到能够实现未来盈利的商业模式还是一个未知数。在互联网企业、风险资金和业界专家共同织就的光明蓝图中，普通消费者和投资者仍旧关心网络视频能否搭上科技发展的班车，实现内容资源和传播模式创新。

网络视频的春天来到了吗

中国民众收入水平和消费意愿的提升为国内娱乐产业的飞速发展提供了条件，网络视频正是受益者之一。调查显示，越来越多的中国人选择通过网络视频的方式欣赏影音作品，网络视频也被各大互联网企业视作自身业务的新增长点。参加 2011 年全球智库峰会的大多数专家认为，到 2014 年，90%的网络内容都将以视频形式呈现。2012 年，网络视频能否迎来发展的春天，这种传播方式的未来愿景究竟如何呢？

搜狐公司董事局主席兼首席执行官张朝阳认为，网络视频具备点播功能，能够满足观众错过再看的需求，随着带宽成本的降低和分享技术的提高，网络视频能够播出的内容资源也在不断增多，因此网络视频为传统电视提供了很好的补充。未来的网络视频发展方向大致有以下三个：第一，网络视频进一步实现用户之间的内容分享，这是一种带有互联网特征的视频发展模式。第二，中国互联网公司的竞争非常激烈，可能是中国所有行业中竞争强度和市场化程度最高的，从而能够促成先进的生产力。第三，网络视频的内容相对来说更加灵活自由，因此不但能够创造新的商业模式，还可能挤占传统电视的市场空间，这也是中国网络视频行业与美国市场不太一样的地方。综合考虑以上三方面，网络视频行业在中国的愿景非常光明。

互联网业观察家谢文从受众和互联网行业两个角度分析发展前景。从受众视角看，未来的电视形态与今天相比将会发生很大变化，两者之间的差异类似于 IPhone 与过去手机之间的差别。今后的电视将会发展成以显示屏为载体的计算机，它带有计算机的功能，能够联通互联网，观看电视节目也是它重要功能之一。由于背后已经没有发光显像管，并可以与互联网结合，电视的定义需要做出改变。从互联网行业视角看，网络视频探讨的是互联网在利用视频形式传播信息的程度有多大。在这一领域有一些事情正在发生，Google TV 便是典型代表。Google TV 以一个盒子为载体，将来可以在内部储存数以百万计的频道，观众能够按照主题搜索想看的内容，在同一主题下观众可以任意点播，与利用搜索引擎查看文字资料一样。从这个意义上说，电视业消亡了，仅仅是汪洋大海的一部分。

烧钱模式能实现跨越发展吗

网络视频的投入之高令人咋舌。资料显示，奇异网在成立后的一年半时间内支出了 5000 万美元，而影视剧的网络版权费也是轻松超越了房价的增长速度。以两部票房均超过 2 亿元的电影为例，《武林外传》电影版的网络版权费在 100 万上下，几个月后《将爱情进行到底》的网络版权便飙升到 450 万。新版《还珠格格》于 2011 年 7 月 16 日开播，搜狐为此付出的独家信息网络传播版权费高达 3000 万元人民币，堪称天价。据了解，搜狐用于推广新版《还珠格格》的资金和资源投入将超过 5000 万元。

搜狐的烧钱模式能否缩短网络视频的前进跑道呢？对此，张朝阳表示，版权价格的提升反映出三方面因素正在发生变化。首先，互联网行业正在介入内容和渠道，而媒体本身就是内容和渠道，这就等于互联网行业全方位介入了影像内容的生产与传播过程。影像内容需要购买，传播渠道需要搭建平台，使得竞争前所未有的激烈，只要有竞争一定有价格的提升，曲线的存在决定了价格会经历先升后降的过程。

其次，制播分离后视频内容卖给电视台，几个电视台互相串联抬高了价格。但目前是市场竞争，大量的观众有观看视频的需求。

第三，西方资本市场对中国了解不多，他们想象中国有 13 亿人，如果人人都看视频，未来的前景是无限量的，因此目前互联网企业上市的市值非常高，资本上是非常便宜的，融资成本很低，释放一点股份就可以融很多的钱进来；在资本盛宴中为获得竞争优势，必然需要高投入，这种竞争是良性的。国家不能出台限价政策，这样做绝对违反市场经济原则。而当资本冷却后进入销售额与盈利额竞争阶段，互联网公司就会考虑每个季度成本高低，不会如此烧钱了。

网络视频能实现盈利吗

很多调查显示，中国观众付费观看视频内容的意愿仍然很不理想，网络视频行业的长期发展规划能否转变受众观念从而实现盈利呢？对于这一问题，谢文认为，商业模式不清晰是制约网络视频进一步发展的重要问题，目前实现商业模式的条件正在变化，三种类型的互联网企业都在打网络这个概念。第一类依靠网民数量，比如 B2C 平台和团购；第二类依靠技术门槛实现市场垄断和领先的利益，比如搜索引擎和苹果产品；第三类是资本密集型，在相当长的一个时期，视频市场是很乱的，看谁会偷，看谁胆大，看谁被抓脸不红心不跳，所有企业其实都赚不到钱，但是打得不亦乐乎。3000 万也好，5000 万也罢，资本是清场的主要武器。而搜狐目前的商业模式包括游戏、搜索和新闻，其中有一部分目前不盈利也没有关系，真正目的在于扩张市场份额。

张朝阳从三个角度分析了网络视频未来可能盈利的渠道。第一，利用互联网的优势，精准把握用户分类，进行广告深度挖掘，进一步提升平台广告，例如汽车广告和快速消费品广告等；第二，对平台广告进行分销，天价买回后卖给其他网站；第三，对一部分高质量的资源稀缺节目进行统一定价收费，以时间点方式划分，比如新片面市后第一个月收费，从第二个月开始就不再收费，观众可以自行选择。值得一提的是，张朝阳认为在互联网这样一个狭窄行业的竞争中，必须做到前三才有可能继续生存，因此目前更为重要的是市场份额，并非盈利，这样做的目的都是为了未来更大规模的盈利。

网络视频该如何定位呢

有人认为搜狐视频大把烧钱的模式实际上与传统媒体的内容生产模式没有本质区别，新任首席执行官刘春之前也是供职于传统媒体，市场投资者想知道：搜狐视频是否有创新之处？

张朝阳对这一疑问回应称，搜狐视频内容分为三块，一是自主发明了长时期的电视剧播放模式；二是购买，因为搜狐不可能有专业团队拍还珠格格电视剧，那是绝对专业的事情；三是搜狐自制剧。这几方面虽然传统媒体也在做，但在网络上做更加灵活，刘春加盟后会继续发挥搜狐媒体平台的传统基因，制作部分历史片和纪录片，加大原创作品力度。此外，因为网民都是年轻受众，对娱乐比较感兴趣，网络本身也比较好玩，再加上搜狐的娱乐基因，搜狐视频将继续把定位主要放在娱乐节目上，讲年轻人的故事。

谢文认为网络视频行业采取的都是"新人笑旧人哭"的战略，一批视频服务公司越来越壮大，必定意味着传统电视公司的没落。另外一种思路则是长尾战略，做能够占据80%市场份额的热点。考虑到中国国情，作为民营公司的互联网企业，要想打败由于垄断而在牌照管制方面存在的劣势，网络公司应当倾向于做产业链后端，增加大量过去不可能视频化的节目供网民选择。

互联网泡沫究竟有多大

嘉宾介绍

徐　鹏　现任上海传漾网络科技有限公司 CEO。自 2000 年网络多媒体技术公司创建以来，最早一批实践于互联网关键词搜索营销和多媒体互动领域。拥有丰富的互联网行业经验及敏锐的行业洞察，在业界享有盛名；经历过 EIP 和大型企业平台的规划之后，深耕于富媒体营销，垂直广告网络平台以及精准营销体系的研究；2008 年合伙创建传漾网络科技有限公司。开创了中国首个高效网络广告发布与管理平台（Dolphin）、中国首个网络广告追踪监测系统（Eagle）、电子商务智能营销平台（SamRT）、品牌广告网络（SamMax）、效果营销网络（SamMix）等系列营销平台的创建、革新和推广。长期活跃于业内多个大会的演讲席上，而且多次担任大会的主题演讲主持人，包括艾瑞年会、派代会议、易观年会、Adtech 会议、新媒体盛典等。

李华兵　千淘资本创始合伙人。武汉大学计算机应用专业学士、清华大学国际工商管理硕士（IMBA）。在学习期间主修财务会计、公司理财、价值评估及兼并与收购等核心财务课程，期间赴巴黎高等商科学院（HEC School of Management）交换学习。其毕业报告《分众传媒收购框架媒介案例研究》被选送哈佛大学商学院，并成为该学院公司理财课程的核心学习案例之一。

- 资金涌入是否促生泡沫？
- 如何看待互联网企业上市浪潮？
- 互联网概念股接连下跌是否预示前途暗淡？
- 2012 能否成为互联网盈利模式逐渐清晰的一年？

互联网市场是否已经出现泡沫

随着资本市场的创新不断加速，个人和机构投资者的投资标的也在不断增加。值得注意的是，具有高成长性的互联网企业一直被视作能够迅速带来真金白银的绝佳投资对象。在路演和行情的推波助澜之下，投资者很容易忽视与高成长性亦步亦趋的高风险。投资者对互联网趋之若鹜，这一市场的投资风险是不是正在被放大，投资泡沫是否已经出现了呢？

传漾科技 CEO 徐鹏作为互联网行业的从业者，在工作中经常会与同事研判这一问题。他认为目前互联网行业处于激进的状态，自然会伴生一些小的泡沫，但目前来看这些泡沫还算不上很大，原因在于目前整个互联网行业的情形还无法与泡沫大量出现时的 2001 年相提并论，现在的互联网行业有成熟的商业模式，有很好的管理团队，又有较之十年前完善许多的退出机制，因此总的来说当前阶段还没有看到大的泡沫出现。

千淘资本创始合伙人李华兵指出，互联网市场是否出现泡沫可以从相关企业的估值高低来说明。无论是从整个高科技类企业看，还是单论其中的互联网企业，企业个体之间的估值水平还是差别很大的，有的企业估值很高，但绝大多数企业的估值水平相对较低。资本市场上充斥着大量的资本，这是不争的事实，但从事风险投资必须选择有价值的企业，用高估值衡量个人凑钱成立的公司或者刚成立半年的公司，并以此为基础定价并不合适。此外，很多互联网企业虽然是在资本市场窗口的开启期集中上市的，但这些企业并非一步登天，而是积累了多年的发展经验。当当网用了 10 年时间才走到上市这一步，麦考林更是耗费了 15 年。最早进入互联网行业的投资人坚持到今天并不容易，他们获得这样的投资回报率也是应有之意，不能看作市场泡沫。

疯狂的互联网上市浪潮

互联网企业寻求上市募集资金已经成为当下资本市场的一种大趋势，中国作为全球瞩目的新经济增长点，这种现象一次又一次上演。事实上，中国互联网企业已经历了两次上市潮。第一次是在 2000 年前后，以门户网站为代表，中华网、新浪网和搜狐网分别在 1999 年和 2000 年上市，但就在中国企业争先赴美上市的同时，以科技股为代表的纳斯达克（NASDAQ）指数已经开始掉头向下；四五年的短暂沉寂过后，中国网络游戏和无线业务公司异军突起，2004 年，盛大网络和空中网掀起了第二波赴美上市潮，腾讯和百度也相继上市。2005 年的 8 月，阿里巴巴也获得了雅虎 10 亿美元的融资。

李华兵从中国互联网企业两次上市浪潮中总结出了一个规律，那便是两次上市浪潮的背后均有美元投资者的支持。具体来说，中国互联网企业的第一次上市浪潮以门户网站为主，而当时在美国市场上已经有雅虎和 polo 两家企业的成功上市作为标杆，门户网站概念股有较高的市场溢价，因此中国的门户网站概念股赴美上市才得以依靠美元投资者的支持，获得较高的估值水平。第二次上市浪潮更是如此，伴随着谷歌在美国本土的巨大成功，与其同属搜索引擎概念的百度，赴美上市也赢得了美元投资者的热情追捧。当然必须指出的是，在上述原因之外，第二次以百度为代表的互联网企业上市能够获得市场资金追捧，也存在基本面向好这一因素的支持。根据中金公司（CICC）发布的报告，目前中国网民的数量在 4.5 亿左右，而美国全部人口总数也不过 3 亿；但美国网民的渗透率已经高达 90%，而中国的这一数据仅仅只有 30%，在未来的五年之内，中国网民数量达到 5 亿至 6 亿指日可待。由此可以得出的结论便是：美国的网民基数有很大的局限性，相比于美国，中国互联网市场的成长性远远好于美国。

股价下跌预示泡沫来临吗

2010 年 10 月 26 日，上海麦考林国际邮购有限公司登陆美国纳斯达克，上市当日涨幅达到 57%，但仅仅在一个月之后，麦考林股价在公司发布第三季度财报后暴跌，单日跌破发行价。12 月 3 日，麦考林在美遭遇集体诉讼，起因是与 IPO 有关的股票注册上市申请书以及招股说明书中包含重大错误或者是误导性信息。这一天距麦考林上市仅仅一个月有余。无独有偶，优酷网和当当网同样在上市之后一周内便呈现出持续下滑的态势。

对于这一问题，徐鹏给出了自己的答案。他认为，麦考林也好，优酷当当也罢，其股价在短时间内出现大幅下跌并非因为上市后的实际前景与投资者期望之间出现了巨大反差，几家公司的股价在短期内出现波动也不能理解为长期发展方向不佳。企业的经营管理者应当为企业制定长期规划，应当按照规划中的定位做事情，每一年的经营业绩应当反映当年的经营目标。徐鹏指出，互联网企业代表了未来经济的发展趋势，这一大方向本身并没有任何错误。

风险投资人士也支持互联网从业者的这一看法。李华兵表示，无论是投资公开市场，还是在风险投资阶段，所有投资者的投资对象都是未来的业绩表现，例如一家公司能够在未来的细分市场占据龙头地位，或者其未来的盈利能力能够持续增长，这是价值投资的最基本原则，传统公司和高科技公司概莫能外。麦考林、当当和优酷的案例表明，公司当前的经营业绩都能够反映在投资者对未来的预期之中，这种原因引起的股价波动属于正常现象。如果互联网公司能够在未来财报中用强有力的业绩回升来证明未来发展是可持续的，那么资本市场依旧会肯定这只股票，二级市场的价格回升是必然结果，所以不能简单看二级市场的价格涨跌，中国的互联网行业未来是光明的，中国互联网市场是值得投资者投资的，这一点毋庸置疑。

对于嗅觉灵敏的投资者而言，互联网股票的大幅下跌同样预示着低位买入的投资机会，市场同样也在发问：对于二级市场价格出现迅速下跌的股票，资金的进一步涌入是否会造成新一轮泡沫膨胀？对于这一疑问，李华兵认为互联网行业存在着一定的周期性，这本身同样符合投资的基本规律，并不存在泡沫生长的空间。本世纪初是互联网的发展低谷，那时进入互联网市场的投资者如今已是赚得盆满钵满，但这一现象并不能否定互联网的高成长性。这十年间，中国的网民规模从几千万迅速发展到 4.5 亿，有市场壮大为基础，互联网企业成长速度达到五倍、十倍甚至更高，是完全符合逻辑的。

互联网企业有投资价值吗

中国互联网企业第一波上市浪潮的主力军是门户网站，走过十年的发展历程，门户网站本身早已不是风险投资的最佳品种，他们也在不断地寻求创新，微博便是其中的典型代表。新浪于 2009 年 8 月率先推出微博业务，成为国内微博行业领先企业。市场传言称，新浪微博计划分拆上市，目前市场估值已经达到 20 亿美元。新浪总裁曹国伟表示，对于新浪微博来说，现在谈盈利模式和上市都为时过早，只有用户群达到了理想规模时才会考虑。此外，优酷网登陆纳斯达克时同样没有实现盈利，并且也没有清晰的盈利模式和具体的盈利时间表。

在尚未确定明晰的盈利模式之前，互联网企业的投资价值体现在哪里呢？徐鹏认为，投资者判断某一家企业是否为好的投资标的的标准首先是它是不是拥有一定的市场份额，是不是代表了某种趋势，它将来能不能做大做强。

不管是视频还是社区化媒体，目前仍处于圈地阶段，谈盈利为时尚早。他认为，互联网企业的未来发展有三个主要方向，一是用户量，二是社区化媒体，三是本地化服务，这三个发展方向孕育了很多伟大的公司，门户网站开发上述新的业务必然能够带来新的生机。

李华兵也指出，首先占领市场再考虑盈利问题本身是有意义的。第一，十年前中国的广告市场微乎其微，而迄今为止这一市场规模已经达到了 300 亿，但这一数字可能也只是美国互联网广告市场规模的 1/10 左右，因此这一市场的成长性还是很大的；第二，微博平台的商业机会尚不确定，但这些机会是肯定存在的，游戏便是其中之一；第三，新浪微博的价值可能本身比新浪原有的价值还要大，我们看到目前的资本市场已经对新浪微博有了很好的预期和定价，新浪股价的不断上升本身也说明了这个问题。

天下中国篇

中美能避免经济冲突吗

嘉宾介绍

　　肖　炼　中国社会科学院世界经济与政治研究所美国经济研究中心主任、研究员。毕业于中国人民大学经济系（1982）；毕业于中国社会科学院研究生院（1988）；美国普林斯顿大学访问学者（1993－1994）；英国利兹大学商学院客座研究员（1998－2001）；英国皇家科学院客座研究员（2000）；英国国际商务协会会员（2000）；美国加州大学落杉叽分校（UCLA）美中经贸研究所理事（2005）；美国米勒怀特基金会（Milligan－Whyte Foundation）董事会顾问（2007）；希腊 UNIVERSITY OF NEW YORK STATE 客座教授（2002）；"世界社会论坛"特约经济学顾问（2005）；中国国家 S－863 计划软课题研究专家（1998）；中国科技部"国家中长期科技发展规划战略研究咨询专家"（2003）；《国家知识产权战略纲要》起草成员及专家组成员（2006）；中国商务部学术委员和高级技术职称评审委员（2000）；中国社会社科院重大课题评审专家（2003）；世界宗教组织 2009 年应对世界金融危机顾问团专家（2009）；享受国务院政府特殊津贴（1998）。

　　主要研究方向：世界经济、美国经济研究。

 **吴素萍** 《比较》杂志副主编，参与策划编辑图书百来种。拥有中国人民大学经济学硕士学位和浙江师范大学政法系法学学士学位。

吴女士协助并参加《比较》编辑室组织的各种学术活动，包括参加澳大利亚国立大学主办的《中国的贫困、不平等、劳动市场和福利改革》国际研讨会，参加香港科技大学主办的国际经济学（IEA）圆桌会议，参加斯坦福大学"亚太地区医疗改革研讨会"等。

她曾先后任职于美国道琼斯公司北京代表处和中信集团国际研究所。在中信期间，她曾负责编辑海内外公开发行的大型经济类刊物《经济导刊》，并开展研究工作，她研究的课题包括："发展房地产的新思路"，"国际银行业的发展趋势和中国银行业的对策"，"旅游业的行业分析"，"金融监管与多元化业务金融集团模式"，以及"网络经济下的公司战略"。她的科研成果包括《功能性金融监管的理论和框架》（发表于《金融时报》）；《从金融约束到金融自由化：战后日本金融体制改革的启示》（发表于《经济导刊》）；《金融自由化和金融脆化》（发表于《经济导刊》）；《再谈利息税》（发表于《国际商报》）；《银行未来会消失吗》（发表于《经济导刊》）。

参与多部书籍、文献的翻译工作，包括《发现利润区》《硅谷优势》等，还参与撰写了《投资基金操作指南》（中国人事出版社 1998 年出版）。

- 量化宽松影响中国经济发展
- 量化宽松以牺牲他国利益为代价
- 贸易战不会开打

量化宽松影响中国经济发展

胡锦涛主席再度访美，纽约时代广场上，中国的国家形象宣传片以每天300次的频率在播放，世界上两个最大经济体高层人物的紧密接触，他们将会如何看待对方的经济问题和经济政策呢？中美两国又将会如何处理汇率问题和贸易问题呢？

胡锦涛主席事隔五年之后再度访美，时机和意义的重大都备受关注。而胡锦涛主席在出访之前，对这次会晤发表了一些谈话，特别提到了美国的量化宽松政策。美国的第二轮量化宽松政策，其实在某种程度上说已经是广受诟病的。

就在胡锦涛访美的两天前，人民币汇率创下了汇改以来新高；另一方面外汇储备也随之大量增加，由此产生了一种说法或者担心，觉得外汇储备的大量增加，在某种程度上会跟热钱的大量涌入有相当关系。

《比较》杂志副主编吴素萍认为，外汇储备的大量增加主要还是跟全球市场有一定的关系，但不一定是因为热钱的流入。因为我国资本控制还是比较严格，到目前为止没有明确的数据说明有多少热钱涌入。很多人觉得这个热钱的大量涌入可能在某种程度上不断地上推中国的通胀水平，但是这只能说是其中一种因素，却不是最主要的因素。通胀率的上涨还是跟我们国内本身的经济热度和高速增长有一定的关系。另一个原因就是外汇占款，基础货币量比较大。

中美两国最高领导人要见面，人民币汇率就创下了新高，这个时机比较特别也比较敏感。中国社会科学院美国经济研究中心主任肖炼从中美两个方面进行了分析，若从中方的角度来讲，这可能就表示一种善意，尽管美国有很多不合理要求，但是为了营造一种两国最高元首的热烈气氛，中国做出了某些善意表现。相反，从美国方面讲他们应该明白这个善意的含义，而且也应该做好了充分的准备。但是在人民币汇率问题上，两个国家都有各自的国家根本利益，但这个问题却是一个长期的结构性问题。如果两国就汇率问题和贸易问题开战，将不会有赢家，世界上两个最大的经济大国一旦打开货币战和贸易战，那将会造成全球性的一场灾难。

肖炼还指出，美国的量化宽松直接影响到了中国的经济状况。第二次量化宽松投 6000 亿美元追加货币供应量，每增加 500 亿就相当于降低美国美联储的基础利率 0.5 个百分点。6000 亿的量化宽松货币政策，加上配套资金大概有 9000 亿美元左右，这就等于降低了美国的利率，就是说美国的利率等于负利率。但是美国不担心通货膨胀，也不担心通胀紧缩。这样，大量的流动性一部分在美国，另一部分转向了全世界，从而给发展中国家带来了成本型推动压力。同时，他与吴素萍持有的观点类似，认为这么多的问题主要还是中国自己的问题。一方面有美国的压力，另一方面货币供应量非常大，大的供应量就会推升国内的通货膨胀，也就是说国内的通货膨胀既有美国的因素，也有中国的因素，但是外因是要通过内因起作用的，所以我们首先应当把自己的事情做好。

量化宽松以牺牲他国利益为代价

自 2009 年以来巴西雷亚尔对美元的升值幅度已经超过了 35%。那么对于美国定量的货币宽松政策，伯南克还特意给巴西财政部长写了一封信，信的内容说定量宽松只是另外一种形式的货币政策，美国利率水平之所以那么低，是因为美国经济目前不像贵国那样强劲，当前景改观的时候我们会惠及银根的，贵国经济其实并没有受到损害。伯南克认为，美国只是实行国家的一个货币政策，他们现在经济状况不好，而巴西的经济状况很好，而且这个政策不会影响到巴西的经济状况。

但是我们知道，现在全球经济联系得那么紧密，美元基本上是一种被公认的世界货币，那它的汇率变动，比如刚才所说的相对于巴西的雷亚尔，如果巴西雷亚尔升值了 35% 的话，巴西经济怎么可能不受影响呢？

针对这个问题，吴素萍表示，应当从正反两个方面来考虑。假如从另外一个相反的角度来看，如果说美国不采取这种量化宽松政策，美国的经济没有增长，对全世界的影响可能比只对巴西经济影响要更大。所以从一定的角度来说，也是可以理解美国的这个政策。当然，因为美国的角色和巴西不一样，和中国也不一样，美国是全球最重要的经济体，一举一动对全球都会有影响，这个肯定会引起一些争议，这样的做法也是可以部分理解的。

第一轮量化宽松的时候，全球都没有特别反对的声音；第二轮量化宽松的时候就已经广受诟病。然而，现在很多人在想，第二轮量化宽松能不能使美国经济真正的健康起来，因为虽然经济在增长，但是失业率还是很高，将近 10%。那么会不会有第三轮呢？

"其实伯南克已经讲了，当时要准备推行第三轮宽松货币政策，全球一片哗然，后来他又缩回去了。"肖炼回忆道。当然从中国的角度来讲，希望第二次量化货币政策就能够成功。如果美国经济好了的话，这对全球来讲是一个福音。但是从现在情况来看，作用还是有一点的。第一次量化宽松使美国银行避免了破产，一些大的银行还是发挥了一定的成效。但是问题在于美国推行两次量化宽松货币政策，却是以牺牲其他国家的利益为代价。所以有一些经济学家提出：为什么要印钞票，卖黄金就可以。但是他不卖黄金却印钞票，这就大大增加了货币的流动性，大量的纸币在世界上流通。

贸易战不会开打

胡锦涛和奥巴马在华盛顿的会晤，必定使中美贸易和汇率紧张的局势成为全世界瞩目的焦点。美国指责中国以不公平的手段窃取美国的就业机会、经济增长、科技以及企图保持中美贸易顺差继续增长；而中国则一再谴责美国的货币政策向新兴经济体转嫁的风险。另外美国财政部前助理部长欧歌斯腾还表示，人民币大体上应该升值 15% 到 20%，但是对美元要有更大的升值。两个国家间的贸易冲突或者汇率争执，难道是无法避免的吗？

吴素萍认为如果两个国家起了很多冲突的话，对全世界、对两个国家本身都不是一件好事，所以特别需要两国决策者以特别理性和冷静的观点来处理这样的纠纷和冲突。倘若持续就很容易加剧相互的矛盾，但实际上中美两国最应该做的事情就是在竞争中求合作。中国现在是世界上最大的工厂。但是，中国会利用这么具有潜力的市场来帮助美国，拉动美国的经济吗？她表示这个就要看双方之间以什么样的方式合作。如果美国能够更开放，两个国家之间相互努力，才有可能拉动美国经济走出危机，光靠一个国家或者单个国家的努力，是比较困难的，因为现在全球经济已经是联系在一起的了。

针对这样的问题，肖炼则认为中国和美国贸易上不发生点矛盾和冲突倒不正常，所以有一些矛盾、有一些冲突是正常的。问题在于，发生这个问题之后怎么能够妥善地把它解决，却不要把它政治化。如今，美国当超级大国当惯了，突然出现一个崛起的国家会感觉不适应，所以美国还要好好地学习一下怎么适应一个大国的崛起。中国也希望在崛起中能够学会和超级大国以及国际社会进行交往和接触的经验。

2012 年,中国经济的增长速度可能会略微下降,但对外贸易仍将会保持稳定增长。中美双方在东亚安全、人民币汇率、贸易平衡、金融市场开放等问题上一定会有冲突,不过,中美两国都拥有巨大的合作需求和广阔的市场空间,肯定会开展更广阔的合作。

2012 欧债危机还会给中国带来什么

嘉宾介绍

朱 民　复旦大学杰出校友；约翰斯·霍普金斯大学经济学博士。2003 年至 2009 年，任中国银行副行长；2009 年 10 月，任中国人民银行党委委员、副行长。2010 年 2 月 24 日，兼任国际货币基金组织（IMF）总裁特别顾问。主要从事国际金融、银行业务和宏观经济方面的研究。2011 年 7 月 13 日，国际货币基金组织总裁拉加德正式提名朱民为 IMF 副总裁。7 月 26 日，朱民正式出任该组织（IMF）副总裁职位，成为首位进入该组织高层的华人。

- 金融改革势在必行
- 欧债危机不必恐慌
- 人民币国际化不是梦

金融改革势在必行

欧债危机给中国带来了什么样的启示？在当前的国际经济和国际金融形势下，人民币能走向国际化吗？

国际经济和金融形势错综复杂，但是针对未来而言，又是十分重要的。在 2008 年和 2009 年的全球金融危机之后，各国积极的刺激政策，包括央行非常规的举措，最终使整个世界经济免于陷入一场衰退。然而新的问题和挫折接踵而至，全球尤其是欧元区的债务危机卷土重来，而美国和欧洲的债务也都处于较高的比例。此时全球又一次不幸陷入了经济衰退的风险，各国政府都在衰退和刺激之间，包括高的债务之间举步维艰，旧的危机还没有结束，新的危机又开始了。人民币的国际化正行进在曲折路上。

国际货币基金组织（IMF）副总裁朱民认为，2011 年的欧债危机实际上是前几年国际金融危机的延续，这是同一场危机。只不过 2008 年的危机来势很猛，各国普遍决定采取大规模的刺激政策来推动经济发展。在当时的情况下，世界对整个危机的恐慌造成了刺激政策的力度很大。推动经济发展扩大政府债务的大方向是对的，但大规模的货币政策改革造成的低利率和宽松的流动性，为目前的潜在风险埋下了隐患。其中的一个潜在风险就是，在刺激经济的过程中，比较集中的关注点是短期的需求，而未能看到深层次结构方面的问题。因此，目前缺少强有力的措施来推动供给和进行结构性的改革，以至于一个新的增长性的危机正在形成。

他强调，刺激政策是一个总需求的概念，按照古典经济学的定义，在市场充分有效的情况下它能够推进经济结构的变化。但在目前全球化市场不完全有效的情况下，总需求推动结构改革是不可能快速而有效的。

虽然结构改革不能解决短期的经济增长问题，但现在的矛盾就是怎样把短期的经济增长和长期的结构改革配合起来，实现稳定的过渡。既要保证短期，又要使增长可持续。现在经济放缓已经成为了客观事实，如何维持经济增长变得更加重要。当然，这是一个长期计划，不可能一夜奏效，是对政府的挑战，也是对经济学家的挑战。这其中需要很多创新，需要摆脱传统的思维方式，所谓的金融危机和经济危机，其实更多的是政治危机，以及关于整个学术界和经济理论的危机。

朱民强调，要把短期的经济刺激政策、中期的财政紧缩和中长期的结构改革推进经济可持续增长这三件事一起综合推进。第一，需要政策来支持和推动现有经济增长。增长是首要目标，没有增长就没有就业，没有增长也没有债务的下降。第二，需要有效的中期财政政策。这是为了能够赢得市场的信任，从而重新回到市场融资。第三，需要中长期的结构性改革来进一步推动经济增长。归根到底，经济增长是通过结构性的改革来取得的，例如欧洲的部分国家，进行了劳动力市场改革，进一步减少垄断，加强私有化以及国有企业改革，对整个工业、服务业、房地产业的大规模结构调整。

针对欧洲严重的主权债务危机，朱民认为，整个的欧洲危机，下一步的关键是预防主权债务风险向银行风险蔓延。银行稳定历来是最重要的，从这个意义上来说，一定要巩固银行的稳定，重建银行的资本空间，并加强对银行的监管，这是短期的当务之急。银行稳定就必须通过对银行的注资。2011年7月21日，欧盟表示要迅速启动 EFSF（欧洲金融稳定基金），并使之多元化使用。EFSF 的迅速启动是强化银行的重建资本、加大资本建设稳定的一个重要方面。EFSF 和 ECB（欧洲中央银行）是两个不同的概念，ECB 只支持流动性，而 EFSF 不过多承担流动性的问题，而是关注资本充足率。二者是相辅相成的，EFSF 运行的同时，ECB 依然通过流动性来支持整个金融系统的稳定。

此外，如果从欧盟的角度对整个银行业进行资本空间重建，就需要加强监管，因此要建立广义的泛欧的银行监管机制，以及跨境的破产和清算机制。

朱民分析，这次危机表明，建立有效的银行破产和清算机制，是预防风险的重中之重。重建金融的清算和破产体制是美国金融监管改革框架中一个主要方面，而欧盟也已经开始建立欧盟框架下的清算机制。虽然仍属于初步阶段，但这样一个有效的防范机制能够预防破产等类似事件的发生。

欧债危机不必恐慌

人们对于希腊普遍持一种过分悲观的态度。虽然希腊在目前形势下仍然很困难，但通过希腊政府、欧盟和 IMF 的共同努力，很多有效的措施得以实施，包括财政紧缩、结构性改革，以及针对薪酬、工资、教育和国企的改革。如果希腊能够坚持这些措施，并按正确的方向走下去，是有能力解决自身问题并走出困境的。欧盟和希腊政府都相信，希腊的努力可以收到成效，希腊能够迅速走出这个债务危机。

朱民认为，引入私人资本对银行的投资，在广义上是非常重要的。但是欧洲的银行对私人资本进入还有很多门槛，比如它有很大成分的国有股权，而国有股权就成为了限制新股东进入的障碍。这些都要进行改革，这样的话才能让广义的私人资本和市场参与。这也是欧洲地区需要进行改革的一部分，如果能够把私人资本进入银行系统投资的门槛降低，市场的投资信心就会大幅增加。在稳定全球经济金融的大原则下，应鼓励国际社会，包括主权和私人，共同参与来支持欧洲地区走出困境。

欧元区的危机让人们对欧元越来越担忧，一些人悲观地预计欧元会崩溃；一些人既不乐观也不悲观，认为欧元会分裂；另外一些人则相信欧元基本不会受损，可以平安地渡过这场危机。对于这些观点，朱民表示，欧元从诞生之日起就对整个货币体系的发展产生了巨大的作用。但如果只有货币体系的联合，而没有财政体系的联合，或没有政治体系的支持，这个货币体系的发展仍然相当困难。因此，欧元区正在达成一种共识，强调欧元区需要进一步加大财政的联合。具体例子有，欧洲央行行长特里谢提议建立欧洲的财政部长，EFSF 已经明确了一定程度上欧洲财政资金的集中使用。这次危机实际上正在大力推动整个欧元区从货币同盟向财政联合的发展。欧元设立的目标是推动欧洲经济一体化、市场一体化，而就当前形势看市场一体化的进程要滞后于货币一体化，欧盟在这方面还有很长的路要走。他进一步指出，危机永远不是好事，但危机客观上强迫人们去考虑未来。危机引发的对于财政联合和市场统一的迫切需求，正在让欧元朝着一个更为健康的方向发展。

谈到美元的前景，朱民认为，美国经济已经比较悲观了，例如马丁·菲尔斯坦就提出美国经济衰退的可能性已经超过 50%。美国经济可能衰退，财政负担也很重，这些会增加对于美元的信心不足。还有美国的货币政策，美元在过去十年里一直在走弱。货币体系是相互依赖的，欧元由于欧洲的金融危机而相对比较弱，所以两种货币处于一个相互平衡又弱化的过程中。美元的资产不是破产风险，而是信用风险，结果这个风险转移到资本市场形成了资本市场的大幅度的波动。虽然美元作为全球储备货币具有不可替代作用，但未来的趋势还是持续走弱。

人民币国际化不是梦

针对在欧元和美元这样一个大背景下人民币的国际化，朱民表示，随着中国国际地位的提高，中国的货币地位也在逐步提高。法国作为 G20 的主席国，公开提出欢迎人民币加入 SDR（特别提款权）这个篮子，而国际货币基金体系也公开发表言论欢迎中国的货币加入。一个货币能不能作为国际货币取决于它能否自由流通、是否有很广泛的使用性。这也是人民币国际化正在追求的目标，例如人民币的贸易结算，已经达到一万亿以上。最根本的是要保证以这个货币计价的资产可供投资。2011 年人民币产品的一系列推进政策正在不断加深这个市场。虽然有非常乐观的趋势，但是要形成人民币产品的资本市场，还需要体制变化、产品变化、市场变化和监管变化，人民币还有很长的路要走。

关于人民币加入 SDR，朱民相信这能够推动人民币走向国际化，而非仅有一个象征性的意义。SDR 作为国际货币的统一单位，能够提供给人民币所需的信心和地位，对人民币的流通和使用都有深远的影响。根据 IMF 的相关规定，人民币加入 SDR 的时间表已有初步轮廓，但仍待最后确定，取决于对 SDR 货币一揽子标准的讨论和修订以及对于整个货币比重的结构调整。

朱民强调，中国政府其实已经很明确表态，要让人民币的汇率市场化，人民币逐渐国际化。这是一个很重要的政策方向，它的具体效果要根据实际情况来决定。全球金融危机后最大的变化就是，传统的经济理论和思维模式被证实不一定是绝对正确的，对于未来的探索，仍有很多不明确的地方，必须实事求是地根据整个形势的发展采取相应的政策。

人民币汇率飞多久

嘉宾介绍

　　徐洪才　著名经济学家，1996 年获中国社科院经济学博士学位。现任中国国际经济交流中心信息部副部长，金融学教授，清华大学特聘教授，中国证券业协会专家委员。曾获"2009 年度中国百佳管理培训师"称号，1994 年万国证券杯征文全国一等奖。曾任首都经济贸易大学证券期货研究中心主任、风险投资公司高管、证券公司高管、中央银行官员、中国石化助理工程师；多次到美国和欧洲学术访问；主持编写中国第一本《投资基金运作全书》；创立资本市场五级价值增值理论；出版《大国金融方略：中国金融强国的战略和方向》《中国多层次资本市场体系与监管研究》和《投资基金与金融发展》等专著；主编《工资、汇率与顺差：中国经济再平衡路径选择》、国内第一本投资银行学教材《投资银行学》《期货投资学》和《中国资本运营经典案例》等著作。研究：国际经济、货币政策和金融市场。

谭雅玲 原为中国银行全球金融市场部高级分析师，现为中国银行高级研究员、中国国际经济关系学会常务理事、中联融国际投资顾问中心主任，中国外汇投资研究院院长、MG 金融集团中国首席经济学家和首席分析师、北京大学金融衍生品研修院特约研究员、中国亚非发展交流协会常务理事、哈尔滨市政府经济顾问；同时为北京大学、清华大学、河北大学、中央财经大学兼职教授，为国内外知名专家学者；2006 年被中国金融网等机构评选为中国金融杰出贡献专家；2009 年被评为金融杰出贡献专家。

- 人民币升值能解决通胀？
- 人民币升值利弊如何？
- 人民币升值会一路攀升吗？

对中国经济来说，目前需要解决的是通胀问题；对中国老百姓来说，是不是人民币的比值越高，大家手里的钱就越值钱呢？人民币升值和通胀之间有没有对应关系？人民币快速升值的背后是一种偶然现象还是另有原因？

人民币升值能减小通胀压力吗

对于人民币升值加快背后的原因，中国国际经济交流中心信息部副部长徐洪才分析，从短期看由于标普下调了美国信用等级，美元贬值压力加大；另一方面外贸顺差的意外扩大，人民币国际化过程中出现了非对称性的美元需求下降，人民币进口的时候结算的多，出口的时候相对结算的少。因此，对人民币的升值产生了一定压力。

中国外汇投资研究院院长谭雅玲的观点则认为，投机性的因素占据了主导力量，因为人民币存在着升值的预期，外围市场都处于一个暴跌的状态，资金一定要找一个避险的窗口，因此人民币就成了一个平台，黄金也成了一个平台。

央行在二季度货币政策报告中指出，虽然有利于价格稳定的因素在增多，但基础不牢固，形势不乐观，稳定物价总水平是宏观调控的首要任务。应合理地利用汇率、利率等多种手段管理好通胀预期。要按主动性、可控性和渐进性的原则，进一步完善人民币汇率形成机制，参考一揽子货币进行调节，增强汇率的弹性，保持人民币汇率在合理均衡水平上基本稳定，促进国际收支的基本平衡。

徐洪才认为，从理论上讲，通胀和升值之间应该有某种替代关系，就是说升值的幅度不够，必然会导致国内货币的通胀。但是另一方面，在升值预期形成的情况下，如果国际资本流动加剧，也可能因此增加国内的通胀的压力，所以汇率调整对通胀有影响。

而谭雅玲则持有不同观点。她认为，从 2010 年下半年开始人民币升值很快，2011 年上半年人民币升值也很快，但是通胀上涨的速度也很快，一个重要因素是理论与现实的脱节，因为现在通胀的因素不是需求，而是投资，甚至更大程度上是投机因素导致的通货膨胀，因此从这个角度看，应该根据中国自己的现实来选择应对方式和手段，而不是简单套用国际上传统理论应对中国的现实。

输入性通货膨胀是引起通胀的一个层面，但更重要的是内生性通货膨胀导致价格高涨，带来了不和谐不均衡的状态，而内生性的原因，与我们的产业链以及很多基本问题的解决要素不到位有很大关联。在讨论中国问题的时候，应该用自己的方法和思路解决自己的问题。

对于世行行长佐立克提出的中国应该允许人民币升值来抑制通胀的建议，徐洪才并不赞同。他说，人民币升值的主要原因一是劳动生产力的提高，出口竞争力的增强；二是由于过去生产要素价格偏低，没有完全的市场化，在与国际接轨的过程中，这些要素必然有一个价格上涨的过程，价格上涨必然会增加通胀的压力。另外，非贸易部门的生产效率的提高，提升了竞争力，在国际化过程中，有一种内在的升值要求，这也是必然的要求。从理论上来说，升值的幅度大一点，必然会减轻国内的通胀压力，但是另一方面由于国际资本的流入，可能会增加国内输入性的通胀的可能。

人民币升值是否利大于弊

在对通胀的"贡献"中，食品类占比最高，达到了 30% 以上，食品对 CPI 的走势产生了很大的影响。那人民币升值对通胀有什么影响呢？在利弊权衡中，我们又该如何抉择？

谭雅玲指出，这一轮通货膨胀始终徘徊在食品与农产品的原因，与自身的产业结构和效率，包括制度和战略上出现了很大问题，应该有针对性地加以改变，这样对消化通胀是有好处的。而外部的通胀环境可能跟中国的通胀环境有很大的差异，所以在梳理通胀上用的手段不应该完全雷同。

有人认为人民币升值有利有弊，利大于弊，这句话没错，但是这样的思维方式和思考问题的方法太关注利了，严重忽略了弊，对我们理性认识人民币水平，尤其认识中国特色的现阶段状态，是非常不利的。从贸易的角度，2010 年 6 月之后，中国出口贸易企业所能承受的利润底线只有 3%，而人民币汇率从那时起至今已升了将近 6%，所以从这个角度去论述一下我们的压力和困难，对外部了解中国和透彻地明晰中国状态是非常有好处的，而中国要看到汇率本身是双边和多边的，但是无论双边和多边，首先的落脚点和根基在本国，本国的利益是第一位的，这个要素掌握住以后，人民币到底应该是什么价格水平应该是很清晰的。美国是最大的发达国家，美元又是主导货币，但是美国在自己出现经济问题或者难题的时候，始终以美元贬值为主，这样的策略值得我们认真研究，这么大的发达国家，货币又是主导，它以贬值为主，我们人民币没有理由一直升值，而且继续延续升值，这对我们的国力和企业竞争力是很大的削弱，而不是竞争。

虽然政策上已经确定要主动渐进的波动式的升值，但是这并不能只发挥升值的利而减少它的弊。第一，渐进可控主动，而不是升值，我们要走双边和浮动区间的扩大，因为政策方针还是希望它走一个双边的走势，有上有下。第二，应该把弹性的区间扩大，因为市场进程跟发达国家的市场进程是有很大量和速度差异的，所以在理解汇率的时候，一定是双边而不是单边的，汇率永远是曲线而不是直线。

针对这个问题，徐洪才认为，客观上劳动生产力的提升以及中国经济融入国际化的过程，必然产生一种升值的压力。面对压力，中国该如何趋利避害呢？国家提出的渐进式主动性可控性的总原则是正确的，在这个过程中应该把握住一个节奏，首先要考虑到企业消化成本的能力，另一方面要给企业继续调整结构施加一定的压力。所以，要抓住机遇，让人民币走出去国际化，同时要综合考虑到各方因素，考虑到国内的通货膨胀。

人民币升值会持续吗

美国德克萨斯州的对冲基金公司考瑞安特，在 2006 年成立了美国次债危机基金，2007 年又推出了欧洲主权债务危机基金，之后都成功做空，并收利颇丰。2009 年考瑞安特成立中国机会基金，试图从中国经济放慢中获利，其中包括对人民币升值预期。

对此，谭雅玲表示，虽然市场对人民币升值预期非常强烈，但是如果从专业技术角度去看，人民币升值应该是不可持续的，因为这样的风险很大。她介绍说，七年来人民币的汇率只上不下，在 2009 年价位只盘整了 0.09，纠结在 8.82 到 8.83 之间，有了 2009 年这种纠结，才会出现 2010 年和 2011 年的快速上涨，只是我们自己缺失对这样的状态进行透彻、明确的分析和论证。

她强调，如果从国际市场角度去看，人民币现在的单边升值而且预期很强烈的升值是有很大风险的。

高盛：是天使，还是魔鬼

嘉宾介绍

袁钢明 清华大学中国与世界经济研究中心研究员；中国社会科学院经济研究所研究员、教授、博士生导师；中国社会科学院欠发达经济研究中心主任；北京大学民营经济研究院研究员；日本东京大学社会科学研究所客座教授；日本亚洲经济研究所海外研究员；吉林大学、西北大学、石河子大学等大学兼职教授。研究领域：宏观经济学、区域经济、国际经济。

张国庆 中国社科院美国所学者，国际问题专家。最早对朝核问题做出准确判断，对布什发动伊拉克战争真实目的及可能陷入的困境较早做出清晰判断，准确预见日本入常失败及美国大选结果。著有《一个人的世界——透视布什》等书，在几十所大学做过时政演讲。

- 亏损严重引起轰动，高盛也有糊涂地方
- 危机重重，高盛依旧只赚不赔
- 选择理财代理，要擦亮眼睛

亏损严重引起轰动，高盛也有糊涂地方

2008 年初，利比亚把主权基金交给全球知名投行高盛集团打理，到了 2010 年初，仅仅两年时间，亏损达到了 98%，基本上蒸发殆尽。那么高盛究竟是天使，还是恶魔？

高盛在国际金融界具有相当大的公信力和影响力，在这样的背景下，利比亚把主权基金交给知名投行打理是无可厚非的。那么，这样一家知名的投行进行投资为什么会亏损这么严重？这么大的损失责任又在哪方？高盛背后存在着怎样的阴谋？投资者应当如何进行个人投资理财呢？

高盛集团把利比亚主权基金主要投资了一些外汇衍生品，有六只股票，包括花旗银行、西班牙国家银行，还有法国和意大利的能源公司等等，这个投资组合技术上有问题吗？

在美国当地时间 2011 年 5 月 31 日，高盛的发言人向媒体表示，自己只是交易的执行者，不应当承担相关的责任。高盛还说明，其中导致利比亚主权财富基金产生亏损的方面也都是由利比亚自己设计和批准的，那么在双方的争议中究竟谁应当承担相应的责任呢？为什么引起了如此大的轰动？

中国社科院美国所学者张国庆认为，这次之所以引起较大的轰动，首先是因为亏损太过严重，再一个就是跟政治局势有关，在这样的情况下，不管与利比亚之间是不是发生过内部交易，这种局面下高盛一定不能承认。由于整个政治形势是这样，客观地说，当初就算他们商议过，美国政府也不会同意让利比亚来控制高盛。若从投资组合的角度看，这肯定也是有问题的。首先这个组合是很不安全的，是风险比较大的投资。另外委托工具也出了问题，但是背后就可不这么简单，因为尽管都经历了金融危机，很多投资组合都有亏损，但是投资亏损到 98%，这件事太不可思议了，如果说投资组合亏损到 80% 还可以理解，98% 基本上就荡然无存。原因就是，高盛在选择的时候不谨慎，根本就没拿利比亚人民的钱当钱用，再一个在要约上的规范也不太严格。从这里我们不难看出，利比亚是外行，太过于相信美国，在很多审核上并没有做到位。

利比亚方面说，出现巨亏之后，高盛提出让利比亚投一些钱成为股东，

现在高盛否认，高盛说怎么投资是利比亚人自己决定的，高盛只是操作者。

对此，清华大学中国与世界经济研究中心研究员袁钢明表示，谁亏谁赔是自负其责，因为各种投资工具的风险或者收益的各种对比情况没有搞清楚，现在出现问题了，高盛可以赖在利比亚身上，就说明事先对这个事情没有掌握清楚。这一次高盛在为自己辩解，显然存在一些糊涂的地方。

危机重重，高盛依旧只赚不赔

希腊目前的债务危机，和九年前高盛掀起的那场影子业务也有关。当时希腊为了能够加入欧元区，高盛帮希腊政府悄悄贷进了数十亿美元，并且由高盛制造了一笔交易，让希腊躲过了相关的审查，希腊为此支付给高盛大约三亿美元的费用。虽然使希腊获得了加入欧元区的资格，但是同时也为希腊埋下了一定的隐患。

2009 年希腊国家负债高达 3000 亿欧元，创下了历史新高，同年 12 月，引爆了希腊债务危机，而引人注意的是，当时与高盛签署协议的官员，同年的 12 月份曾经就是在高盛任过职。

对此，袁钢明批评高盛给希腊出了一个馊主意，这个主意存在了一定风险，为了加入欧盟降低表面上的财政赤字，但实际上所存在的风险更大。他们采用了赌博性的工具，连希腊那样高明的国家都受了骗，更不要说利比亚了，所以说高盛惯用这种手段来引诱很多国家的主权基金来理财，这样他们从中就可以得到很高的回报。

在 2010 年希腊债务危机爆发前不久，高盛还试图向中国推行 250 亿欧元的希腊债券，既然高盛掌握的情况非常清楚，却还要向中国推销，幸好中国没买。对此，张国庆分析认为，如果说利比亚这账是糊涂账，那对希腊就是阴谋问题，也是美元干掉欧元的一个办法。自从希腊出现了危机，欧元已经动荡了，欧元区的团结已经不如以前，包括卡恩的被捕都跟这有一定的关系。

另外，高盛还做了一件很缺德的事情，吃完原告吃被告。这边帮着希腊买账挣了很多钱，那边做了很多产品赌做空希腊。在这之后，为什么高盛犯了这么大错误，还有其他很多错误，都没有被绳之以法或者付出代价？其实原因非常简单，就是跟美国的霸权有关。美国为了维护美元体系，为了维护形象，包括保护住高盛，他不会轻易把他的孩子扔出去。如果这事不是高盛，是法国的或者俄罗斯的公司，美国会整死你，就像整 BP 公司那样；如果去年不是 BP，而是美国的一个石油公司，结果就不会那么惨了。

在美国金融危机中，美国好多投行出了事，只剩下摩根史丹利跟高盛两家不错的，摩根史丹利主要是靠投资，但是高盛怎么没有赔钱呢？张国庆分析，高盛主要赚钱的是自营生意，而不是代客理财，他帮别的国家理财，让别人赔钱很多，但是他自己却没有赔钱。

选择理财代理，要擦亮眼睛

2011 年 A 股市场都跌的很多，很多投资人都在心痛或者后悔。2011 年 5 月 27 日，知名人士洪晃在微博上发出了"德意志银行的私人理财是全世界最坏的服务，我快被他们给理成无产阶级了"的消息。如果一些国家之间的主权基金交给著名的投资大行可能会蒸发殆尽的话，个人的资产交给一些著名的理财公司、投资大行，是不是靠谱呢？

对于想要将个人资产交给一些著名的理财公司、投资大行打理，张国庆提醒，首先要看风向，不要在危险的时候进去，要保持冷静；第二，一定不要把投资当成赚钱的游戏，这只是保值的游戏，你想赚大钱就找高盛，因为高盛是非常有赌博性的，赚就大赚；第三要加强监管。

现在的投资品种越来越多，从股票、基金到各类金融理财产品等。2012 年，在进行理财时，千万要记住：资金安全是第一位的。

人民币能否国际化

嘉宾介绍

朱　民　复旦大学杰出校友；约翰斯·霍普金斯大学经济学博士。2003 年至 2009 年，任中国银行副行长；2009 年 10 月，任中国人民银行党委委员、副行长。2010 年 2 月 24 日，兼任国际货币基金组织（IMF）总裁特别顾问。主要从事国际金融、银行业务和宏观经济方面的研究。2011 年 7 月 13 日，国际货币基金组织总裁拉加德正式提名朱民为 IMF 副总裁。7 月 26 日，朱民正式出任该组织（IMF）副总裁职位，成为首位进入该组织高层的华人。

- 国家应当怎样走出债务危机？
- 欧元的发展趋势将会怎样变化？
- 人民币能否成为国际货币？

我们应走出传统思维模式

当前国际经济金融形势异常混乱，但是针对未来而言，又显得十分重要。倘若从2008年、2009年的危机说起的话，我们就会看到在危机之后，因为各国积极的刺激政策，包括央行也做出了非常规举措。所以，整个世界经济才免于陷入一场衰退。但是之后大家发现新的全球债务危机又卷土重来。在旧的危机还没有结束，新的危机却又开始了，这两场危机究竟存在着什么样的关联呢？

国际货币基金组织（IMF）副总裁朱民认为这不是两场危机。其实只是一场连续性的危机，只是2008年的危机来势很猛，才使各个国家在德国G20会议上采取很大的刺激政策来推动经济发展。这样做，第一，推动了经济发展，扩大了政府的债务。第二，大规模的货币政策产生了低利率和宽松的流动性，这也是导致今天潜在风险的一个很重要的方面。从当初的判断来说，看的比较多的是短期的需求问题，却没有看到深层次结构方面的问题，所以没有有力的措施来推动供给方面和结构性的改革，以至于到现在开始形成了一个增长性的危机，就是没有结构性的改革。

很多人提出，重点到底应该是结构改革还是供给要增加新力量的问题，其实从当今的实际问题来看对整个的结构改革的要求还是很高的。但是现在的矛盾是结构改革不能解决短期的经济增长问题。不过，却可以吸取以前的教训，怎么样进行结构改革，才能使得增长可持续，朱民觉得这个问题现在也变得同样的重要。

如何走出债务危机，朱民提及到了三件事情。第一，需要政策来支持和维持推动现有经济的增长，因为增长是最重要的，没有增长就没有就业。没有钱来还债，就没有债务的下降。第二，需要有效的财政政策，来赢得市场的信任，才能重新回到市场融资，倘若市场不相信你的财政政策，你的融资成本上升，就变成了一个很大的问题。这里的财政政策实际的概念是指财政紧缩，这里面有是一个悖论，因为市场永远对一个国家的经济要求是比较高的。如果短期紧缩之后市场才能满意，但是市场满意了经济就不能增长。不过，财政政策紧缩是对的，因为这里面的紧缩，指的是中期紧缩，但是IMF

要求希腊的紧缩也要包括短期紧缩。第三，结构性改革推动经济的增长。归根到底，经济增长是通过结构性的改革来取得的，比如说像欧洲这样的国家，劳动力市场的改革，进一步地减少垄断，加强私有化，包括国有企业的改革，以及包括对整个工业、服务业和已有的房地产业，危机之前形成结构的大规模调整。以及包括教育，推动人力资本的形成等，只有这些根本的措施才能推动整个经济的可持续增长。当然这只是一个中期的计划，你不可能一夜奏效，所以现在的挑战是整个政府政治的挑战，也是对经济学家的一个智慧的挑战。就是说要把短期的经济刺激政策和中期的财政紧缩还有中长期的结构挑战来推进经济的增长，这三件事要放在一起。

要把这三件事情放在一起，那几乎是不可能完成的。不过，应该说还是有可能完成的，这其中就需要有很多的创新，需要走出传统的思维方式。所以说，现在是金融危机，是经济危机，现在还有政治危机，朱民认为现在存在的还有除此之外的很多的危机，这些危机是关于经济学家的整个经济理论和整个对现有知识和学者的一个危机。

银行稳定预防主权债务风险

在这场危机中，欧洲的情况是最糟的。其中法国的几家银行被降级，希腊一年期、两年期的国债收益率已经高得离谱，希腊的问题已经没法解决。同时所有的银行因为和希腊的主权债，和意大利的主权债务有关也深陷危机，银行和主权债双重的危机实际上是让欧元举步维艰。这些所有的情况都是因为政府走的永远要比市场慢一点，所以市场永远不会买账。

根据整个欧洲危机情况，朱民提出，现在最大的问题就是预防主权债务风险向银行风险蔓延。现阶段来看，银行的稳定是最重要的。我们一直在强调，要巩固银行的稳定，通过重建银行的资本空间，加强对银行的监管，使得银行稳定下来，这是短期的当务之急。因为就目前来看银行股票价值跌得最厉害。银行的股市跌了 50% 以上，这个就表明市场的不信任已经开始产生。

要想稳住银行就要通过对银行的注资来实现，那么现在究竟应当谁来注资呢？IMF 的总裁拉加德前一段提出了注资的观点，就立刻遭到了欧洲几乎是所有人的反对。不过，当我们和欧洲讨论注资时，大家却都表示同意。2011 年 7 月 21 号，欧盟在布鲁塞尔开会的时候，会议通过应把 EFSF 迅速启动，并且让它多元化使用。启动后的下一步就需要通过各国整个议会的投票。

如果这个通过以后，EFSF 就可以成为一个对银行整个重建的资本，加大资本建设的稳定的一个很重要的方面。

同时，EFSF 的启动并没有把 ECB 的责任接过去。ECB 只是支持流动性，EFSF 不会过多承担流动性的问题，它看的比较多的是资本充足率，看的是整个的金融系统的稳定，所以他们是相辅相成的。EFSF 在运行的同时，ECB 照样通过流动性来维持和支持整个银行系统的稳定。对于私人资本来说，虽然大家觉得银行现在波动很大，但是银行的估值很好。如果仔细看欧元区的话，由于欧元区的成立，虽然货币统一了，但是统一市场形成了的进展，现在看来还是远远落后的，所以说私人资本要进入银行业，门槛还是很多的。但是，我们鼓励各个主权以及私人应当积极参与这个活动，因为这样做就是为了全球经济金融稳定。全球经济金融的稳定，对所有的国家来说都是有利的。

这次危机表明，建立有效的银行破产和清算机制，是预防风险非常重要的一个方面。所以美国的金融监管改革，一个很重要的方面，就是在整个的监管改革的框架里重建金融的清算和破产体制，欧盟现在也开始建立这个欧盟框架下的清算机制，当然还是属于初步的阶段。从现今角度来说，我们也需要建立一个有效的防范机制来预防这样的事情发生。

许多人认为对银行的注资除了 EFSF 以外，其他国家，比如说中国，也有机会也有可能对欧洲的银行进行注资，因为他们认为这样做才是双赢。朱民解释说，这两件是不同的概念，第一件，引入私人资本对银行的投资，这个从广义上说，就是欧洲的银行到目前为止，对私人资本进入还有很多门槛，比如说有很多国有的股权，这些国有的股权就不让新的股东进入，因为它担心股权的淡化。第二个概念，就是别的国家的资金进入这个市场，这是一个商业行为，这些是应该要区分的，如果真是国家行为，才可以进入商业银行系统。

欧元诞生到现在，在整个国有体系的发展还是起到很大的作用，现在也看得很清楚，只有货币的联合，没有财政体系的联合，或没有政治体系的支持，这个货币体系的发展也是很困难的，所以从这个意义上来说，现在已经形成了共识，欧元地区需要进一步加大财政的联合，从而推动整个欧元区进一步从货币同盟向整个财政的联合发展。

有人说危机反而是好事。朱民表示，危机永远不是好事。但是危机客观上是逼着人们去考虑往前推，现在在欧洲，几件大事都同时在考虑。第一是财政的进一步统一和联合，第二是关于市场进一步统一和联合，第三是关于激励机制的统一和联合，所以这些方面都是推着欧元在进一步朝着一个更为健康的方向发展。关于整个是不是发欧元债券本身是一个欧盟自己处理的问题，我们也看到现在有提出方案，有不同的声音，这个都很正常。但从现在来看，我们觉得当务之急是先把 EFSF 2011 年 7 月 21 号的决议尽早地实施和落实，因为其实 EFSF 的灵活使用和具体实施，也是财政的一部分。

美元仍处于不可替代地位

现在美元相对于黄金不断的走弱，所有的资产相对于黄金也都在走弱。然而，黄金更多的是作为一个风险规避产品，而很难说它是作为货币的替代。同时，中国政府已经很明确表明，要让人民币的汇率市场化，人民币逐渐的国际化。因为随着中国国际地位的提高，中国货币地位的提高也变得很重要，所以法国总统作为 G20 的主席国，公开提出欢迎人民币加入国际货币基金体系 SDR 这个篮子，国际货币基金体系也发表公开的言论，欢迎中国货币加入，这个表明了世界对中国货币地位提高的需求。

"美国经济有可能逐渐衰退，美国的财政负担还是很重，这样的话对美元的信心不足，同时还有美元的货币政策，因此美元是在走弱的。"朱民对美元有这样的看法。他认为从现在的整个趋势来看，货币体系是相互依赖的，因为欧洲的金融危机，所以欧元相对也还是比较弱。两个货币都处在一个相互既平衡又弱化的过程，这是以前从来没有发生过的。

与此同时，长期资本还是流出美元，第一个是资金流入美国的国债，第二是资金流出美元，这是一个背离的现象，这表明了美元作为全球储备货币不可替代的独特地位也反映了市场兑美元信用风险的担忧。

但是一个货币能不能作为国际货币，是一个很重要的概念。从基金的概念来说指的是自由使用，所以要具有很广泛的使用性。我们也看到一个货币成为国际货币，最根本的是要以货币计价的资产可供投资。最近采取了一系列政策推进人民币的产品，加深这个市场，我觉得这个是很积极的，但是要形成人民币产品的资本市场，这是一个体制变化，这是产品变化、市场变化、监管变化，所以从这个意义上来说，我们还有很长的路要走。但是我们看到人民币在朝这个方向走，这就是一个很好的趋势。我们知道，人民币需要有一个需要投资的市场和产品，这一点是至关重要的，从这个角度来看，香港会成为一个市场，上海也可能会成为一个市场。在整个的经济发展中，在岸和离岸市场已经同时存在，现在已经很难区分这两个概念，这也是全球化的一个基本趋势了。

如果人民币加入 SDR 这件事是一个很实质性的事情，因为 SDR 作为国际货币的统一单位，它对于人民币的信心、人民币的地位、人民币的流通和使用影响都很大。

2012 年倘若境外企业的资产方和负债方出口收美元，进口用人民币支付的话，中国的外汇储备规模将会加速上升推进。人民币国际化的初衷非但没有实现，中国经济承担的汇率风险反而可能会继续上升。

公平中国篇

户籍牢笼，何时能破

嘉宾介绍

姚 博 资深媒体人。又名五岳散人，自由撰稿人。2002 年开始写时评，写作速度很快，号称千字平均用时 25 分钟。民权、民生、法律是他最感兴趣的主题。他说自己固定的思想资源，基本上来自哈耶克那套：民主、自由、宪政、市场。擅长以媒体的报道为依据发表评论。长年混迹于网络，在各大论坛网站均拥有为数众多的粉丝，名副其实的网络殿堂级写手，数年来发表精品文章不下千篇。

任 波 财新《新世纪》周刊综合新闻部副主任。一个新闻普通人，站在普通人的地平线看新闻。

- 户籍限制是否地域歧视？
- 打破户籍牢笼，方式何在？
- 深化改革，能否解决户籍之困？

在当下中国，人们一出生就必须申报户口，户口已成为我们存在于社会的必要凭证。但是，每当我们由于生活、学习、工作等原因需要迁动户籍时，它却成为你我人生道路上一个不可逾越的障碍。有着与别人同样的消费，同样的纳税，同样为城市创造着财富，但是户籍人口所拥有的那些权利和福利却成为了一部分流动人口梦寐以求的目标，小小的一个户口簿把城市里的人分成了两部分，户籍人口和非户籍人口。

地域歧视猛于虎

那么对于我们而言，拥有户籍又会有哪些优势呢？以北京为例，首先是买房，京版限购令的出台，使得原本想要在京安居乐业的外地人唏嘘不已，户口成为其实现定居梦想的必要工具。其次是购车，虽然在北京买车都是通过摇号产生，但是如果没有北京户口或长期居留证，困难依然重重。再次是教育，无北京户口的子女留京上学需缴纳一定量的赞助费且没有学籍。毕业后留京工作，户口同样会成为至关重要的一环。最后是福利社保，有北京户口就意味着能够享受到更多的社会福利，比如免费的社区体检等等。

对此，身为北京人的资深媒体人（五岳散人）姚博有着深切的体会。他说，户口、房子、福利等等这些都可以成为一种隐形资产。中国现有的城市化进程，是不应该用身份来衡量的。社会发展会使大多数人都处在一个相对不平等的境遇之中，要想打破这种既有的不平等，评判的标准就应该是金钱。但现如今在中国的大城市，这个模式已不复存在。我们又回到那种用身份来认人的年代，这是一种社会倒退的表现。

财新《新世纪》周刊综合新闻部副主任任波十分反对京版限购令："有一次我去银行挂失存单，就是因为没有北京户口，前前后后跑了很多次，感觉就是一种歧视。"

市场调节是良策

根据国务院批复的《2004—2020年北京城市总体规划》，到2020年北京市的人口要控制在1800万左右，但事实上，截至2009年年底，北京实际常住人口的总数已经达到1972万人，接近2000万人。有专家预计人口的控制目标一再被突破，北京已陷入了爆炸危机。

因此，有人就质疑"限购令"的实质就是"限外令"。姚博赞同这种观点，"现在除了限购令以外还有限租令，比如不能合租，不能租地下室等等，这些都是排外的表现。归根到底就是全国的资源都集中在北京，造成人口大量涌入。像北京这样的城市，低收入群体就像是整个城市的肌肉，没有了肌肉，人的骨头架就会散，城市也将不复存在，如果他们消失了，试问他们的工作谁来做？如果没有这些人的工作，香港可能会变成臭港，这是一个再简单不过的结果。"

在如何认定城市人口规模问题上，任波和姚博表现出了各自不同的观点。任波坚持认为价格是调节市场资源配置的一个最有利杠杆。人口流动不一定要跟户口挂钩，因为在一个特定的范围内，确实存在资源承载力有限的问题，比如水、土地、能源等等，应该把这些资源的真实价格体现出来，可能会遭到大家的一致反对，但最终市场会做出选择。不一定非得要用户籍的方式去驱赶或者限制什么样的人留在这个城市里面。

而在姚博看来，这是一种理想下的状态，可是现有的中国社会不具备这样的市场环境，这种方式往往只会成为一个借口。表面上是一种市场的方式，但是实际上还是政策的方式。

消除歧视不是梦

实际上在 1992 年以公安部为代表的相关部门就有意推动户籍和福利的彻底脱钩，甚至已经开始了方案的起草，但是受到某些部门和地方政府的质疑，至今未果。

这些后期改革的目标，是一个理想的方式或者一种理想状态，可望而不可即呢？

对此，任波认为，这些其实是可以做到的，不一定要把福利和户籍挂钩在一起。可以按照居住者的实际情况，比如是不是有固定的职业、稳定的收入和固定的居所，根据这些条件确定他是不是这个地方的常住人口，从而决定他是不是可以获得相对应的公共服务，这也是国际惯例。

但现实往往不遂人愿，2003 年北京市曾放开过落户限制，从而导致周边人口大量涌入，使得教育等行业的负担急剧增加，尝试被迫偃旗息鼓。如果真的放开户籍限制的话是不是又会遭遇这种情况呢？

对此，姚博坦言，一旦放开限制，肯定会出现这种情况。但是难道我们就一定要用这种方式继续限制人口的自由流动和自由迁徙吗？他觉得这完全没有道理。现在上海通过农村合作医疗建设，已经部分解决了农村户口的社会保障问题，如果这种方式继续推广下去的话，这种福利与户口之间的挂钩就会脱钩，这也不会导致城市人口过度繁衍压垮城市。

任波主张，即使没有户口，但只要在所生活的城市纳税达到一定的年限，就可以在这个城市落户。实际上城市实现了人口聚集的话，有一定的就业就会创造价值和财富，城市的收入就会增加，就看能不能把增加的这一部分财富返回，用于他们的福利需求，只要建立这样一种机制就完全可以做到。每个地方可以采取分类改革的办法，各个不同规模的城市可以根据自己的承载能力，根据自己的经济实力，决定在多大的程度上对外来人口进行户籍放开。

姚博认为，如果全国的资源都公平或者相对公平的话，就不会造成大城市那么多人口。但是这件事情即使在很富庶的国家也没有完全做到，因为资源包括几个方面，一个是自然资源，一个是人文资源，就是传承下来的资源。通过转移支付让大家尽量的平等是很难的，像美国很多州原来比较小的城镇已经不断的衰落，人们跑到大城市里，重要的是大城市用什么样的方式欢迎这些人。欢迎的一个基本的条件，就是你能不能给我创造足够的价值。相比之下，我国的户籍改革推进速度还很慢。

改革的最终目标是要剥离附着在户籍上的附加功能，让它回到原始的职位，登记人口基本信息的原始管理功能，推进户籍改革应该是让公共服务和户口脱钩，要对公民而不对户口，无论你是来自城市或者是乡村，都要一视同仁，都要采取准入制，让具备条件的常住公民自由落户，并且享受同等水平的公共服务，这就是我们常说的自由迁徙。2012 年，我们实现户籍梦还会远吗？

收入翻番，是梦想还是现实

嘉宾介绍

杨宜勇 现任国家发展和改革委员会社会发展研究所所长。曾先后在国家计委人力资源开发和利用研究所、国家计委社会发展研究所、国家发展和改革委员会经济研究所工作，历任室主任、副所长。目前主要从事有关宏观经济、社会发展、社会政策、人口与就业、人力资源管理与开发、社会保障、员工福利和工程咨询等方面的政策研究。现兼任中国劳动学会副会长，中国工程咨询协会注册咨询工程师（投资），国家人口计划生育委员会专家委员会委员等，中国人民大学博士生导师。

张车伟 现为中国社会科学院人口与劳动经济研究所副所长，研究员、博士生导师。中国社会科学院劳动和社会保障研究中心主任；中国社会科学院研究生院教授、博士生导师、人口与劳动经济系主任。《中国人口年鉴》主编。

- 面对上涨的物价，工资收入会增加吗？
- 收入翻番，是馅饼还是空头支票？
- 2012 年，我们的钱袋子会鼓起来吗？

在现实生活中，涨工资对于每个普通劳动者来说都是喜出望外的好事。可是就在国家人力和社会保障部宣称将在未来五年内使居民的工资收入水平翻一番的时候，一片"涨"声中却没有换来民众欢迎的掌声。

根据相关的统计数据显示，如果今后五年 CPI 都维持现有涨幅的话，原先计划的实质性增长将会大打折扣，更有群众担心在目前的通货膨胀压力下，是否会用多印钞票的方法来实现工资增长。

工资翻番有难度

对于社会上一直盛传发改委正在拟定涨工资计划的消息，国家发展和改革委员会社会发展研究所所长杨宜勇透露，这个说法并不成立，因为根据国务院 2008 年 11 号文，发改委的主要职能被限定为：定职能、定机构、定编制，简称"三定方案"，而这其中并没有制定工资这一条。

而同样是面对人保部提出的将在未来五年使职工工资翻番的言论，身为中国社科院人口与劳动经济研究所副所长的张车伟就表示，收入翻番随着经济发展的增长是一个很自然的事情，问题是相对于我们国家整体财富的增长而言，劳动者的报酬是不是能跟着这个步伐增长，而不在于多长时间翻番。诚然，货币的发行量增加和通货膨胀之间虽然有一定的关系，但是并不是特别大，不是说货币发多了就一定会出现通胀。

对此杨宜勇教授表示赞同。他认为，名义工资翻番是没有意义的，我们讲的都是实际工资，扣除通货膨胀的翻番很难实现。以 2011 年一季度为例，GDP 增长 9.7%，名义工资增长 10.2%，扣除通货膨胀只有 5.2%，工资只增长 5%，工资增长只有 GDP 的一半。如果真要是翻番的话，抛掉通货膨胀，工资增长速度必须是 GDP 的一倍才能实现。

有人担心收入翻番是否会流于形式，杨宜勇表示，财产性收入增长翻番还是可以实现的，因为 2011 年一季度的财产性收入增长，城镇是 23.6%，农村是 15.6%，这倒符合快接近翻番了，如果这样保持下去的话，"十二五"期间财产性收入是可能翻番的。

人保部提出收入翻番的一个重要背景是近年来 CPI 的持续上涨。根据相关的统计数据显示，2011 年三月份，我国 CPI 同比涨幅高达 5.4%，创下了

32 个月以来的新高，如果今后五年 CPI 都维持这个涨幅的话，工资每年 15% 的实质性增长将会大打折扣，更有群众担心在目前的通货膨胀压力下，是不是会用多印钞票的方法来实现工资增长呢？其实中国人民银行副行长马德龙就曾表示，2011 年春节期间钞票就多印了一万多亿元。

张车伟并不认同这样的看法，货币发行量的增加和通货膨胀之间虽然有一定的关系，但是并不是特别大，不是说货币发多了，一定就是通货膨胀。

面对通货膨胀的巨大压力，山西省人保厅推出新政，要求在未来五年之内，全省的所有企事业单位，工资要根据物价变动，适时调整最低工资标准。那么，这一方案又是否切实可行呢？

对此，张车伟与杨宜勇都表示，这个只能保证工资水平的不下降，并不会有实质性增长含义。最低工资应该更多地考虑物价因素，而不能仅仅考虑物价，还要考虑劳动生产力的提高、经济增长，让最低工资的人群分享社会发展成果。

缩小差距是目标

我国的行业收入差距和国际上相比是全球最大的，根据人保部最新发布的数据显示，我国收入最高和最低行业的差距已经扩大到了 15 倍，而在日本、英国、法国这个比例为 1.6 到 2 倍左右，德国、加拿大、美国和韩国是在 2.3 到 3 倍之间，中国行业差距现在已经是世界之最。工资收入最高的往往都是一些具有垄断背景的行业，比如说银行、电力、石油和烟草等行业，而收入最低的反而是服务行业，比如餐饮、住宿、批发零售业等等。

在张车伟教授眼里，现在工资的差距很大，翻番的含义很难界定。因为从过去多年的情况来看，我们的工资实际上也在增长，但是谁的增长更快呢？当然是高收入的人收入增长更快一些，所以这就掩盖了整体增长对于低收入群体不利的局面。

他对于收入分配不均的问题表现出一定的担忧，所谓工资翻番，应该是指平均工资的翻番，在这个过程当中，如果不注意解决收入之间的差距、行业之间的差距，就很可能使更高收入的人翻得更多，低收入的人根本没有翻，这个问题应该引起我们重视。

杨宜勇表示，过去的平均工资都是政府部门统计的占多一些，从而造成数值相对偏高，这样老百姓并不认账；如果高于平均工资的只有 1/4 的话，老百姓可能还会接受。从目前的情况来看，调整的目标应该有两个，就是既要翻番又要缩小收入差距。高收入的应该翻得少一些，低收入者要翻得多一些。

对于既要收入翻番，又要缩小差距的目标，有人表示怀疑。而在张车伟看来，"十二五"时期应该找到一种更加合理的规则来限制不合理的高收入增长，让中低收入者的增长走入一个正常的轨道。以整个工资的增长来讲，也不是政府想增加就能增加的，而是要和企业的经营能力，和企业的经营业绩有非常大的关系，实际上是劳资双方的问题，劳动者和企业怎么和谐处理的关系。

杨宜勇建议，政府更应该尽量打破垄断，如果打破不了，就将垄断企业的工资透明化，让社会来监督。

政策支持是保证

从纵向和横向的比较来看，我国居民劳动报酬占 GDP 的比重，从 1983 年的 56.5%，降到 2007 年的 39.74%，直至今日，在金砖五国中我们只略胜于印度。面对这样的一组数据，张宜勇表示，大家对于工资上涨问题的关注，实际上跟这些数据有很大的关系，到现在为止中国的数据度量依然不是很准确，与国际相比，这个口径同样相差很大。纯粹度量工薪收入占 GDP 的比例数值相对会高一些，因为在这个里面还包括了一些个体户的收入，他们的收入是混合型，不单只是劳动收入。

杨宜勇对此有着自己的判断。2011 年一季度的工资收入增长只有 10.2%，财政增长 31%，国有企业的利润增长超过 27%，有的上市公司的利润增长 40% 多，还有一个细分的行业，就是消费品，它的行业利润增长 59%，所以说财政增长那么快，企业利润增长那么快，肯定劳动者的报酬也要增长，但比值不见得就会增加。

面对这项复杂而长期的工程，杨宜勇给出了自己的答案："低收入人群要实现翻番的话，我觉得首先就是要提高工人集体协调谈判的能力，去争取分享企业更多的利润，这是一个方向。另外一个方向，就是要加大财政的转移支付功能，在现有通胀水平不低的情况下，加大对低收入人群的生活补贴，保障他们的生活质量不下降。"

对此张车伟也表示赞同。他认为，首先，可以在一个劳资双方平等协商的基础上，使工人拥有能够谈判自己工资的机制，从而更好地分享劳动成果。其次，从国家的角度来看，应该更多让利给企业，减轻中小企业过重的税负，让他们能够有更多的余地或者更大的空间去给工人们涨工资，这是一个需要多方面协调的机制。

"五杠少年"刺痛了什么

嘉宾介绍

储朝晖 中国教育科学研究院研究员,中国陶行知研究会副秘书长,中央教育科学研究所研究员,中国地方教育史志研究会学校史志分会理事长,中国地方教育史志研究会副会长,《教育史研究》副主编。南京师范大学教育管理专业教育硕士,北京师范大学中国教育史专业博士。曾任中学高级教师,歙县陶行知研究会副会长、副秘书长。研究领域:教育管理、教育史、教育技术、教育心理、农村教育、职业教育、大学精神。

石述思 资深媒体人。1991 年毕业于中国人民大学新闻系,现担《工人日报》要闻部主任,国务院新闻办《中国网》专栏作家、专家。七获中国新闻奖,数十次获省部级各类新闻奖项,发表各类新闻作品 200 万字。曾参与央视著名栏目《对话》《经济半小时》《大家》《艺术人生》的策划,并参与央视财富论坛、APC、年度经济人物、年度法制人物的策划及总撰稿,并参与北京电视台名牌栏目《身边》的前期策划以及长期担任东方卫视名牌谈话节目《头脑风暴》总策划之一。并多次担任凤凰卫视及地方电视台谈话主要嘉宾(如节目《一虎一席谈》),环球企业家等商业杂志年度活动的评委,辽宁广播电视台北方频道《北方今日谈》特别节目《老石策划会》嘉宾主持。

- 对于淳朴未凿的孩子，"五道杠"意义何在？
- 被模式化的"天才"，能否获得社会认可？
- 孩子的天性一再被扼杀，谁该为此负责？

"我将会把《易经》里'天行健，君子以自强不息；地势坤，君子以厚德载物'当作自己的座右铭，奋发图强，立国立民……用豪气冲天的凌云之志，来放眼评说天下大事。"很难想象这样的文字出自于一个 13 岁少年之手，他叫黄艺博。在相当长的一段时间里，他的博文引起了社会的广泛关注。有人说这个孩子从小就官味十足实在可悲，也有人表示孩子是无辜的，有问题的可能是家长、社会、老师。

"这样的孩子不是一个两个，可能还有很多"

事实上，社会舆论对于黄艺博的关注主要来自于对现有教育体制的批判和官本位思想日益泛滥的反感。面对社会的种种非议和不解，《工人日报》要闻部主任石述思也有着自己的看法，"当今的时代是多元化的，黄艺博的行为与大环境格格不入，是无学自通的天才还是被人利用的玩偶，我们不得而知。但他的文章确实更像是《人民日报》的社论，一个 13 岁的孩子写出一些让人匪夷所思的文章，不应该只是他一个人的问题，家庭、学校、社会都应该承担相应的责任。"

石主任的观点绝非个例，中央教育科学研究所研究员储朝晖就认为，其实在我们社会中这样的孩子绝非一个两个，可能还有很多。究其根源就在于"用事实说话"已被大家广泛的亵渎。

"他是一个被安排的角色"

"五道杠事件"的起因首先来源于今天无处不在的互联网。网友之所以对"五道杠"有争议，是因为这个 13 岁少年在自己的博客中，发布了一组照片，这当中有在少先队总部阅读文件的照片，有 12 岁时和爸妈春游的合影，但在不同背景的照片中，无一例外地出现了他戴着五道杠的样子。对此储朝晖表示，这件事之所以引起大家广泛热议，一个很重要的原因就是我们的社会正处在一个战略转型期，社会中官本位思想十分严重。而所谓的"几道杠"无非也就是官本位意识在我们教育理念中得到的体现，过早地让孩子接触行政事务，给他们带来了严重的负担和压力。

对此，石述思表达了相同的意见。社会不应该责怪孩子，因为他服从于学校、家长、社会的某种要求。大话、空话、假话在今天的社会已是大行其道，用一个现实的标准来教育孩子，赐予他一个丰厚的回报，得到"五道杠"顺理成章。可是这样的教育理念和方式是错误的，我们更多的应该让孩子的行为符合全社会的普世情感，而不是某种"主流价值观"，这恰恰也是改革开放以来，我们一直追求的目标。在有些人的意识里，黄艺博像是一个被安排的角色，成为我们教育体制中一个没有思想的提线木偶。这不应该成为我们素质教育的最终成果。大人没有权利用自己的意识来安排孩子的生活和学习。

在学校内部，同学之间可以相互学习、相互交往。少先队是一个有着实际价值和实际意义的组织，我们划分出小队长、中队长、大队长，其实是对孩子的一种鼓励和褒奖。一旦跨出校门，再去分出四道杠、五道杠，就会失去它本来的意义。

孩子没有问题，是教育出了问题

就在"五道杠事件"不断发酵，引起社会深思的同时，有人在网上做了相关调查，对于孩子的无知，更多的网友表现出了宽容的心态。有网友认为孩子是无辜的，是教育出了问题，为孩子有这样的童年感到扼腕叹息。与此同时，黄艺博的父亲黄宏章接受了当地媒体的采访，在被问及孩子从小就喜欢看《新闻联播》和《人民日报》是否属实时，黄宏章回答："儿子在两三岁的时候也是非常喜欢动画片的，但是自己想让他更多地了解国家大事，于是就要求儿子跟自己一起看《新闻联播》，起初儿子当然不愿意，但是家长答应他在看完《新闻联播》之后还是可以看动画片的，所以久而久之到七八岁的时候他也就习惯看《新闻联播》了。"黄宏章回忆，儿子从小不是神童，他在刚开始要学认字的时候，是非常喜欢读报纸的，所以家里有大量的《参考消息》和《人民日报》，继而就采用了读报识字的方式来帮助黄艺博去拓展阅读的视野。

石述思对于黄宏章教育儿子的初衷表示了理解，可怜天下父母心，黄宏章的动机是善良的，哪个父母不望子成龙；但他用一种超常规的手法，将这个孩子过早地带入了成人的世界，也确实违反了正常儿童成长的规律。其结果必然是扭曲了黄艺博的天性，整个计划可谓是灭绝童真。通过这样的教育，呈现在我们面前的黄艺博只会是一个作品，一个按照所有人意愿创造出来的符号，这个符号叫"伟大光荣正确少年版"，而这种伟大光荣正确其实是我们某种理想的状态，而不是我们鲜活的世界，我们很多人会为之奋斗，但它并不是我们生活的全部。我们还有更多的人世情感需要体味，这当中会犯错误，也会学着诚实。

在石述思看来，与其说天天让家长将教育认识提高到一个相对正确的程度，还不如教给孩子一种能力，一种明辨是非的能力，因为大人总是要离开的，家长如此辛苦地塑造孩子，最终还是要让他独立行走。对于在什么样的环境中才能培养出孩子"辨明是非"的能力，石述思有些意味深长地说，孩子最需要的是被尊重，一个家长想塑造一个天才的孩子，就要知道他的天赋在哪里，他的兴趣点在哪里，然后尊重他的成长规律，以他为中心设置相应的人生规划，而不是以自己的标准，以社会的标准，以学生的标准。在应试教育的压力下，让他按照理想的路径行动，那样久而久之就会失去自我，就会成为"伤仲永"。每个孩子的天性都是不可复制的，但是最终却活成了同一个样子，这是一种悲哀，也许相比于成为一个天才，我们社会更需要的是拥有正常人格、正常情感和平常心态的孩子。

"孩子有他的天性"

过去的 30 多年里中国经济高速发展，人才的竞争已成为推动社会不断向前发展的原动力之一。随着教育普及和就业矛盾的进一步加剧，中国更多的父母开始担忧自己孩子在未来社会中生存环境的改善。于是大多数父母选择了让孩子去听钢琴课，逼着他们上奥数班，把他们送进各种各样的辅导班。一个不争的事实是，不论是代表潮流性的父母，还是黄艺博的父母，都是可怜天下父母心，只不过使劲的方向稍微不同而已，那么为什么大家对于"五道杠"就如此的关注呢？

储朝晖表示，我们不应过多地去解读"五道杠事件"，但是这个事件确实是值得我们教育工作者反思。出现这个事件的原因，事实上是我们整个教育存在一个强加给孩子的力量，现在的很多父母，由于过去没有实现自己的理想，就把希望转嫁给了自己的孩子，并没有考虑孩子的潜力和兴趣，从而导致现在很多孩子没有童年，完全是一个成人的角色，这本身给孩子造成的伤害是巨大的，应该引起全社会的高度重视。

在储朝晖看来，问题的关键在于，很多的家长缺乏一种意识，就是孩子拥有自己的天性，因为孩子的天性是他与生俱来的，然而现在做教育的人总说自己的学校是名校，孩子需要高度地服从学校的教育，从而扼杀了大多数孩子的天性。其实后天的社会积累相对于孩子的先天天性是微不足道的。

通胀中国篇

CPI 拐点隐现，宏观政策迎来调整时机

嘉宾介绍

袁钢明 清华大学中国与世界经济研究中心研究员；中国社会科学院经济研究所研究员、教授、博士生导师；中国社会科学院欠发达经济研究中心主任；北京大学民营经济研究院研究员；日本东京大学社会科学研究所客座教授；日本亚洲经济研究所海外研究员；吉林大学、西北大学、石河子大学等大学兼职教授。研究领域：宏观经济学、区域经济、国际经济。

庄　健 历任亚洲开发银行驻中国代表处经济学家、高级经济学家，负责宏观经济分析、统计、扶贫和部分亚行技术援助项目的执行与管理工作

- CPI 同比环比涨幅双双下降，通胀已经得到控制？
- PMI 指数创 20 月来新低，是否需要重提保增长？
- 宏观政策预调微调，适度宽松来临？

2011 年末，曾在上半年一路攀升的 CPI 数据同比涨幅放缓，通货膨胀拐点隐现。货币紧缩政策令实体经济增速放缓，在全球经济仍不确定的 2012 年，保增长有可能取代控通胀成为全年国内经济的主题吗？预调微调的提法引发市场多种解读，货币政策是否已经走到了适度宽松的关口？

CPI 同比涨幅放缓，通胀得到控制了吗

国家统计局在 2011 年 11 月公布的宏观经济运行数据显示，10 月份 CPI 数据同比涨幅下降至 5.5%，环比增速也从 0.5% 降到 0.1%，似乎能够从中嗅出通胀脚步放缓的迹象。然而，当月 CPI 结构数据却同时显示，粮食价格同比仍上涨 11.6%、肉禽上涨 26.1%、猪肉价格上涨 38.9%、蛋类价格上涨 12.6%、鲜果价格上涨 11.1%、油脂价格上涨 15.8%，唯有蔬菜下降 0.8%。调查也显示，超过 80% 的民众认为通胀还没有被有效控制，这个调查能说明问题吗？食品价格上涨的势头被控制住了吗？2011 年末出现 CPI 涨幅回落，能否说明 2012 年中国面临的通胀局面有所缓解呢？

清华大学中国与世界经济研究中心研究员袁钢明认为，10 月份数据说明物价水平坐上了下降的滑梯，CPI 拐点已经形成。食品价格在整个 CPI 结构中的贡献度是最高的，国内物价水平在 2011 年初时不断走高就主要源于蔬菜和猪肉价格上涨的推动作用，而目前蔬菜、农产品、鸡蛋的价格都出现了大幅下跌。其中，蔬菜价格是影响农产品价格的最重要因素，能够带领各种食品价格出现两位数以上、甚至超过 30% 的增幅，受季节性影响很大，涨落变化非常敏感，而 10 月份的蔬菜价格突然转变为负增长，是很了不起的事情；猪肉价格涨得快去得也快，一旦出现下落便是急剧的，很快就会回到原点。猪肉价格最高曾同比上涨 57%，10 月份回落至 38%，是急速下落。此前曾一路暴涨的"蒜"你狠、"姜"你军的价格也出现了暴跌现象。虽然主要农产品价格同比涨幅仍然很大，但这是由 2010 年农产品价格较低的原因造成的，并不能说明物价仍然在走高，判断物价走势应当更关心环比数据。

亚洲开发银行驻中国代表处高级经济学家庄健表示，很多食品价格确实有所下降，但 10 月份同比上涨 5.5% 的数据相对来说也不低，高于 2011 全年 4% 的目标，且非食品价格环比下降幅度不大，因此总的来说，CPI 拐点已经

出现，但很难下结论说通货膨胀的局面已经彻底过去了。

PMI 数据下滑，中国经济增速减缓了吗

始终未能甩掉通胀包袱也给中国经济发展带来了更多的不确定性。例如，2011 年 10 月的 PMI 指数曾在经历了连续两个月的小幅回升之后下跌至 50.4%，创下 2009 年 2 月以来的新低，也低于 51.7% 的市场预计；与此同时，小企业采购经理人指数回升了 4.4 个百分点。一升一降完全出乎市场预期，意味着企业在出口和投资方面都面临压力，反映出我国整体经济增速下降的现实。国家主席胡锦涛曾在 G20 峰会上表示，在强劲、可持续、平衡三个目标当中，确保经济强劲增长是首要任务。国际货币基金组织总裁拉加德访问中国时也曾呼吁，全球经济出现显著恶化迹象，中国要进一步放缓过度从紧的货币政策。

一系列数据和言论重新点燃了市场对于保增长和控通胀孰重孰轻的争论，在 GDP 增速可能出现下滑的背景下，保增长是否重新成为当前我国经济应追逐的首要目标？中国经济真的面临危险吗？

对此庄健认为，胡主席的讲话实际上是针对整个世界来说的，特别是欧洲和美国经济，他们的增长非常弱，没有增长就没有就业，也很难有所谓的平衡增长。因此首要目标应当是促进经济增长，通过促进就业实现平衡发展。与国际形势相对比，中国目前的增长情况还是不错的，2011 年 10 月份的投资、消费和工业增加值增长数据与前一个月相比没有大幅减缓，表明经济仍旧保持了比较稳定的增长。

袁钢明则指出，PMI 指数大幅度下滑包含两方面内容，一是购进原材料价格指数大幅度下滑，二是生产订单大幅度下滑，包括进出口也大幅度下滑。这表明国内生产经营的态势出现了大幅度逆转，这种下滑与物价变化之间有很大关系，与货币紧缩政策联系更加密切，中国经济以前出现过这种情况，必须注意这种突然的变化。再者，美国的经济形势虽然有所好转，但欧洲大陆上空仍然密布着债务危机的阴霾，全球经济正在经历严重的问题，显著恶化的情况随时可能出现，一旦出现将马上冲击中国。

宏观政策预调微调是否意味着宽松来临

2011 年 10 月，国务院总理温家宝曾在天津滨海新区调研时表示，宏观政策要适时适度进行预调微调，信贷政策与产业政策要更好的结合，切实做到

有保有压。此言一出，业内便猜测称这是释放货币政策的信号，中国内地、香港以及亚太股市立即作出积极反应，有观点认为货币政策局部定向宽松或将到来。

袁钢明肯定了这一观点，认为货币政策肯定要转头。贷款政策首先需要调整，贷款数量增长率保持在 16%～17% 的水平比较正常，目前中国的这一数值只有 13%～14%，太低了，这种情况在 2008 年时就出现过。他甚至认为，目前中国货币政策应当由过度紧缩转向适度宽松，而不是微调，微调的步伐太小。

庄健的观点与袁钢明截然不同。他指出，除非经济运行发生非常大的变化，例如出现 2008 年时外需受到全球性冲击非常大的情况，否则即便需要进行调整，也应该是结构性的微调，调得过度、调得太快，对中国经济的稳定发展和强劲发展不利。

2012 年，通胀能被遏制吗

嘉宾介绍

陈永杰 全国工商业联合会研究室主任。四川大学经济学学士，中国人民大学经济学硕士，哈尔滨工业大学工学（管理工程）博士。国务院研究室工交贸易司副司长。曾下过乡，上过中专，当过中专教师，1987 年到国务院法制局工交司从事过经济立法工作，1992 年到国务院研究室工作。主要研究领域为企业改革与管理、工业经济、交通经济、贸易经济、非公有制经济等方面的政策问题。多年参与《政府工作报告》《中央经济工作会议报告》等文件起草，近一年还参与《国务院关于鼓励支持和引导非公有制经济发展的若干意见》起草，任文件起草工作组副组长。

吴　庆 国务院发展研究中心金融所副研究员、研究室副主任、博士。1997 年进入国务院发展研究中心，先后任职于国务院发展研究中心宏观经济研究部、技术经济研究部、办公厅和金融研究所。吴庆博士在办公厅期间，曾任国务院发展研究中心鲁志强副主任（副部长）秘书；2001－2004 年博士期间，师从我国著名经济学家、国务院发展研究中心研究员吴敬琏教授。

- 工商联倡议抑价能否落到实处?
- 压力之下，如何看待企业变相涨价现象?
- 政府应当如何选择调控政策控制通胀?

2011 年，持续高位运行的通胀成为困扰中国经济进一步复苏向好的最大难题。在"十二五"经济发展方式转型的大背景下，如何处理保增长与控通胀的关系成为各界人士全年关注的焦点问题。

全国工商联发布的抑价倡议能否对价格水平产生实质作用？上游成本不断上涨逼迫企业做出艰难选择，在高涨的成本压力下，众多企业终端销售变相涨价，是否侵犯消费者利益？2012 年，物价水平能否重回正常、货币与财政政策应当如何操作、中国经济能不能冲破缰绳平衡发展？

倡议抑价能起作用吗

保供应、稳物价、促和谐，物价是否稳定关乎全国 13 亿人口的切身利益，更左右着中国实体经济能否扫除通胀障碍继续前进，稳定物价控通胀成为全国上下普遍关心的一件大事。全国工商联曾在 2011 年 4 月召开新闻发布会称，旗下 24 家商会联合发布倡议表示为抑制通胀不跟风涨价。这样的倡议能否真正起到抑制物价、控制通胀的作用呢？

全国工商业联合会研究室主任陈永杰对工商联此次发布倡议的行为作出解释称，这是全国工商联第一次发布此类倡议，具有非常积极的意义。全国工商联下属 28 个行业商会，其中 24 个商会与老百姓的生产生活直接相关，连接千家万户的企业，具有代表性，对各方面情况比较了解，此番 24 家商会共同参与，工商联实际上是扮演了政府与市场之间的桥梁和纽带角色。政府对 2011 年全年物价控制的要求是 CPI 保持在 4% 以下，在这种情况下，政府需要采取各种各样的办法在稳定物价上扮演积极角色，行业协会站出来就起到了这样的作用。但能否把物价稳定下来不单单是 24 家商会的问题，他们只是全国若干商业中的一部分，还有更多其他的行业协会。只有一同参与进来，对抑制物价才会起到更好的稳定作用。

国务院发展研究中心研究员吴庆却持与陈永杰不同的观点。他认为，这一做法也许能够发挥一些好的效果，即纯粹由通胀预期引起的群众心理不稳定而造成抢购的事情可能会减少，但并不能解决根本问题。此次倡议所涉及的 24 个行业应该有所区别，一方面，有些行业本来就是竞争性的，企业涨价时小心翼翼，一旦涨价时机过早就有可能失去市场份额的危险，市场调研也发现有些企业家在涨价还是不涨价的问题上仍然心存疑虑；另一方面，对于垄断性企业的行动市场会更加担心，这类企业利润本来就很高，并有可能利用物价上涨的机会继续调高自己的产品价格，继而进一步扩大已经数额庞大的利润额。对于这种做法，政府和行业协会都应该发挥应有的作用。

成本压力下企业会变相涨价吗

事实上，全国工商联的此次抑价倡议已经对各行各业的恐慌情绪起到了一定的稳定作用。有报道称，生产金龙鱼等小包装食用油的益海嘉里被要求暂停涨价；而继康师傅宣布暂缓桶装方便面涨价后，联合利华也表示将暂缓原定执行的价格调整。但与此同时，成本的压力也催生变相涨价现象浮出水面。零售企业世纪华联和家乐福接到罚单，被投诉称超市部分商品上面没有贴价签。对此商家表示，如果打上标签，每个月的成本将会上升 15.2 万元，一年下来将近 200 万元。产品生产商也采取了变相涨价的手段，表面上价格没有大变化，但新包装却另有玄机。康师傅有一款饮料，之前的包装是500 毫升，新包装却瘦身到 450 毫升，足足少了 50 毫升，商家称此举是为适应消费者喜好，但似乎消费者更喜欢加量不加价，而不是减量不减价；伊利兵工厂的两款雪糕也选择了减肥，"山楂爽"缩水 6 克，"冰镇蜜桃"缩水 13 克。

陈永杰对这种现象点评说，全国工商联抑价倡议行动对抑制物价的短期上涨能够产生一些积极作用，但这一作用比较暂时，企业毕竟需要根据自己的投入产出关系制定产品出厂价格，一旦企业成本上升，销售价格自然就会上涨，一般的企业都会做出这样的选择。从实际情况看，目前物价上涨主要由于成本推动，占了相当大的比重，员工成本在上涨，原材料的价格在上涨，全球粮食价格在上涨，利率也在上涨，在这种情况下，企业的成本就在上升，肯定会选择某种方法向消费者转移日益高企的成本。上述案例体现了企业规避物价调整所采取的一种策略，但市场规则是讲明码标价，如果不明码标价，往往容易导致纠纷。因此这种策略严格讲并不符合市场规则，企业这样做并不合适。企业既要考虑自身发展，实现正常盈利，也要承担社会责任，主动配合国家实现控制物价的目标。

在这一问题上，吴庆同样与陈永杰存在分歧。吴庆认为，上述案例很有趣，并且反映了经济学的道理。如果说上涨是成本推动的，那么商家的产品价格是不得不涨的，一旦强行要求不能涨价，并且不得要花样，那么一些企业可能就会退出市场，它们的产品就会在超市消失，这种结果对消费者和厂家两方都是更为糟糕的结果，因此商家的花招也许是件好事。如果不要花招，有的企业会表示产品暂缓涨价，这种策略是最坏的：消费者知道当前产品价格处在低位，一段时间后会出现上涨，在这种情况下理性的消费者会选择提前消费，反倒造成市场供应短缺，甚至会引发抢购现象。

货币政策是遏制通胀的根本手段吗

财政政策和货币政策是政府进行宏观调控的两只手，其中货币政策的变化对于短期货币市场和价格水平都能够产生直接影响。2011 年，央行频频动用货币政策，动用加息、上调大型金融机构存款准备金率和公开市场操作等手段，收紧货币流动性、控制通胀水平的意图明显。

吴庆认为货币政策是解决通胀问题的最根本手段，央行收紧货币的目标就是控制通胀。但值得注意的是，货币政策有很强的滞后性，眼下收紧货币闸门仅仅能够调整约 11 个月之后的通胀水平，远水解不了近渴，看见通胀再加息就已经晚了。此外，2011 年物价上涨的上游是包括石油在内的大宗商品进口价格上涨，上游价格上涨必然需要向下游传导。因此在实行货币政策方面，最根本的解决途径就是调整汇率，使人民币升值，每升值 1%，进口产品的价格就会降低 1%，通胀的传导力量就会减弱 1%，这样就拉低了通胀水平。他很推崇这一措施，并认为目前全球都面临通胀压力，中国是相对严重的国家，实体经济最早感受到寒意，因此中国需要放眼全球，如果把人民币汇率调得高一些，国内通胀水平就会降下来，同时其他国家的通胀就会变得严重，如果美国的通胀率达到 2% ~ 3%，美国就会收紧货币闸门，全球的通胀都会降低，中国的日子就会更好过。总之，中国要勇敢调整人民币汇率，把通胀的皮球踢到美国去，让美联储解决自身造成的问题。

陈永杰认为，中国的银行存款利率和贷款利率都在提高，银行的大部分收入来自于利差，这种状况在世界大国当中独一无二。因此货币政策方面可以考虑采取不对称利率调整，相对于存款利率，贷款利率提高的幅度应当更小，这样企业贷款利率会降低，缓解企业压力。

其次，2010 年全球原油价格增长幅度略超 29%，而中石化增长幅度为45.4%，中石油是 31.7%，这样一来实际上国内原油价格比国际原油价格上涨幅度还大。而中国目前至少有 45% 的油来自于自产，因此在国内油价上涨的过程中，更多的收益流向了三大石油公司，如果国家能够控制国内石油的涨价幅度，就能对整体物价上涨有所贡献。

第三，中国的物流成本相对于发达国家而言还要高出50%～100%，高速公路收费导致物流成本上升，而物流成本是企业生产成本中非常重要的方面，应当考虑在这一方面采取措施。

紧缩政策还会持续吗

嘉宾介绍

曹远征 毕业于中国人民大学经济系，是国家特殊津贴获得者，现任中国银行首席经济学家，国务院新闻办《中国网》专栏作家、专家，兼任中国人民经济学院博士生导师，美国南加州大学客座教授，上海复旦大学兼职教授，中国宏观经济学会副秘书长等。

黄益平 北京大学国家发展研究院/中国经济研究中心教授。教育与学位：澳大利亚国立大学经济学博士（1994），中国人民大学经济学硕士；浙江农业大学农学学士（1984）。研究兴趣：宏观经济政策、国际金融体系、农村经济发展、中国与亚洲经济。

● CPI 持续高位运行，核心 CPI 环比下降，紧缩政策起到作用了吗？

● 消费与出口增速双双下滑，中小企业遭遇生存危机，紧缩已出现超调局面？

● 从"有效管理流动性"到"把好流动性总闸门"，紧缩政策转向预期来临了吗？

2011 年上半年，国内 CPI 数据一路冲高，央行持续采取货币紧缩政策，流动性闸门一紧再紧，但短期通胀水平未见明显缓和。与此同时，实体经济特别是中小企业却感受到了实实在在的寒意，在这一背景下，货币紧缩还应当持续下去吗？央行会议报告的不同措辞是否蕴含了可能的政策转向？

2011 年 10 月以来，通胀水平逐渐回落，国务院总理温家宝释放出宏观调控需预调微调的信号，央行也在 12 月宣布下调存款类金融机构人民币存款准备金率 0.5 个百分点。流动性闸门就此打开了吗？2012 年，中国货币紧缩政策还会持续吗？

CPI 持续高企，紧缩政策是否见成效

国家统计局曾在 2011 年 4 月发布第一季度宏观经济数据，其中 3 月份的 CPI 同比涨幅达到 5.4%，创下了自 2008 年 8 月以来的新高。虽然当时几乎所有市场预测都称 3 月份的 CPI 会超过 5%，但是 5.4% 的数据公布后仍然令市场人士担忧，CPI 失控了吗？2011 年以来采取的紧缩政策是不是在短期内没有取得预期成效？

对此中国银行首席经济学家曹远征认为，2011 年初时市场就普遍认为全年的通货膨胀水平会在第一季度出现高点，即同比涨幅超过 5%，甚至有看法认为并不排除达到 6% 的可能，公布的 CPI 数据虽然比预期的高一些，但没有达到失控的程度，仍在预期之中。他分析认为，首先在 CPI 的统计数据中食品价格涨幅非常高，食品和农产品的价格上涨是 CPI 走高很重要的因素；其次，由于能源和原材料价格上涨，PPI 数据也在走高，这与全球油价变化有关，同样是不容忽视的重要短期因素。他指出，M2 指标公布为 16.6%，与历史正常水平相当，除去能源和食品两方面因素的核心 CPI 数据与 2010 年相比是略有下降的，表明货币政策引起的物价上涨得到了某种程度的控制，央行采取的货币紧缩政策已经收到了预期的效果。值得注意的是，虽然核心 CPI 数据略有下降，但整体 CPI 数据仍在走高，这说明物价上涨不仅仅是货币因素引起的，还有其他因素在起作用，因此控制物价上涨不能单单依靠货币政策。

北京大学国家发展研究院教授黄益平也认为，CPI 同比上涨 5.4% 的数据

确实非常高，在心理上是很大的冲击，这也证明了通胀确实是一个大问题。但国家统计局同时公布的数据显示，2011年3月CPI环比下降0.2%，而从市场分析的角度看，环比较同比数据更加重要，因为环比反映了价格的变化趋势，同比数据则包含了很多其他因素。这说明已经采取的紧缩政策是有效果的，并且要继续往前走，宏观政策调控不是今天踩一个急刹车就能够解决问题的，要一步一步往下调，已经取得的效果还是比较正面的。现在实行的约谈生产消费品企业不要提价等行政性措施，对控制CPI可能是有帮助，但是导致的后果却是：企业的利润被大幅度挤压；价格虽然没涨，但是分量却变得越来越少；一些企业不生产了。如果出现这些情况，尽管CPI可能稳住了，但存在的潜在问题有可能更大了。

但他同时表示，货币政策效果应当辩证来看。第一，政策调控可能是有滞后的，并不是现在采取措施马上就可以取得成效，CPI环比下降就是一个反映。第二，他更倾向于认为通货膨胀是货币政策现象，目前包括食品价格在内的许多商品价格都很高，这种价格上涨本身就需要货币变量来适应，没有钱价格是上不去的。此外，输入性通胀一般是指进口的产品价格越来越高，通常归罪为外围原因，但对于中国来讲，首先人民币升值有助于缓解输入性通胀，目前做得还不够；其次进口产品价格很高，高在大宗商品，而中国本身是大宗商品最主要的消费者之一，因此假如中国更早采取宏观紧缩措施或压缩投资规模，也许全球大宗商品价格就不会如此之高。因此对于输入性通胀要更多地从自身角度分析，中国是可以有所作为的。

实体经济寒意袭人，货币紧缩是否继续

在采取了一系列紧缩政策之后，很多数据都显示中国经济增长速度正在回落。2011年第一季度消费增速大幅回落，2月出口增速创下2009年11月以来的新低，同时外贸也从顺差转向逆差。更为严重的是，2011年1—2月份新增投资项目同比下降23.6%，这种负增长上一次出现还要回溯到2008年金融危机。国务院总理温家宝在2011年4月主持召开国务院常务会议时就曾强调，要充分估计到货币政策的滞后效应，提高政策的前瞻性，避免政策叠加对下一阶段的实体经济产生过大的负面影响。在实体经济面临挑战的前提下，货币政策是否应当持续收紧呢？

曹远征认为，中国经济正处在如何处理好控通胀与保增长之间关系的关键时期，过度紧缩引起经济硬着陆的担心也在蔓延，但货币政策应当继续收

紧，至少紧缩方向不应该发生变化。实体经济的回落是预期之中的，2011 年第一季度的 GDP 增速仍维持在 9.7%，这一速度仍然不低，说明经济是过热的。在紧缩过程中，关键是要避免经济增速回落过快甚至大起大落，只要经济发展仍是平稳状态就好，紧缩方向就可以维持，只不过现在更加需要强调调控手段的艺术性、灵活性。

黄益平预测，央行的货币政策将会由早期的更多倾向于用数量工具，即存款保证金、公开市场操作策略，转向价格工具，也就是利润工具。他认为下一阶段将会进行利率调整，而人民币汇率升值，可以帮助解决国内货币紧缩和部分输入性通胀问题。

在谈到货币政策对中小企业的影响时，他表示，受这次货币紧缩政策影响比较大的是中小企业，它们在中国经济发展中起到了非常重要的作用，所以在政策调整中要注意怎样避免或减少对中小企业的冲击，但这并不意味着宏观政策不需要调整。宏观经济政策强调的是两点：一是要有预见性，下一步发生什么比今天发生什么更重要，因此超调的风险是存在的，但是现在不是很重要；二是要有渐进性，宏观调控不可能一步到位。

央行用词转变，是否蕴藏政策转向

央行货币政策委员会 2011 年第一季度例会中曾提到"有效管理流动性"的字眼，力度明显弱于再上一次"把好流动性总闸门"的说法。央行的用词转变是否预示未来的货币紧缩政策会出现变动呢？

对此，曹远征不认为是政策转弯，因为紧缩的方向在维持，只不过手段、力度会有所调整，会缓和一点。2011 年下半年央行曾根据物价的走势情况加息。

而黄益平则认为，货币委员会觉得流动性的数量调整相对比较成熟，以原来的数量工具为主转向了利率工具，但是调整还有余地。利率还会不会往上走，物价指数会不会往下降，可能受其他很多因素影响，货币政策的走向，还有待于继续观察。

通胀见顶了吗

嘉宾介绍

　　王建业　现任中国进出口银行首席经济学家。1989 年到 2008 年加入货币基金组织。拥有北京大学经济学本科学位及哥伦比亚大学经济学博士学位。1989 年加入国际货币基金组织（IMF），先后任经济学家及高级经济学家（1989－1993）。在 1994－1996 年任驻格鲁吉亚共和国首席代表期间，帮助格鲁吉亚遏制恶性通货膨胀及进行币制改革。参与对独联体其他国家金融危机的治理（1997－1999）。在主持对发展中国家减债工作期间（2000－2003），代表 IMF 出席巴黎俱乐部，联合国贸发组织（UNTACD）债务管理顾问委员会，减债国际组织决策委员会的债务谈判。2004－2005 年负责官方资本流动、贸易及投资保险业监管。在经合组织（OECD）、世界贸易组织（WTO）及国际贸易及投资保险业组织（Berne-Union）有关委员会中任 IMF 代表。历年来率 IMF 代表团到中亚、中东、南太平洋及非洲多国进行贷款谈判或宏观经济政策磋商，负责南非共同货币区（Common Monetary Area）。王建业还曾任第比利斯商学院客座教授（1995－1996）。与巴黎俱乐部、世界银行、日本国际金融中心共同举办国际金融讲学班（东京，2001－2002）。IMF、UNTACD、巴黎俱乐部共同培训伊拉克财政部及中央银行官员（贝鲁特，2004）。

 **曹文炼** 中国国际经济交流中心副秘书长，国家发改委国际合作中心主任。北京大学经济学博士，中国投资学会常务理事，中国金融学会理事，中国科技促进金融协会风险投资专业委员会副主任。1989 年起，加入国家计委（现国家发展改革委）财政金融司，参与了许多重要宏观调控政策和金融改革发展政策的研究制定，并主持过产业投资基金和创业投资管理法规的研究制定。1981 年以来，在《经济研究》《管理世界》《金融研究》《中国经济体制改革》和《宏观经济管理》等重要经济刊物上发表过一些论文和调研报告。主持或参与完成了许多重要课题，多次获得国家部级奖励。

- 中国能够遏制通胀吗
- 遏制通胀的措施有哪些？
- 财税政策改革如何才合理？

中国能够遏制通胀吗

劳动力市场改革，扩大社会保障，加快发展第三产业，中国政府是否已经准备好了？

过分依赖土地财政，中小企业资金紧缺，财税政策改革如何才合理？

通货膨胀成为贯穿 2011 年全年的高频词语，CPI 的每月走势也一直牵动着普通老百姓和市场参与者的神经。2011 年 5 月，温家宝撰文表示中国有信心遏制通胀，一时间引发了市场人士对于通胀局面是不是已经得到缓解的讨论。有一点却是肯定的，2011 年的通货膨胀暴露出了中国经济运行过程中始终没有得到解决的结构性问题，在货币调控的同时必须注重财政政策改革等机制建设。为实现经济增长方式转型，结构性减税、金融改革、收入分配调控等诸多问题亟待解决，2012 年能见到成效吗？

中国能够有效抑制通货膨胀

2011 年全年国内通胀水平不断攀升，2011 年 5 月的 CPI 数据曾经达到 5.5%。此时国务院总理温家宝却在英国《金融时报》上撰文表示，中国有信心遏制通货膨胀。两相对比，中国的通胀局面还会恶化吗？紧缩政策是否会持续下去？

中国进出口银行首席经济学家王建业表示，温总理上述讲话主要基于两方面的事实。第一，中国针对通货膨胀所采取的政策是有效的，效果已经初步显现出来。第二，中国有防止物价大幅上涨的物质基础。在农业生产方面，虽然 2011 年旱涝灾害比较严重，但夏粮仍获丰收，粮食储备是充裕的；在工业生产方面，工业产品供大于求，进口增长比较快，两方面构成了坚实的物质基础。此外他还认为，通货膨胀预期仍然存在，来自境内和境外的通胀压力还比较大，中国必须要有抗通胀的长期思想准备。但只要今年的货币政策不重复去年下半年的有所放松，只要地方财政的隐性赤字得到控制，只要综合治理的措施不断坚持，2012 年通胀将继续下行。

中国国际经济交流中心副秘书长、国家发改委国际合作中心主任曹文炼同意王建业的看法，他补充说，中国遇到的自然灾害和其他一些情况肯定会对物价水平有所影响，也是推动国内食品价格上涨的重要原因。虽然年年都会遇到局部性的各种自然灾害，但中国是幅员辽阔的大国，中国政府历来把粮食放在非常重要的基础地位，并采取了一些措施确保粮食生产，所以通胀的趋势会稳步下降。

以转变经济增长方式抑制通胀

货币政策持续紧缩，中小企业和普通民众已经深深感受到了寒意。有人指出，在央行不断采取货币政策调节短期货币市场的同时，政府应当配合经济发展方式转型的目标，采取各种措施改善我国经济中一直存在的结构性问题。

王建业对这一看法表示认同。他指出，解决通货膨胀并保持经济持续又好又快发展，不能光靠货币政策，必须靠货币政策、财政政策和结构性改革政策综合治理，才能协力实现又好又快的发展。他还认为必须加快劳动力市场的改革，中央一直很重视收入分配改革、扩大社会保障和保护弱势群体，因为唯有这一途径才能保证社会稳定。目前在很多省份，第三产业在创造新增就业方面远远超过第一、第二产业，因此发展第三产业、尤其是生产型服务业十分重要，"十二五"规划已经指明这一方向，还需要一步步推进改革向深处发展。

曹文炼也认为，从宏观调控的角度讲，目前控制通胀的一揽子措施是有效的，也是必要的，但是要解决资源性价格上涨、劳动力成本上升等方面的问题，解决经济发展方式转变和结构调整过程中产生的长期通胀压力，还需要更加深入细致的改革。政府需要下决心研究一套根本性的体制机制改革方案，在转变经济增长方式方面还有很多文章可做，还要下很大的工夫，中国不能满足于短期通胀趋势被遏制。他指出，这轮通货膨胀中的物价上涨主要是由食品价格上涨推动的，中低收入阶层的恩格尔系数还比较高，老百姓对于物价上涨的感受十分深刻。因此，要素价格的市场化方面还有很多文章要做，各级政府都要以民生为取向，做好低保与补贴工作。

以财税制度改革抑制通胀

目前有很多专家认为，在进行货币调控的同时更应当对财政政策进行改革，在货币流动性闸门还不能放开的情况下，可以考虑对中小企业与个人进行结构性减税，以缓解货币紧缩带来的压力。

2012 年，中国财政政策会迎来积极改革吗？财税改革怎样才能在保证国家预算的同时，调动市场主体的主动性和创造性？

王建业表示，国家经济和金融稳定的基石是稳健的财政，在实现中国经济长治久安的过程中，财税改革怎么强调都不为过。2009年中国能够投入4万亿复苏经济，在全球经济重要经济体中率先企稳向好，正是有稳健财政作为基础，必须进一步夯实。另一方面，有些问题也在此次金融危机中暴露出来，比如过分依赖土地财政和地方融资平台混乱等，因此夯实财政基础必须与时俱进。过去中国没有财产性收入，而现在有财产性收入了，整个社会财富和收入水平都发生了巨大变化，政府不能再仅对工薪阶层的工资收入课税。财政政策改革必须注重人权事权调整，明晰隐性债务和显性债务，接受中央和纳税人的共同监督。财税市场化改革是实现中国长期价格稳定和经济持续增长的重要前提。此外，金融领域的改革非常重要，必须提高我国利用资本的效率。目前尽管人民收入水平不断提高，但投资占中国GDP比重仍然接近50%，在保证不造成经济增长率过快下跌的前提下，这一比重必须下降。中国人口数量巨大，就业面临很大压力，因此必须在财税改革的前提下进一步深化金融改革，保证市场有序开放，解决中等收入分配陷阱，维护社会稳定。

曹文炼参加过1993年的财税体制改革。他强调，当时改革的主要出发点在于集中中央的财力，整个税基和财政预算体制均是围绕这一出发点设计，目的一是为了提高财政收入在整个国民收入中的比重，二是提高中央财政在整个财政收入中的比重。现在1993年改革快要过去20年了，中间虽然经历了一些局部调整，但总的来说预算制度并没有进一步的深入改革，财税体制基本上没有大的变化，这与建立社会主义市场经济的要求有更多不适应的地方。因此在这次"十二五"规划中，财税改革提出了很多新的目标，包括完善中央与地方事权、财权关系的划分和在财税改革方面更注重公平分配等，都是很好的举措。在金融改革方面，中国在这些年取得了很大的进展，为世界所瞩目，国有银行股份制改造催生了多家排在世界前列的大银行，但金融改革还需要经过两道关口，一是存贷款利率市场化，二是实现人民币在资本项目下可兑换，任务都很艰巨。

对于2011年个人所得税改革，曹文炼认为全民参与进来讨论个税起征点的做法很好，通过这次全民参与，能够看出收入分配在个人所得税问题上仍存在缺陷，很多问题都反映在此次讨论中。目前我国的主要纳税群体是工薪阶层，而此次税制调整后中等收入阶层的负担可能会进一步加重，如何在未来理顺这一问题十分重要。

负利率时代何时终结

嘉宾介绍

李稻葵 央行货币政策委员会委员。清华大学经济管理学院、佛里曼经济学讲座教授、清华大学中国与世界经济研究中心主任。后任香港科技大学经济系副教授兼经济发展中心副主任，中国经济学家协会主席，美国斯坦福大学胡佛研究所研究员、密歇根大学经济学助理教授。李稻葵现任中国与世界经济研究中心主任。李稻葵曾兼任世界银行中国社会保障体制改革研究项目顾问（1989），国际《比较经济学杂志》（Journal of Comparative Economics）编委（2000–2003），中国留美经济学会（CES）会长（2001–2002年），清华大学经济管理学院特聘教授（2002–2003年）。现兼任（欧洲）经济政策研究中心（CEPR），美国密西根大学威廉戴维森研究所（The William Davidson Institute）研究员；国际《经济学通报》（Economics Bulletin），中国《经济研究》，香港《中国评论》（The China Review）等学术杂志的编委；国际比较经济研究会执行理事；南开大学、四川大学、西南财经大学兼职教授。李稻葵曾在《美国经济评论》《欧洲经济评论》《比较经济学》《兰德经济学》等刊物发表多篇学术论文。

- 全球经济波动强烈，CPI 涨幅屡超预期，背后隐藏何种玄机？
- 2012 年，温和通胀将继续维持？
- 负利率时代应鼓励海外投资，分享中国经济发展成果美国经济增长衰退、欧元区陷入欧债危机，2011 全球经济经历了巨大波动。而中国也在这一年承受了明显的通胀压力，在结构性因素的影响下，年中数月 CPI 数据屡屡超过预期。虽然年终涨幅收窄，但专家却认为中国将在未来几年内进入长期温和通胀时代。这种预期是否意味着中国仍将继续维持负利率局面？普通投资者将何去何从？

通胀凶猛，新一轮波动为何超出预期

2011 年 1 月冬季达沃斯论坛时，央行货币政策委员会委员李稻葵曾对 2011 全年国内的货币政策作出预测。纵观全年，国内负利率现象仍然比较严重，通胀水平在下半年的走势超出了他的预期。

李稻葵认为，2011 年有两件事情绝大部分的观察家和学者都没有想到。一是国际形势出现了比较大的波动。2011 年初，绝大部分美国学者都认为 2011 年是美国经济比较好的一年，全年经济增长率能够达到 3.5% ~ 4%，但这一预期远远没有实现，很少有人能够想到新一轮的波动来得如此猛烈；二是没有想到国内的通胀比预期更凶猛，更有韧性，一般认为年中 6 月和 7 月是 CPI 峰值月份，但后来的走势表明这轮通胀更有持续力。

对于通胀超出预期背后的原因，李稻葵分析了国内和国际两方面的因素。首先，他认为此轮通胀并不是周期性引起的，国内经济的结构性问题才是导致通胀高企的根本原因。统计数据显示，近年来中国农村人口进城打工比率提高，纯收入增长率超过城市，农村剩余劳动力越来越少，农民养猪、种菜、种粮食的机会成本上涨速度超出想象，由此就造成了农产品价格飞涨，成为物价上涨的最主要推动力。其次，来自国际上的因素也不可忽视。以 2011 年第三季度为例，各国决策者纷纷将对经济形势的各种担忧摆上台面，因此国际金融市场出现了大幅波动，国内通胀形势也持续紧张。美国国内各方面矛盾不可调和，五年内产生不了里根式的改革家或撒切尔夫人这样的领袖，政治争斗不可能消弭，因此未来五年美国经济的大方向一定是宽松的，只能依靠宽松政策。

中国将进入温和通胀时代

尽管 2011 年末通胀水平逐渐回落，但对比历史数据，总体通胀水平仍然处于高位。市场人士都认为，通胀水平长期过度紧张将会影响国家经济的健康发展。那么，2011 年采取的货币紧缩政策是否会在 2012 年继续发挥滞后作用？中国的通胀局面将逐渐缓解还是长期维持？

李稻葵对此意见鲜明。他指出，中国通胀局面在未来五年内一定是持续的，将会一直维持在比较温和的高位，即 3% ~ 5% 之间。这是因为中国目前面临的通胀局势在很大程度上讲是非对抗性的，是由农产品等劳动密集型产品价格上涨推动的，这一格局不改变，通胀局面就一定会长期存在，这是中国必须面对的挑战。他认为，近年来中国已经出现了很多轮产品价格的上上下下，在可预见的将来农产品价格波动现象仍会存在。政府应当反思这种现象出现的原因，进行制度创新，适度发展期货，制订长期合同，实行最低采购价格保护的措施，从根本上杜绝猪肉等农产品价格忽上忽下、大起大落，从而削减农产品价格上涨对于整体通货膨胀局面的影响。总之，未来若干年农产品价格还是有上涨的压力，用工成本和自然资源价格也会上涨，温和通胀的压力会长期存在，比较务实和稳健的宏观政策应该逐步长期化，而非短期执行。

负利率时代何时画上句号

2010 年 2 月国内 CPI 同比涨幅达到 2.7%，中国由此进入负利率时代，至今这一局面仍未打破。投资收益率能否赶上通货膨胀成为两年来萦绕市场投资者心头的最大疑问，如今通货膨胀仍然高于正常水平，负利率现象对中国经济发展有何影响？负利率时代何时才能终结呢？

李稻葵认为，在货币政策控制通胀方面，流动性的控制现在已经取得了很大进步，过剩的流动性正逐步得到控制，这方面的政策还有待观察，但最大的矛盾就是负利率。短期来看问题不大，但长此以往对整个金融体系毫无疑问有负面影响，所以要着手解决负利率的问题。利率一定需要调整，这是中国经济是否稳定、是否健康的重要指标，目前中国广义货币的储存量约占GDP 的 190%，同时利率相对于通胀水平是负的，这样的局面不可能稳定。目前中国面临一个技术难关：国外流动性大量过剩，国外市场普遍预期人民币会逐步国际化、逐步升值，都希望买进人民币计价的国际资产，大量的美元、日元都希望涌入境内，这种情况下高调提高存款利率，短期来看无疑是火上添油的动作，所以就要想办法、动脑筋、抓时机，在国际金融市场波动状况稍有喘息之时出台相应政策。

同时，李稻葵从研究者的角度出发，认为应当从大格局看待这一现象。中国目前的大格局是老百姓存款率增高，却苦于没有投资的方向。因此，我们必须做的一件事就是，"十二五"期间，在充分试点的基础上，努力引导中国居民出国投资。很多人认为国外局势一团糟，这样做是把普通居民往火坑里推。但李稻葵否定了这种说法，他指出中国 GDP 实现了两位数的增长，经济腾飞引起世界一片关注，吸引大量的外国企业来到中国市场，并在中国发展的过程中取得了大量利润，其股票价格也随之不断上涨。从本质上讲，中国的国际地位提高了，中国为世界经济发展注入了新鲜血液，带来了新的变化。但与此同时，中国上市公司在中国经济发展过程中仅仅分得了一小杯羹，为什么要肥水落入外人田呢？为什么不能鼓励中国投资者进入国际市场，去买国外资源型上市企业的股票呢？为什么不能买苹果的股票呢？中国为全球创造了如此多利润，不应当全部流入对方腰包，现阶段中国老百姓没有得到经济发展的回报，这是不合理的，也不符合科学发展观的内在要求。中国不需要有控制地组织试点，应当使普通投资者直接买资源企业、高科技企业的股票，这些企业的经营情况会随着中国经济的发展不断上升，这和美债危机、欧债危机没有关系，不要老盯着国内的存款利率和国内的股市，当然国内的股市要搞好，房地产要调整。

土地中国篇

房价升降中的迷局

嘉宾介绍

王珏林 住房和城乡建设部政策研究中心副主任。王珏林长期在住房和城乡建设部政策法规司、政策研究中心工作，参与过多部法律法规、政策的调研和起草工作。对城市规划、建设和管理，建筑业、房地产业、市政公用事业，对建筑市场、房地产市场、住房制度改革，城市经济、区域经济、城镇化新农村建设，国有企业改革、城市市政公用事业改革和建筑节能等方面都进行过比较深入的研究。承担国家住建部、发改委、国家统计局、国家信息中心、国家人防办等部委局的重大课题研究；承担了北京、天津、重庆、深圳等城市"十一五"专项规划和重要课题研究。尤其对我国的房地产市场进行了多年的研究，有其独特的见解。

李国平 高策地产顾问机构董事长兼首席专业合伙人；思源经纪董事兼首席顾问；思源经纪、思源顾问创始人之一。复旦大学学士，清华大学 EMBA。

高策地产顾问机构作为中国房地产高端策略机构，专注于为政府、开发商在城市土地运营、土地一级开发、产业地产及大型房地产项目中提供最具专业价值的咨询服务。

- 房价会一路下行吗
- 买房能保值增值吗?
- 调控持久战会打多久?

房价，作为房地产市场的风向标，它的走势会指向哪里？针对目前的局面，市场双方的反应如何？在严控的大背景下，房价的下降是房地产市场合理化发展的全部吗？

在楼市调控措施的层层紧逼之下，2011 年 3 月北上广深四个一线城市的房价不约而同出现了下降。单从北京的情况来看，同比下降的幅度可以说是非常大。"国十条"（《国务院关于坚决遏制部分城市房价过快上涨的通知》）从开始实施到现在已经过去了很长时间，而从国民经济及社会稳定和谐发展的角度看，房地产调控仍是一个持久战。北京的房价同比和环比都出现了明显的下跌，其他城市也都出现了类似的现象。不过这些数据只是平均值，具体到不同的地区例如中心城区和五环以外，差距仍是非常大的。

房价会一路下行吗

通过对现有数据的分析，高策地产顾问机构董事长李国平认为，从北京的市场情况看，房价下降已经渐渐成为现实。经过限购之后，市场被重新划定，需求量减少，而开发商庞大的存货需要被消化，因此他们的销售压力逐渐增大。房价处于一个高位之后，部分地区已经开始下行，其中包括大兴、房山、密云和朝阳区东南部这几个地区，环比的价格松动成为一个普遍现象。很多房企尤其是大型房企选择了降价，这也是人们对市场的预期，而这个预期在北京成为了现实。

对此，住房和城乡建设部政策研究中心副主任王珏林表示，从 2011 年的房展会上可以看出来，成交量很小，仅仅 100 多套。现在的情况反映出有些企业的房价有所松动，并附加若干优惠措施，但这不等于整体房价的下降，拿销售量多少衡量房价升降并不科学。

不仅是北京，上海、广州和深圳等一线城市也都出现了价格下降。上海在 2011 年 3 月最后一个星期推出的楼盘当中，70% 都给出了各式各样的优惠条件，同时广州和深圳也有各自的降价特点。对于这一波降价现象，王珏林的观点是，在目前如此严厉、有限制性的调控措施背景下，房价的走势必然和上年相比稳中有降。然而若要达到某个指标，任务也非常艰巨，路还很长。很多投资性购房被有效抑制，甚至对本市人口也采取限制措施，但是刚性和改善性住房板块还在支撑着市场。

对于房价下降是否已成定局这个问题，王珏林给出的解释是，目前人们关注的主要是价格，因为房价太高而且增速太快，普通人的承受能力已经到达了极限，因此急需调整。更值得关注的应该是商品房价格，而非各个城市的平均价格。商品房价格是真实的价格，房价降不降主要是看商品房的价格，这个趋势必然是稳中有降，如果不能达到稳中有降，那么下一步调控的任务将更加艰巨。

买房能保值增值吗

在目前限购限贷情况下影响购房的主要因素是价格，其他例如配套、区域和户型等占的比例都极为有限。换言之，对价格的关注度还是买房选择当中最高的一位。针对买方市场的态度，李国平的理解是，对房价最敏感的人群大部分来自刚性或者首次置业。而高端住宅的购买者更加重视区域和配套等其他方面，房价敏感度并不高。对于潜在购房中的刚性需求，王珏林认为还是价格主宰市场，因为目前过快上涨的房价和普通家庭的购房能力差距过大，而恰恰是价格的升降决定着他们生活水平的改善程度。

现在流行着一种看法，认为买房抗通胀是一个保留资金的好方式，但如果房价呈现稳中有降这种趋势的话，这种投资思路就不再明智。关于买房抗通胀这种看法，李国平认为这本来就是错误的，不鼓励人们去做。把房子作为防通胀或者投资升值的手段，从根本上是有问题的，也是将房地产作为"全民游戏"从而导致当前问题的根本。

而放眼卖方市场，已经有一些二线城市的银行收紧了房贷，84 家上市房企的现金量出现了大幅度的锐减。缺乏资金对地产商来说是巨大的问题，会造成他们的资金链薄弱甚至断裂。李国平说，由于 2011 年开发商拿开发贷资金比较紧张，从上市公司的部分现金流的净值来看，可谓是捉襟见肘。当谈到降价这一手段的时候，李国平相信这其中动力和压力并存，即使资金不紧张的时候，大型房企每年也有非常大的销售目标，必须要进行滚动开发。例如万科，开盘的项目力求做到"月光"甚至"日光"。

调控持久战会打多久

房地产调控已经进入了持久战阶段。国务院成立了一个全国楼市调控专项督察小组，分赴 16 个省市进行调研。温家宝总理在浙江进行调研的时候特别提到，中央加强房地产调控的目标是明确的，决心是坚定的。新华社给出了持久战的三个主要原因。第一，房价久调难下，房地产价格依然是高悬于空中。第二，开发商和部分地方政府联手博弈中央政策，试图将良性的政策和措施消亡于无形当中。第三，目前购房者的心态很不稳定，他们很容易被楼盘促销和关于涨价的恐吓所左右。

王珏林同意持久战这种说法，并表示调控是完成市场的一个发展阶段和建立保障房体系的一个过程。这场持久战的期限无法具体界定，但不会是短期的，因为短期很可能出现价格反弹，从而抵消了之前取得的调控成果。目前的手段是稳中调控，重点解决存在的突出问题，也就是供需矛盾不足的问题和保障房建设体系不完善的问题。政策是为总体目标服务的，政策调整是正常的，因为很多政策仍处于不全面和不完善的阶段，需要有进一步的辅助过程。用法制管理市场需要一段很长的时间，所以政策调整的时间需要持续。

李国平也持类似的观点。持久战未必是某一个政策的持续，实际上是要把中国房地产的健康化、产业结构的合理化持续下去。也许某一天限购会取消，但不一定是戛然而止，也许只是对于所关乎民生的普通住宅部分，并逐渐固化和制度化；而对于高端、别墅、度假等类型可能会继续使之市场化。北京提出要稳中有降，但只提新建普通住房，并没有提商品房，这个也可以被理解为一种务实，因为政府所关注的或者着力调控的部分已经落实到保障房、小户型和刚需，并开始向持久化努力。

国内三大房地产公司的掌舵人对2012年房价走势进行了预测。华远地产董事长任志强的预测是，全国房价下调不会超过15％；万达集团董事长王健林认为，在政策的强势调控之下，2012年房地产市场应该是呈现下行的态势，而房价的局部松动也是必然的；SOHO中国董事长潘石屹则预测房价会跌到2009年初的水平。对楼市各种政策的研判，最后都归结到房价上，几个房地产界领袖给出的预测都不约而同地表明，房价是呈下降趋势的，只不过下降的幅度稍有不同。对于这三个预测，李国平比较赞同王健林的观点；而任志强的仅供参考；至于潘石屹，则认为不靠谱，理由是潘主要做商业地产，只要跟住宅有关系的他都唱衰。

信贷杠杆能撬动房价吗

嘉宾介绍

    阎庆民   中国人民大学经济学博士，重庆大学管理学博士，高级经济师，十一届全国政协委员，中国金融学会常务理事、享受国务院特殊津贴专家。现任中国银行业监督管理委员会主席助理、党委委员。

    1984.07—1995.12，中国人民银行重庆市分行计划处干部、副处长、处长；1995.12—1998.11，中国人民银行重庆市分行副行长、党组成员、党委委员，兼国家外汇管理局重庆分局副局长；1998.11—2002.10，中国人民银行重庆营业管理部副主任、党委委员、党委副书记，兼国家外汇管理局重庆外汇管理部副主任；2002.10—2003.07，中国人民银行银行监管一司副司长、中国农业银行监管组组长（正局级）；2003.07—2005.02，中国银行业监督管理委员会银行监管一部副主任（正局级）；2005.02—2006.01，中国银行业监督管理委员会银行监管一部主任；2006.01—2007.11，中国银行业监督管理委员会人事部主任、党委组织部部长；2007.11—2011.02，中国银行业监督管理委员会上海监管局局长、党委书记；2011.02至今，中国银行业监督管理委员会主席助理、党委委员。

王福重 中央财经大学政府与经济中心主任。知名学者，经济学家，经济学博士，北京大学博士后。曾任北航国际贸易系主任。主要研究领域为经济学基础理论、国际经济学和公共财政。发表学术论文数十篇，专译著十余部。书斋笔耕之余，特别关注经济现象，担任《上海证券报》《国企》等多家媒体的专栏主笔，香港凤凰卫视特约评论嘉宾，其评论风格清新，引起广泛关注。他多次在凤凰卫视《一虎一席谈》作为嘉宾发表时事论点，其分析风格理性清晰，深受观众好评。同时作为《财经郎眼》最给力嘉宾之一，和郎咸平搭配，相得益彰。

- 信贷杠杆的调控作用空间有多大？
- 杠杆之外：其他手段是否同等重要？
- 不可避免的风险和隐患有哪些？

房地产价格上涨过快，中央出台调控政策。信贷杠杆的调控作用究竟有多大？信贷杠杆是最好和唯一的调控手段吗？

2007 年全国的房地产市场可以用狂热来形容。2007 年 9 月 27 日，央行和银监会联合发布了关于加强商业性房地产信贷管理的通知，即 359 号文件，提出二套房贷的首付比例不得低于 40%，而商业用房的贷款首付比例不得低于 50%。这一记重拳对房价有了明显的打压，使得 2008 年商品房销售额下降到 2.4 万亿元，下降幅度为 19.5%。2008 年恰逢全球金融危机，全国普遍采用了刺激经济的手段。2008 年 10 月，央行开始发布新房贷款的优惠政策，首套房首付两成，并且给予房贷利率七折的优惠。2009 年的信贷政策未发生太大变化，因此该年的商品房销售额达到了 4.4 万亿，同比增长 77.5%。而 2010 年，就出现了全国部分银行取消房贷利率优惠的现象。

2012 年，中国的房地产市场将会走向何方？

被寄予厚望的信贷杠杆

信贷杠杆启动后，对于房地产市场有不少积极的影响。2007 年 9 月份以来银监会就对这个杠杆作用相当关注，例如二套房贷，以及向中央提出要实行差别化信贷来实现对房地产宏观调控。中国银行业监督管理委员会主席助理阎庆民把其中的目标归纳为以下几点：一是抑制投资投机性的房地产；二是要求银行对房地产开发公司持有资本金的真实情况给予严格的监督；三是要求银行对综合类的项目的贷款工期进行并表监督；四是要防范房地产资金的违规。2010 年信贷政策的变化可以说是对"国十条"的差异化解释，以此来发挥杠杆的巨大作用。

以 2010 年 2 月为例，该月的新增贷款量有一个明显的下降趋势，这表明市场上已出现了观望的情绪。中央财经大学政府与经济中心主任王福重认为，2010 年 2 月份的信贷只不过是正常水平，未来的贷款量会保持一个下降的趋势，但仍然具备一个宽松的流动性。至于人们会持续观望多久，王福重给出的观点是，一个货币政策出台后的观察期大约是五六个月，因此每到那时房价就会出现一个比较明显的上扬趋势。

当谈到信贷杠杆上即将出台的短期政策，以及对房地产市场的进一步干预，阎庆民表示，实际上政策和干预不是为了限制房地产，而是为了调节和调控，从而使之更加符合中国国情，保证未来有序稳定地发展。2010 年，在上海推出的房地产投资信托基金（REITs）试点，就是为了避免房地产过度依赖信贷。过度依赖的问题会放大银行信贷风险，导致银行不良贷款在宏观调控影响下的剧烈波动。

某些房地产开发商质疑信贷杠杆的实际影响，认为每次推出信贷杠杆后房价更涨。王福重对此的回应是，杠杆肯定会有积极影响，但并不会改变房价上涨的趋势。首先，流动性过剩会使房价上涨，但银行信贷在整个流动性里面并没有绝对性的作用。全世界的热钱流动泛滥，中国相对于国外的低利率使得大量的热钱涌入。其次，房地产可以发放债券，可以从国外的银行获得贷款，或者信托，有诸多渠道可以解决资金难题。对于中国房地产的通胀问题，应该从根本的制度上解决，房地产本身只是一个表面现象。

杠杆之外：其他手段是否同等重要

除了信贷杠杆外，还有没有其他手段来降低房价呢？

王福重认为，要把房地产市场搞好，其核心就是打断人们投资性的预期。房子是用来居住的，住房是硬性需求，如果把它当作一种投资品，那么它的价值就很难去衡量——只要还能更高，目前的价格就是低的。打破这种心理的一种手段就是增加保障性住房的比例，成功的案例可参考新加坡和香港。四万亿的投资计划里面包括 8000 亿的保障性住房，而目前只有 1000 亿。北京房地产业占 GDP 的 60%，这是相当危险的，因此地方政府应该更加积极地去考虑保障性住房建设，而不是大规模的房地产投资。

信贷杠杆并不是唯一的工具，税收杠杆同样可以用来抑制房地产过快增长。阎庆民强调说，近年来土地价格的过快增长是房价过快增长的主要因素，所以欲抑制房价一定要先抑制土地价格。要对土地的持有者征收相应的税，而不是对消费者征收。然而，税收是可以转嫁的，开发商会把税转嫁给普通消费者，最终消费者只有承担更高的价格。因此现在的关键是要大幅增加房子的供给，这样房价自然会下降。应多建公共廉租房、经济适用房等保障性住房，这样房子多了以后，才可以使其摆脱投资品的身份，回归到普通商品。

根据目前的统计数据，约 1/3 的购房者是现金全额购买、1/3 是贷款额度 70%、1/3 是贷款额度 50%。这样看似乎信贷对银行的风险是偏低的。针对这个现象，阎庆民的观点是，目前信贷的快速增长实际上更多体现在个人按揭上，而银行对于房地产开发，还是严格按照产业信贷的程序推进。王福重则认为，地方政府的土地财政大多依靠卖地获得收入。一些城市表面上建设得很漂亮，其实很大一部分资金来源是卖地的收入，另外还有央企将大量的资金投向了房地产领域。如果不打掉这几股交织在一起的力量，通过信贷调控房价就基本上无效。

对于一线城市房价不正常的快速增长现象，阎庆民提到了以下两点原因：一是和城市的收入购买力有关；二是和两外人士的购房比例有关。王福重则基本同意阎庆民的观点，并表示如果希望全国的房地产稳定下来，必须首先让京上广深这四个一线城市的房价下降，因为这四个城市是标杆，也最有想象力。假设北京的房价是三万，中小城市的房价就是八千；如果北京是一万，中小城市恐怕就是四五千。所以现在要做的就是改变制度，绝不能让这么多的企业沉湎在房地产里面。

不可避免的风险和隐患

房价下降其实等于资产的缩水，也有可能增加银行的坏账比例，这是另一个危机。对此，阎庆民表示，他并不希望房地产市场产生太大的波动，因为这会波及银行的信贷，尤其是不良贷款的上升。总之，如果政府有信心按照温家宝总理要求的十个方面采取调控措施，特别是建更多的保障房以及增加土地供应，那么房价肯定会有一个比较平稳的脚步。

而王福重则担心，现在地方政府的融资平台规模过大，实际上远超过了它的资产，几乎处于破产的境地。换言之，由于房地产市场暂时不会有太大的回落，地方政府暂时不会遇到风险，但一旦出现重大问题，地方的风险就会立刻显现出来。地方政府是以土地等无偿资产做抵押的，而土地迟早有一天会用完，到那时税收就会出现隐患。希腊和欧洲的股权债务危机正是一个警示，提醒中国地方政府的融资平台要注意潜在的危机。

楼市拐点离我们还有多远

嘉宾介绍

沈建光 瑞穗证券亚洲公司董事总经理，首席经济学家。此前为欧洲央行资深经济学家，主管亚太经济预测和分析，国际货币基金组织和芬兰央行经济学家，及中国国际金融有限公司全球和中国经济学家。曾任国际经合组织顾问和中国人民银行访问学者，是经合组织2002年专著《中国和世界经济》作者之一。复旦大学经济学院客座教授。财经，财新和第一财经日报专栏作家。其所在中金团队曾获得新财富和理财周刊机构投资者卖方分析师宏观第一名。曾就读美国麻省理工学院经济系博士后，拥有赫尔辛基大学经济学博士和硕士学位，本科就读复旦大学世界经济系。

胡景晖 我爱我家房地产经纪公司控股公司副总经理兼北京公司副总裁。北京大学经济学院国际经济专业毕业；辅修北京大学法律系法律学专业。

- 楼市调控会见效吗?
- 价格的拐点能否出现?
- 限购令的作用有多大?

　　银根紧缩和限购令等手段会给楼市带来多少影响？居高不下的房价能被目前的强势调控所逆转吗？所谓的拐点究竟离我们还有多远？

　　有媒体对民众所关心的议题做了一个调查，不出意外，房价是普通民众最为关注的一个话题。温家宝总理不止一次地说对稳定当前的物价是有信心的，然而稍作观察就会发现，多数人对于房价是否会下降或者何时会下降，都持一种非常迟疑的态度。楼市调控可谓一波接一波，2011 年上半年已经是第三波了，每一波都被定义为史无前例严控措施，但房价依旧坚挺，没有出现显著的下跌。

楼市调控会见效吗

　　2011 年初的楼市调控是第三次调控，前两次调控的结果仍是房价不停的上涨，因此也造成了人们对此次的信心不足。瑞穗证券大中华区首席经济学家沈建光分析指出，事实上，前面两次调控未能抑制房价并不是调控不起作用，而是其他若干因素导致。例如第二次，当出现明显下降征兆的时候，全球金融危机开始蔓延，因此政府很快就逆转了调控政策，从 2008 年底的限制购房到之后的鼓励购房。

　　对于楼市未能出现拐点的原因，伟业我爱我家集团副总经理胡景辉认为，总体上说还是供不应求，也就是市场的格局没有改变。2010 年的宏观调控更多强调打击投机性炒房，然而一年以后发现房价仍在上涨。因此从 2011 年开始，不但打击投机炒房，即使是自住性需求也要排队。这实际上是为了给供应增长腾出时机来，只有供求格局发生了变化，房价才会稳定或者逆转，否则仅凭一些技术性的调控很难达到目的。

　　2011 年春节过后，部分商业银行为了控制房地产贷款，大幅提高了贷款利率，并且采取了更加严格的房地产贷款审核。个别银行已经开始停止发放新增的开发贷款，这意味着只有开发商还清了之前的存量部分才有资格获得新的开发额度。沈建光认为，这种信贷资金的收紧目前还不会对房屋供给带来过大的压力。2010 年是很多房地产商的丰收年，由于销售旺盛，现金流十分充沛。尽管被卡得很严，但并不一定会影响到运行的资金需求，影响到的将是重新去拿地的能力。

对于资金链紧张问题，胡景辉的看法是，在连续收紧银根之后，一些资金不是很充足的中小开发商会首先感到压力，慢慢的大开发商也会感到压力。人们现在认为收紧银根是减少供应，其实并不是这样，减少开发贷恰恰是增加供应。其中的原因是，这些现金流被切断以后，开发商如果想获得充裕的资金从而去拿便宜的地，唯一的方式就是快速销售，而前提就是让房价保持一个合理的水平。换言之，在这个时间段收紧银根的目的，是为了在短期内释放供应。

沈建光强调，政府的调控其实不仅是人们能够看到的限购令，更是一个庞大的配套工程。最主要的方面还是货币政策的收紧：第一是利率的上升，第二是流动性的回收。对于房地产市场，利率上升是非常严厉的措施。第二方面，贷款的总规模在收缩，尤其是房地产贷款和开发贷款。所以从资金面来看，货币政策的收紧是最主要的，这也是调控可以起作用的一个前提条件，其他的如限购令，只不过是行政手段。货币政策收紧的效果无法立刻体现出来，而政府又希望很快看到房地产调控的成果，所以就采取了很多行政手段。

价格的拐点能否出现

政策强势介入之后，北上广深的商品房成交量都有大幅的下降。例如北京，从 2011 年 2 月 19 日到 23 日，二手商品房网上签约全部为零。上海、深圳和广州的情况也类似。然而在成交量出现明显下跌的情况下，房价还是没有出现太大变化。对于这个量跌价不跌的现象，胡景辉认为这并不违背宏观调控的规律。政策出台之后，首先是缩量，因为买卖双方都要解读政策并针对市场变化采取相应对策。另一方面，从长线持有房来看，经过过去几年的宏观调控，持有房产的实际收益仍然是很大的，特别在目前 CPI 居高不下、房租收益增长的情况下。对于持房者来讲是否要出售，目前形势还不明朗，两极分化很严重。这些因素往往会使价格在市场缩量的情况下还会持续一段时间。

至于楼市的拐点究竟有多远，沈建光的判断是，理论上在缩量之后一到两个季度房价会出现下降。现在除了严厉的调控措施和收紧的货币政策，还有保障房这个手段。2011 年保障房的目标是 1000 万套，建成目标是 600 万套，这在历史上前所未有。如此大的供给若能顺利完成，对供求平衡是一个极大的促进。目前沿海地区的房价在全球范围内都是首屈一指的，与普通居民的收入差距越拉越大，所以更应乐观地看到在政策调控的背景下，这种扭曲化房价的拐点不会太远。

谈到拐点之后的下跌幅度，沈建光表示这是很难预测的。根据不同的标准，如沿海和内陆、大城市和小城市以及曾经涨得多的和涨得少的，要去准确判断是非常困难的。但是总体来看，最根本的还是取决于供给什么时候出现拐点，幅度有多少。目前的房价水平，主要是在人们把房子作为投资工具的情况下出现的。现在的情况则发生了显著的变化，货币收紧了，市场上的现金流动性变弱，而且很多购房的需求也被严格限制，同时供给仍在源源不断地放出。这种供给和需求的平衡会出现逆转，需求受限供给就会释放，只有在有了供给的情况下，平衡才会被打破。否则，如果曾经的供小于求的局面一直持续下去，房价总会一直上涨。

限购令的作用有多大

对限购令在全国推广的问题，胡景辉认为并不太会出现一二线城市限购后马上向三四线城市转化的现象。虽然有一部分资金会谋求额外利益，但是三四线城市毕竟还处于城市化阶段，它们的资源配备，例如就业、教育和医疗，整体上还不是很成熟，也不具备太多炒作和炒房的潜力。针对一些被限购城市的周边城市房价出现了明显上涨现象，他予以了分析。他说，以北京为例，虽然北京周边的房价开始上涨，但是北京有它的特殊性，其他城市也都有它们的特殊性，难以相互比较或模仿。大城市周边的房价上涨，其实恰恰是分散了这个城市核心区域的功能和需求，否则这些功能和需求仍会集中在核心区域，继续推高这里的房价。下一步所面临的问题是，如何解决这些边缘郊区例如河北省靠近北京区域的居民的住房问题，是否需要从北京人买房的钱里拨一部分来安置本地人。这个现象要经过一段时间的观察，才能总结出整体资金的流向和投资方向的转变。

限购令并非长久之计，就像很多硬性的行政手段一样。至于它何时会退出历史舞台，沈建光的观点是，假如楼市出现显著拐点从而使供求平衡初步实现，有可能就是一个限购令取消的信号。同时，这还取决于货币政策紧缩效果的发挥情况。货币政策应该始终是主要的手段，而限购令仅仅是辅助。限购令总会限制住一些刚性需求，同时也有其他诸多不合理的地方，但是现在必须施行是因为货币政策刚刚开始收紧，效果还不明显，待货币政策真正见效的时候，限购令就可以慢慢取消了。

因此目前的这些行政指令只是把需求暂时压制住，等待长期经济政策的效果显现出来之后再逐步释放。对于房价涨跌和拐点的趋势,胡景辉认为情况可能并不乐观。像北上广深这些城市,尤其在目前城市化快速发展的这一阶段,外来人口涌入相当多。人口聚集效应比较明显的城市,随着新一轮调控能刹住车并站稳脚跟就很不错了。反而那些所谓异地投资比较多、投机因素比较多的城市可能会出现房价下降。对于主要的一线城市,宏观调控能够做到的仅仅是稳定局面。总体上说,目前还看不到它们的房价在 2012 年大规模下降的理由。

房地产市场会崩盘吗

嘉宾介绍

王健林 大连万达集团股份有限公司董事长。中共十七大代表、全国政协常委、全国工商联副主席、中华慈善总会荣誉会长；担任中国企业联合会、中国企业家协会、中国房地产业协会、中国商业联合会等机构的副会长等一系列重要社会职务。

由于在企业经营和承担社会责任方面取得突出成就，2005 年，王健林被国家民政部授予首届"中华慈善奖"；同年，王健林还被中华慈善总会等十几家全国性社团组织授予第二届全国"十大社会公益之星"称号。2006 年，万达集团获得第二届"中华慈善奖"、"最具爱心内资企业"称号。2007 年，王健林被中央统战部、全国工商联等部委授予首届"光彩人物"奖，被全国工商联、全国总工会等部委授予"全国关爱员工优秀企业家"称号。2008 年，王健林获得"中华慈善奖"、"最具爱心慈善捐赠个人"称号，受到中共中央总书记胡锦涛的接见，万达集团因此成为全国近800 万家企业中唯一三获"中华慈善奖"的企业。2009 年，王健林董事长获得国务院残疾人工作委员会颁发的"全国扶残助残先进个人"称号，受到国家领导人胡锦涛、温家宝的接见；同年，中华慈善总会授予王健林"中华慈善突出贡献人物"奖；2009 年王健林还获得了中国光彩事业促进会颁发的"中国光彩事业突出贡献奖"。

作为优秀的民营企业家代表，2005 年，王健林获得了"2005CCTV 中国经济年度人物"称号。2007 年，王健林被辽宁省委统战部等部门授予"辽宁省优秀社会主义事业建设者"称号。2008 年，王健林连续第三年入选《中国企业家》杂志获"年度最具影响力的 25 位企业领袖"称号。2009 年，王健林获得了中央统战部、工业和信息化部、人力资源和社会保障部、国家工商总局和全国工商联等机构共同授予的"优秀中国特色社会主义事业建设者"荣誉称号;同年,还获得了 2009CCTV 中国经济"十年商业领袖"的荣誉称号。

- 房产新政能挤出市场泡沫,带来房价下跌、刚需增加吗?
- 政策杠杆该如何发挥?

近 20 年来，中国房地产业受到的挑战很多，但挑战和机遇往往是并存的，每个城市的开发，也同样给当地带来了就业和发展前景。限购令和信贷的收紧是近一段时间以来房地产业遭遇到的最大挑战，甚至有人认为这是房地产业所面临的最困难时期。

政策调控：挤出泡沫

在王健林眼中，中国房地产最艰难的时间是 1993 到 1995 年。国家当时政策的定位是治理整顿，还不是如今的宏观调控。作为一次力度非常大的整顿，国家宣布从 1993 年 7 月开始停止一切房地产贷款，所有房地产项目全部搁置了。那次调控结果是整个中国房地产业连续三年利润为负，倒闭企业可能超过五成，后果非常严重。由于在那个时间段的突然急刹车，导致 1993 年整个国家经济出现历史罕见的负增长，1994 年和 1995 年的增长率也都在 5% 以下。从最困难的三年熬过来以后，王健林渐渐感觉到他对中国房地产的调控整顿已经习以为常了。

如今的限购令已经下达到二三线甚至三四线城市了，但对房地产业来讲并不是真正的寒冬。现在的政府调控水平比当时进步了很多，十多年前政府从未考虑过软着陆还是硬着陆，而今天的政府比那个时候更睿智、更审慎。目前的调控都是采取"点刹车、慢刹车"的方式，力求通过有计划、有步骤的软着陆的方式，把房地产泡沫慢慢挤出来。同时，王健林认为目前的调控是一种时间换空间的手段，用大概三四年的时间来进行宏观调控，到那时也许进一步调控就不再重要了。

具体到目前新一轮的楼市调控，很大一部分人认为核心目标是抑制基础房地产业的巨量泡沫。然而，从全国 70 个大中城市的平均数字来看，实际上价格并没有真正大幅回落。针对这一轮调控，王健林的观点是，最重要的目标并不是价格下降多少——普通人可能简单地认为调控就是价格跌落 20% 或者 30%，事实上，调控的核心目标是挤出这个市场投机和投资的泡沫，从而使这个市场不再疯狂，逐渐恢复理性。2011 年 8 月北京市公布的报告显示，经过有效调控，北京当月购房比重中有 93% 属于首次购房，7% 属于调整购房，而外地购房一律消失。这种现象不仅仅在北京，其他二三线城市例如大连、青岛，整体上看投机现象也基本上消失了。

虽然第一波的泡沫依然存在，但就目前形势而言，只要泡沫不继续扩大，就算是收到了初步成效。至少这一轮调控使得泡沫在有规律的缩小，抑制投机投资成分这个核心目标正在一步步实现，此外，价格不再像调控之前的 2010 年之前每年上涨 20%。所以总体而言调控的初步目标达到了。

银监会前主席刘明康指出，对于银行的信贷要严格收紧。虽然银监会一再否认他们并未明确停止房地产信贷，但大多数房地产商正面临着资金考验。对于经历过危机的房地产商，这不是什么大问题，因为他们在现金流方面都具有充足的准备；而那些初入行业的房地产商，由于对中国房地产市场的规律认识不清，趁着追涨的潮流进入市场，现在大都感到资金链偏紧，面临着多重的困难。

虽然资金紧张，但这离一场房地产风暴还有很大距离，偏紧和破产是有根本区别的，主要取决于市场的进一步走向。2011 年 8 月是中国 20 个月来首次未提高银行存款准备金率的月份。央行已经连提了 17 次，但是 8 月这一次什么都没有做，这也就意味着该月的 CPI 开始下滑了，宏观调控进入了一个观察期。

就收紧房贷政策而言，涉及一个很重要的方面，即首次置业，这个比例在北京达到了 93%。目前的问题是，中建农几大行（除工行）的首付比例已经提高到 40%，这也就意味着真正的首次刚需购房人有可能无法承担得起，并且会直接打击到市场上的刚需。虽然有类似的弊端，但王健林借用了小平同志的一句名言："每次运动都会伤害一批人。"这个道理同样适用于当前的楼市。任何一次调控都不可能是有利无弊的，根本问题在于究竟是利大还是弊大。调控肯定会伤及无辜，这次调控的受害者恰恰就是刚需购房人。首付四成，加上目前的高利率，首次购房人会非常难受。因此，目前的形势是，首次刚需购房人可能暂时没有办法买，投机投资者又没有办法进入，这种情况还会持续较长一段时间。

保障房：重点发展方向

目前的房地产调控还有另外一个重要手段：保障房。政策框架的下一步保障房建设目标是，使之逐步进入正轨进而每年保障房占市场总份额的 40% 到 50%。1993 年的调控不抓保障房，这一轮调控同时狠抓保障房，根本目的是要保持适度的投资比重，使 GDP 不快速下滑。王健林认为，假如没有 2010

年的850万套和2011年的1000万套保障房政策跟进，中国经济不会是现在这个样子。在目前阶段，加大保障房建设是正确的。俗话说得好，重症用猛药。保障房问题已经拖了很多年，从1998年正式推出房改开始就没有分配房了，直到2009年保障房出现，基本上在九到十年里没有保障房这个概念，而是靠市场来解决一切问题。理论上，住房既有投资功能也有保障功能，具有复杂的商品属性。它既是一种商品也是生活必需品，丢掉保障这个功能以后，贫富之间的生活水平差距进一步加大，民怨开始堆积。就是在此种背景下，政府希望通过自身的财力和政策改变来填补这个差距，这是很有必要的。

然而目前的政策力度可能只是阶段性的。2011年的一千万套没有大问题，2012年一千万套资金有可能短缺，2013年如果还有一千万套就没有能力持续了。由此可见，解决保障房除了政府集中建设外，更好的方式是在出让建商品房的土地中配建保障房。目前的这种集中建设会出现一个弊端——新的贫民区：地点远离市中心，配套设施短缺。北京、武汉和上海保障房出现了期售方式，这是因为保障房的使用者不仅要居住，还要考虑交通出行、生活成本以及周边配套等。王健林建议，在所有的商品房地块里面，研究出一个合理的比例，例如5%～10%，分配给配建的保障房。

未来展望：稳中趋升

谈到政府调控和房地产业者间的关系，王健林是这样看的。一方面，从一个房地产经营者的角度来讲，目前的市场形势，理论上并不是好消息。但另一方面，中国房地产的整顿和调控每三四年一次，是一个必然规律，企业已经有了充足的心理准备和资金准备。疯涨对行业是极为不利的，意味着巨大的风险，就如同2005年、2006年那段时间，甚至有些做交通的也来做房地产。房地产市场不应过于疯狂，且经营者必须要有智慧才能收到成果，这样这个市场才会长久发展。用他自己的话说，作为一个在房地产业摸爬滚打了24年、经历过无数风雨的人，"这个行业做到20年以上，依然还在做、做的还不错的，全国加起来不超过三五个人；在这个行业里超过20年的，要么是赚钱就走了，要么就被洗掉了。"

与那些认为限购限贷到2011年年底或2012年上半年就会取消的企业家不同，王健林相信这一系列的调控措施都是中期政策而不是短期政策。所谓的中期，至少应该有两年，这接下来的两三年将注定是非常困难时期。而未来在王健林的眼中并非仅仅是两三年，而是十年抑或更长。

　　对于中国房地产市场未来走势，王健林给出的分析是，在 15～20 年以内，房地产市场还是一个缓慢上升或者长期发展的空间，这得益于中国不断上升的城市化率以及其他诸多因素。对此，他很欣赏这一轮政府的调控：慢慢挤泡沫，同时又不将行业前景扼杀。针对目前普遍关注的房价走势问题，他给出的预测是，房价会降，但很难得到一个具体的比例。在这种调控的重压之下降价是必然趋势，但不会过大。寄希望于商品房市场跌 20%、30% 甚至更多，是极为不现实的，因为房价的下降比例取决于成本的下降比例，而目前在售的商品房、获得土地的成本以及资金成本，都没有很大下降的可能，房地产企业能做的最多是把自身的利润挤掉。

附录1

第一财经介绍

2003 年 7 月 7 日，第一财经从上海启航

我们开启了中国专业财经电视和财经广播的新市场

我们创出了中国第一份市场化的财经日报

我们探索了中国最畅销商业周刊的新模式

我们跨越地域，和宁夏卫视共同打造中国卫星电视中的财富频道

我们的研究院、通讯社、网站、无线、论坛、品牌活动，处处盛开

我们陪伴中国的经济、金融市场、公司一起成长

向着中国最大的全媒体金融与商业信息服务集团的目标迈进

这是我们的梦想

第一财经（CBN）是目前中国规模最大、品种最完整的财经媒体群，隶属于中国第二大传媒集团——上海东方传媒集团（SMG）。目前，第一财经拥有：第一财经电视、第一财经日报、第一财经广播、第一财经周刊、第一财经网站、第一财经研究院，第一财经无线、第一财经通讯社及第一财经信息服务业务。

第一财经致力于为中国广大投资者和商界、经济界人士，以及全球华人经济圈提供实时、严谨、高质的财经新闻，打造具有公信力和强大影响力的全媒体金融与商业信息服务集团。

一、第一财经电视

第一财经电视是华语世界最大的财经视频空间。它包括"中国最佳投资者频道和领先商业频道"——上海第一财经（地面频道）和"中国首家交互式专业投资频道"——东方财经（数字电视频道），还通过和宁夏卫视的合作播出财经节目，与宁夏卫视共同打造中国卫视市场上的财富频道，点燃财富梦想，迈向成功幸福。

宁夏卫视目前已覆盖上海、北京、广东、江苏、浙江等 31 个省、市、自治区，有效收视人口近 6 亿。上海第一财经（地面频道）在上海、南京等城市实现全网覆盖，并通过香港 NOW 宽频电视覆盖香港的 88 万有线电视用户。

东方财经（数字电视频道）覆盖全国 28 个省市自治区，总计用户数 2000 多万户。

第一财经电视着重打造《财经早班车》《财经夜行线》《今日股市》《公司与行业》《谈股论金》《第六交易日》《市场零距离》《头脑风暴》《波士堂》《中国经营者》等品牌栏目以及季播类栏目《股市天天向上》《创业嘉年华》等。

2011 年，电视板块将三箭齐发，通过"中餐、西餐、订餐"制定三大电视平台的节目内容、节目编排与营销策略。

中餐——宁夏卫视突出"大财经"特色，走财富梦想之路，争取全国 4＋收视人群；

西餐——第一财经定位为"高价值"频道，走高端路线，争取上海本地 20～45 岁男性观众人群和香港及海外高端受众；

订餐——东方财经定位为"专业化"频道，以交互方式吸引全国专业投资者。

第一财经电视与第一财经网和第一财经手机电视密切互动，共同创造全球规模最大、最专业的华语财经视频空间。

2010 年 2 月 8 日，在中宣部和国家广电总局的关心支持下，宁夏电视台与上海广播电视台合办宁夏卫视正式启动。宁夏卫视、第一财经东西携手，意味着一家省级卫视与一家专业财经频道达成强强联合，为全国观众特别是投资者带来全新的收视体验。

通过合作，第一财经迈出了融入全国、服务中国经济的重要一步。双方的合作，不只是简单的业务拓展或产业联盟，更是对整个传媒业态和跨区域发展的探索，是共同服务宁夏、服务全国经济建设，促进东西部和谐发展的重要一步。通过合作，宁夏卫视面貌焕然一新，在西部卫视乃至全国卫视平台中独树一帜。

2011 年，宁夏卫视将立足于成为全国人民喜闻乐见的财富频道，成为助力成长、成功、成熟，体现创业、创新、创富，承载"中国财富梦想"的一张响亮的文化品牌，朝着财经的风向标、投资者的坐标系、政府的参照系和品牌营销的大舞台的目标全新出击。

第一财经携手宁夏卫视迈出的走向全国的步伐，也是整个第一财经事业与时俱进发展的重要探索。我们时代的标志不只是形形色色、形异而神同的感官娱乐，它还需要以"对时代负责"的精神，在中国经济、金融、产业发展的进程中，发挥媒体的新闻报道、信息服务、舆论监督和观念引领作用，以人为本，经国济世，服务人民，创富创新。

二、第一财经广播

第一财经广播是上海广播电视台唯一的专业财经频率，是第一财经旗下的重点版块。借助于著名财经节目《中国财经60分》《中国长三角》和《三江联播》等，影响覆盖至全国内地及港澳地区。每周一至周五播出的《股市大家谈》《黑马竞选》等是其证券类品牌节目，始终在上海收听率名列前茅，对江浙周边地区也有较大影响。

在全国18个主要城市播出的财经新闻类节目《中国财经60分》在香港播出后，成为李嘉诚先生每天必听的节目。覆盖长三角地区的《中国长三角》通过中央人民广播电台经济之声对全国播出，受到听众认可和好评；在上海、香港、广东三地同时播出的《三江联播》也是在三地具有影响力的品牌节目。

成立于1988年的浦江之声广播电台立足上海，覆盖长三角和宝岛台湾，是以"家庭"为主题的生活服务类频率，突出家庭生活服务、休闲娱乐，崇尚乐活的生活理念，强调鲜明的快乐风格和讲究品味的内容。其《台商家园》节目已采访过300多位台湾著名商界人士，始终在晚间同时段的广播节目中名列前茅，成为在台湾人群中有影响的品牌节目。《上海走透透》《世界的世博》节目还通过台湾高雄大众广播公司KISS RADIO每周在台湾地区播出。

2011年，第一财经广播将全新出发，将分第一财经广播（FM97.7）和第一财经广播旗下浦江之声广播电台（AM1422）二个频率，分频播出。为进一步提高新闻影响力，第一财经广播将于2011年起打造"60分"概念，增添民生类经济新闻节目《经济生活60分》、报道全球资讯的《环球财经60分》等新闻节目，增加与听众的互动，同时增强整点新闻报道力度。证券节目实行市场全覆盖，大版块报道证券、外币、期货、黄金等各类市场变化。浦江之声广播电台将在中波1422单独播出，将以全新的生活经济节目形式展现。

三、第一财经日报

作为中国财经日报的先行者，《第一财经日报》以"对时代负责"作为她迈向下一个未来的核心理念。我们希望倡导负责的态度、负责的思维，共建负责的时代。我们要做负责任的财经大报，对时代负责，对人民负责，对国家的长远发展负责。这一切落实到报道上，就是要让市场因为我们的存在更有效，让商业因为我们的存在更负责，让社会因为我们的存在更公正，让政策因为我们的存在更切实。

《第一财经日报》是中国第一份市场化的财经日报，由中国三大传媒集团——上海广播电视台/上海东方传媒集团公司、广州日报报业集团、北京青年报社联合主办。

作为中国财经日报的先行者和领导者，她以"对时代负责"作为价值理念，坚持权威主流、专业负责、理性大气、贴近市场的编辑方针，已密集覆盖中国主要经济带和重要商业城市，成为中国最具影响力和最受信赖的财经报纸。

《第一财经日报》230 名记者覆盖全球市场，在纽约、华盛顿、旧金山、渥太华、伦敦、巴黎、东京、布鲁塞尔、新加坡等地拥有驻外记者。在中国，《第一财经日报》在北京、上海、广州、深圳、香港和十多个省会城市拥有强大的采编网络，每日为读者提供全面准确的新闻报道和深度分析。

四、第一财经周刊

《第一财经周刊》创刊于 2008 年 2 月 25 日，32 个月后，进入商业新闻杂志发行量和影响力的第一阵营。周刊专注服务公司人群，在中国一线城市拥有最广大的读者。用轻松、好看、有用的报道风格和清晰、时尚的设计理念，为读者提供独特愉悦的阅读体验。深入观察中国商业生态，在各主要市场竞争领域中发挥至关重要的影响力。致力成为中国发行量最大的商业读物。为客户提供无可代替的广告价值。

《第一财经周刊》在包含京、沪、广、深在内的中国一线城市共拥有公司人群 1.1 亿，他们在商业公司工作，他们年轻而且受过高等教育，他们乐于理财和消费，他们对商业世界拥有自发的热情和关注。这是一个全新的人群和市场——在《第一财经周刊》创刊之前，中国尚没有其他商业媒体专注为他们提供服务。除了《第一财经周刊》，至今也没有一个商业媒体能够从商业信息、商业逻辑到生活方式、价值观全方位影响他们。周刊在新浪微博的粉丝已经达到 10 万人，正说明了它对这个人群独特而巨大的影响力。

2010 年《第一财经周刊》经营收入突破 7000 万。周刊 2010 年广告盈利较 2008 年增长了 6 倍。在传统媒体日趋边缘化的今日市场，第一财经周刊以其读者群优势及全覆盖优势，为客户倾力打造新一代主流商业杂志，同时也创造了自身的营收奇迹。此外，从 2008 年以来我们举办各个商业类评选活动，包括炫商业大将评选、年度公司人品牌调查报告发布、"这个设计了不起"商业设计大奖等，在各相关行业拥有极高的媒体话语权。

《第一财经周刊》每期拥有 30 万以上的发行量，并拥有同类媒体中最高的传阅率。在全国有超过 5 万个零售终端，零售量占 64%、订阅量达到 28%，保证优质读者更稳定。周刊以优秀的品质、良好的口碑、巨大的市场反响被评为"中国邮政最畅销报刊"。通过邮政局与渠道代理并行的发行模式，与各地的邮政部门及最有实力的发行商结成紧密而成熟的合作伙伴关系。北京、上海、深圳三地印厂同时印刷，确保第一财经周刊及时到达销售终端。

五、第一财经数字媒体

2009 年 7 月，第一财经数字媒体中心横空出世。

第一财经数字媒体中心是中国最大的实时财经资讯服务商。它是制造财富梦想的数字化空间，是水，亦是空气。它包括倡导"一切投资者信息平等"的主流投资者门户——第一财经网站；提供财经信息整体解决方案的无线服务平台——第一财经无线，还有中国最大的原创即时财经资讯供应机构——第一财经新闻社以及财经资讯的深度加工基地——第一财经研究院。

2004 年，www.china-cbn.com 作为第一财经日报的官方网站成立，此后 6 年的时间里，兢兢业业服务于第一财经所有网络用户，成为拥有 20 万注册用户、中文财经网站排名 38 位的潜力网站。2010 年，启用新域名 www.yicai.com 改版重装上线，继承原网站的优秀作风、网站基础、注册用户，成为第一财经传媒用以服务百万投资者、争霸财经网媒的强劲生力军。短短一年时间，门户网站日均 PV 已过百万，旗下的财经微博社区，整合了博客、论坛、微博等产品，网罗了数十万中高端投资者，并且仍在飞速增长中。投资和财经话题的热度和点击深度，高于同类的财经网站。

2010 年，一财无线推出集"实时通讯+报纸+电视+广播"一体的第一财经 IPHONE 客户端，内容涵盖财经新闻、深度评论、视频广播、图片简讯等。以图文报道、直播、点播、搜索、自定义等多种形式呈现。推出三个月，累计下载量超过 18 万。客户端的 IPAD、安卓版本也将于 2010 年 11 月上线。2010 年，一财无线打造融合财经资讯、音视频、行情交易等众多服务于一身的随身理财终端——第一财经理财手机，已与国内数家大型证券公司建立长期合作关系。第一财经理财手机是第一财经与国内外硬件厂商定制"第一财经"品牌的专业金融手机，并内置第一财经的个人理财服务软件。第一财经理财手机除了具备手机的基本通话之外，更包含：财经资讯、股市行情、实时交易、音视频、券商专区（为合作券商定制）等，是真正的金融性服务的集大成者。

2010 年 10 月，中国第一个专业的财经新闻社——第一财经新闻社隆重推出。第一财经新闻社在借鉴国际财经通讯社运作模式的基础上，按照国内财经资讯市场的特点，与第一财经各平台高度协作，利用第一财经强大的新闻采编团队、财经报道的专业优势以及独有的品牌优势，为投资者提供最具权威以及商业价值的即时财经资讯。第一财经新闻社通过特定网站及终端平台两种渠道，将最及时、准确的财经资讯传递到最终客户，以帮助客户在最短的时间内，做出最有效的投资判断与决策。"第一财讯"为新闻社的主力产品，该系统每天向用户提供超过 300 条的即时财经新闻及分析。内容的覆盖面除宏观政策外，还包括股市、汇市、债市、期货市场、公司产业、原材料、大宗商品等 7 大领域。行业类别更覆盖了 28 个主要热门行业。在公司企业方面，包含了第一手的企业财报、公司动态、机构研究报告与评级等等。第一财经新闻社运用第一财经传媒在中国分布的广度和资源，在第一时间，以最快速、最精准、最专业的角度，带给全球投资专业人士，中国地区每分每秒所发生的重点财经新闻。

第一财经研究院是第一财经的智库，致力于财经资讯和金融数据的深度加工。2008 年以来，研究院陆续推出第一财经三大经济圈指数、交银 CBN 中国财富景气指数、CBN 中期商品综合指数、第一财经我的钢铁网价格指数、第一财经南华期货商品指数、第一财经渤商所原油价格指数、第一财经渤商所焦炭价格指数、第一财经兴业全球企业社会责任指数、第一财经申万巴黎基金投资风向标、第一财经阳光私募指数和数据库产品等覆盖金融业诸多领域的一系列指数和数据产品。

六、关于《首席评论》

《首席评论》节目由第一财经与财新传媒联合打造，从当日和近期发生的重大新闻事件出发，立足于事实，以全新的维度解读最新发生的财经热点和重大新闻。《首席评论》为中国意见需求者提供最新鲜、最专业、最独特的财经事件分析与评论。

节目播出时间：（每期 18 分钟，周一至周五）

第一财经：21：33（首播）

宁夏卫视：23：18（首播）

附录 2
首席微语录

主持人褚琳：在 2011 年的冬天，欧债危机愈见艰难，国内股市楼市愁云惨淡；但在硬币的另外一面，国内通胀数据已经从高点回落。于是，人们开始关注来年的货币政策是会保持现状，还是会略有放松。不妨让我们尝试借助本书中行家们的思考逻辑和分析方法得出自己的见解，这将无疑是一场智慧的体操。

主持人杨盛昱：美债、欧债危机未除，欧美量化宽松阴霾犹在，全球经济增速仍在低档徘徊，展望 2012，至少是第一、甚至第二季，我国出口总量还有可能进一步探底，新的输入型通胀压力也不得不防。在金融政策方面，数量工具似仍是上半年的主调？稳字当头之下，一般预料，房地产调控政策应该会持续，但似不会有更进一步的措施？2012，绝对比过去更值得关注！

主编李晓光：没有悲观的经济，只有悲观的态度。对于一个大国来说，不仅要听得进溢美之词，也要容得下批评与反对之声。2012 必定是中国经济理性与感性交错的年份，在失与得的碰撞间感受中国经济真实成长。

主编王士豹：十年过去，中国经济高速发展，收入差距却不断扩大，民生方面的投入仍排世界后几位；然而税负痛苦指数却是全球第二，行政成本如雪球一样越滚越大……中国经济的内在矛盾急剧激化，有人说"十年前唱空中国经济，毫无道理，十年后做空中国经济"不无道理，静待验证。

资讯助理兼编导张媛：经济内部存在各种博弈和角力，痛过之后，必将有全新视界。2012 我们和您一起在创造和见证历史的过程中，发出自己的声音，为我们自己的好生活贡献微薄之力。

资讯助理苏雪皎：2012，如果不是玛雅人预测的世界末日，那就一定会带来经济强劲增长的后福！股票涨起来，房价跌下去；工资涨起来，通胀跌下去。改变你，是我们心中永远的目标；成就你，是我们最终的心愿。2012，精彩与你同在。

编导兼美编王琰：我们的大国，是 13 亿的个体组成的生态系统。关注与善待每一个人，是这套生态系统运行的基础，是大国之所以强大的保障。

编导尹淑荣：经济走势是各方博弈的结果，每个人都参与其中。趋势可以预测，更可以创造。2012，对每个人都可以是不同的版本。学习，了解，参与，推动，顺应，……这是我们对于趋势的一种态度。2012，希望《首席评论》为改革助力，为你我所在的社会增添一份美好。

编导周婷：在我看来，对于经济领域进行的预测是最不靠谱的预测，如楼市、如股市，尤其是在中国，因为有太多的事情游离于市场规律之外。但是如果你有一个正确的价值判断并且坚持下去，这样，总有一天你会是对的。

编导魏靖：2011 年中国全民 PE 狂欢后，2012 的末日年或是属于一大部分中小 PE/VC 的？资本高速公路交易所的整改泥沙聚下，中央和地方的博弈进一步拷问金融创新，中国资金未来最大的池子文化产业已经蓄势待发，资产证券化改革更是不可阻挡。

财新传媒吴鹏：2012 年，我觉得有两件事需值得纪念。一是邓小平南巡讲话发表 20 周年，二是前美国总统尼克松访华打开中美关系大门、改变世界进程 40 周年。这两件事虽发生在不同的年代，但都指向同一个主题，即中国的改革和开放。我希望 2012 年能够成为中国改革开放再获重要动力的关键一年，期待着中共十八大将产生的新的中央领导集体，将中国的改革开放大业推向全新的境界。

财新传媒周勇：过去十年，对中国影响最大的事是入世。2012 年，站在入世十年的新起点上审视中国，改革滞后于开放，宏观改革滞后于微观改革，政府改革滞后于企业改革。当入世带来的制度红利消失后，何处寻找内生的改革动力？有改革，经济才有出路。

财新龙周园：2011 年，温州"眼镜王"的跑路牵动人心，并成为温州民间金融风波的标志性事件。企业资金链断裂，凸显了中国经济的痼疾：民营经济遭到挤压、民间融资成本畸高、实体经济空心化。而推行金融改革，对民营经济一视同仁，才能打通"任督二脉"。2012 年，希望民营经济能在改革中寻找出路。

财新传媒张岚：本书成稿之际，我正在研究亚洲金融风暴前后的马来西亚经济。在崩溃边缘游走之后，拒绝 IMF 救助的马来西亚依靠结构调整重新恢复过来。2011 年位列全球竞争力榜单第 21 位。这让我联想到了中国。2008 年是推进经济结构调整的最佳时机，然而横空出世的经济刺激计划扼杀了进一步调整的可能。有趣的是，外需萎缩、楼市下滑的情景在 2011 年年末再次出现。我仅希望内外交困的境况能够迫使中国真正迈出经济转型的步伐。这一过程必然痛苦，这一选择无法逃避。

财新传媒黄蒂：对于证券市场而言，在经历了金融危机以来的长时间盘整以后，2012 年注定将会成为不平凡的一年。新的证监会主席、恰逢十年一轮回的股市、众多箭在弦上的大盘新股、年末风生水起的违规治理以及呼声不断的国际板……2012，郭树清能否为广大股民带来一个空气为之一清的新世界？

附录3

《首席评论》节目播出目录

播出日期/期数	节目话题	嘉宾姓名	职务称谓
20100104 （总第001期）	通货膨胀来了吗？	樊纲	中国经济体制改革会副会长
20100105 （总第002期）	物业税征收要过几道坎？	刘桓	中央财经大学税务学院副院长
		曹建海	中国社会科学院工业经济研究所投资与市场研究室主任
20100106 （总第003期）	如何使农民增收？	温铁军	中国人民大学农业与农村发展学院院长
		彭真怀	北京大学地方政府研究院院长
20100107 （总第004期）	中国的产业结构调整	李扬	中国社科院副院长
20100108 （总第005期）	从吉利收购沃尔沃谈中国企业的海外并购	黄明	康奈尔大学 Johnson 管理学院终身教授
20100111 （总第006期）	国十一条对抑制房价有用吗？	曹建海	中国社会科学院工业经济研究所投资与市场研究室主任
		陈国强	中国房地产学会副会长
20100112 （总第007期）	国企是高房价的推手吗？	刘晓光	首创集团总经理
20100113 （总第008期）	宏观政策出现转向了吗？	赵晓	北京科技大学经济管理学院教授
		马光远	中国社科院公共管理与政府政策所博士
20100114 （总第009期）	三网融合合什么？	史炜	国家发改委经济体制与管理研究所研究员
		曾剑秋	北京邮电大学经济管理学院教授、博导
20100115 （总第010期）	奥巴马是否该惩罚银行家？	陈宏	汉能投资集团董事长兼首席执行官
		张国庆	中国社科院美国研究所副研究员
20100118 （总第011期）	你赶上"阿凡达风"了吗？	何平	国家一级导演/中国电影金鸡奖最佳导演
		赵宁宇	中国传媒大学影视艺术学院教授
20100119 （总第012期）	春运为何一票难求？	纪嘉伦	北京交通大学交通运输学院教授
		何力	资深媒体人

续表

播出日期/期数	节目话题	嘉宾姓名	职务称谓
20100120（总第 013 期）	浙商＝投机商？	白益民	中国社科院全国日本经济学会理事
		张仲	中国温州商会网 CEO
20100121（总第 014 期）	保八之后保什么？	周春生	长江商学院金融学教授
		刘煜辉	中国社科院金融研究所中国经济评价中心主任
20100122（总第 015 期）	"绿猫经济"如何发展？	胡鞍钢	清华大学国情研究中心主任
		宋国君	中国人民大学环境学院环境经济与管理系教授
20100125（总第 016 期）	驻京办该不该撤？	姚博	资深媒体人（五岳散人）
		李罡	邸讯网董事长
20100126（总第 017 期）	气象经济－极端天气会成常态吗？	吴昌华	气候组织大中华区总裁
		姜克隽	国家发改委能源所研究员
20100127（总第 018 期）	大淘宝想多大？	金错刀	《中国企业家》研究总监
		刘冰	中国互联网络中心（CNNIC）互联网发展研究部主任
20100128（总第 019 期）	奥巴马国情咨文－中美关系	宋晓军	国际军事问题专家
		余万里	北京大学国际关系学院副教授
20100129（总第 020 期）	iPad：买还是不买？	王煜全	Frost & Sullivan 中国区总裁
		金错刀	《中国企业家》研究总监
20100201（总第 021 期）	解读中央一号文件	彭真怀	北京大学地方政府研究院院长
		杜晓山	中国社科院农村发展研究所副所长
20100202（总第 022 期）	中国足球产业	张路	北京国安足球俱乐部副董事长
		艾国永	《新京报》体育评论员
20100203（总第 023 期）	丰田汽车"召回门"	钟师	资深汽车业分析师
		赵英	中国社会科学院工业经济研究所研究员
20100204（总第 024 期）	绿色建筑	王石	万科企业股份有限公司董事长
20100205（总第 025 期）	文化创意产业	赖声川	中国台湾戏剧、电影导演、编剧
		王伟忠	著名电视制作人
		田沁鑫	中国国家话剧院导演
20100208（总第 026 期）	中美贸易	金灿荣	中国人民大学国际关系学院副院长
		袁钢明	清华大学中国与世界经济研究中心研究员
20100209（总第 027 期）	人民币汇率	张明	中国社科院国际金融研究中心秘书长
		黄卫平	中国人民大学经济学院教授

播出日期/期数	节目话题	嘉宾姓名	职务称谓
20100210（总第 028 期）	铁矿石谈判——中国受欺负了吗?	马忠普	中国联合钢铁网首席分析师
		张晓磊	金鹏经济研究所副所长
20100211（总第 029 期）	爆竹声中的玫瑰花	刘强东	京东商城 CEO
		黄鹏	莎啦啦鲜花网 CEO
20100212（总第 030 期）	春节特别节目	栏目精彩剪辑	
20100222（总第 031 期）	春节消费	张承耀	中国社会科学院工业经济研究所企业管理研究室副主任
		江畔	沃尔玛中国运营总监
20100223（总第 032 期）	违章建筑	杨兆全	北京杨兆全律师事务所创办人、主任
		马光远	中国社科院公共管理与政府政策所博士
20100224（总第 033 期）	春节旅游	潘勃	携程国际旅行社有限公司副总经理
		戴斌	中国旅游研究院副院长
20100225（总第 034 期）	房地产该由谁主导?	任志强	北京市华远地产股份有限公司董事长、华远集团总裁
20100226（总第 035 期）	丰田召回 - 美国听证	肖炼	中国社会科学院美国经济研究中心主任
		白益民	中国社科院全国日本经济学会理事
20100301（总第 036 期）	从丰田危机公关看中国质检体系缺陷	刘俊海	中国人民大学民商法教授
		张起淮	北京蓝鹏律师事务所主任律师
20100302（总第 037 期）	人民币汇率	周世俭	清华大学中美关系研究中心高级研究员
		谭雅玲	原中国银行全球金融市场部高级分析师
20100303（总第 038 期）	收入倍增计划	迟福林	中国（海南）改革发展研究院院长
		崔之元	清华大学公共管理学院教授
20100304（总第 039 期）	房地产	赵晓	北京科技大学经济管理学院教授
		陈国强	中国房地产学会副会长
20100305（总第 040 期）	解读政府工作报告	王德培	中国经济体制改革委员会副会长
		韩保江	中央党校经济学部副主任
20100308（总第 041 期）	如何管理好通胀预期	黄益平	北京大学国家发展研究院教授
		胡舒立	财新传媒总编辑

续表

播出日期/期数	节目话题	嘉宾姓名	职务称谓
20100309（总第 042 期）	如何用信贷杠杆调控房地产市场	阎庆民	中国银监会主席助理
		王福重	中央财经大学政府与经济研究中心主任
20100310（总第 043 期）	阳光预算	蒋洪	全国政协委员、上海财经大学公共经济与管理学院院长
		俞光远	全国人大预算工作委员会法案室原主任
20100311（总第 044 期）	个税怎么调？	张学诞	财政部财政科学研究所税收政策研究室主任
		黄桦	中央财经大学税务学院教授
20100312（总第 045 期）	激活民营经济改革魔方	保育钧	原中国民营经济研究会会长
		向文波	三一重工股份有限公司总裁
		杨大明	财新传媒副总编辑
20100315（总第 046 期）	谁来捍卫我们的食品安全	张起淮	北京蓝鹏律师事务所主任律师
		王卫国	中国政法大学民商法学院院长
20100316（总第 047 期）	两会走了，地王来了	娄向鹏	福来品牌营销顾问机构 CEO
		陈乃醒	中国社科院工业经济研究院
20100317（总第 048 期）	国际大牌 Out 了吗？	马光远	中国社科院公共管理与政府政策所博士
		王福重	中央财经大学政府与经济研究中心主任
20100318（总第 049 期）	人民币汇率升值迷局	张燕生	国家发展改革委对外经济研究所所长
		胡祖六	高盛（亚洲）前董事总经理
20100319（总第 050 期）	从希腊主权债务到欧元危机	周春生	长江商学院金融学教授
		向松祚	太平洋研究院院长
20100322（总第 051 期）	从郭京毅案看防范立法腐败	陶景洲	国际商会仲裁院委员
		马光远	中国社科院公共管理与政府政策所博士
20100323（总第 052 期）	西南旱灾中的"人祸"	温铁军	中国人民大学农业与农村发展学院院长
		吴玉成	水利部防洪抗旱减灾工程技术研究中心旱灾及对策研究室主任
20100323（总第 053 期）	地王 - 央企	周放生	财政部财政科学研究所研究员
		曹建海	中国社会科学院工业经济研究所投资与市场研究室

播出日期/期数	节目话题	嘉宾姓名	职务称谓
20100325（总第054期）	刺激政策何时退出？	吴敬琏	国务院发展研究中心高级研究员
		许小年	中欧国际工商学院经济学与金融学教授
20100326（总第055期）	二次体改势在必行？	吴敬琏	国务院发展研究中心高级研究员
		许小年	中欧国际工商学院经济学与金融学教授
20100329（总第056期）	吉利收购沃尔沃是悲剧还是奇迹？	李洋	《汽车之友》杂志编辑部主任
		赵剑飞	《新世纪周刊》编委
20100330（总第057期）	银行再融资	郭田勇	中央财经大学中国银行业研究中心主任
		廖强	标普中国金融机构评级董事
20100331（总第058期）	王益案背后的监管谜团	张远忠	北京问天律师事务所律师
		董安生	中国人民大学民商法律研究中心副主任
20100401（总第059期）	铁矿石谈判	李新创	中国冶金工业规划研究院院长
		杜薇	联合金属网铁矿石分析师
20100402（总第060期）	房地产回暖是回光返照	曹建海	中国社会科学院工业经济研究所投资与市场研究室
		王福重	中央财经大学政府与经济研究中心主任
20100406（总第061期）	聚焦中移动李向东神秘失踪案	项立刚	飞象网 CEO
		方丽	易观国际 分析师
20100407（总第062期）	矿难	黄毅	国家安监总局新闻发言人，煤监局副局长
		钱平凡	国务院发展研究中心产业经济研究部研究室主任
20100408（总第063期）	从盖特纳访华揣测人民币汇率之形势	左小蕾	银河证券董事总经理、首席经济学家
		肖炼	中国社会科学院美国经济研究中心主任
20100409（总第064期）	收入分配改革	杨宜勇	国家发展和改革委员会社会发展研究所所长
		赵人伟	中国社科院经济研究所前所长
20100412（总第065期）	土地招拍挂制度的十字路口	黄小虎	中国土地学会副理事长
		李国平	高策地产顾问机构董事长
20100413（总第066期）	黄光裕案	毛寿龙	中国人民大学行政管理学系主任
		于宁	财新传媒首席金融记者

续表

播出日期/期数	节目话题	嘉宾姓名	职务称谓
20100414（总第 067 期）	浦东开发周年	张燕生	国家发展改革委对外经济研究所所长
		王长勇	财新传媒高级记者
20100415（总第 068 期）	数据解读	张立群	国务院发展研究中心宏观经济研究部研究员、副巡视员
		庄健	亚洲开发银行驻中国代表处高级经济学家
20100416（总第 069 期）	从大龙地产看房产新政	马光远	中国社科院公共管理与政府政策所博士
		王福重	中央财经大学政府与经济研究中心主任
20100419（总第 070 期）	高盛欺诈案	朱宁	上海高级金融学院副院长、美国加州大学戴维斯分校金融系终身教授
		张继伟	财新传媒常务副主编
20100420（总第 071 期）	药监体系的腐败问题	魏继刚	国务院发展研究中心产业经济研究部副研究员
		张进	财新传媒常务副主编
20100421（总第 072 期）	赈灾款项的进出之路如何更畅顺	徐永光	南都公益基金会副理事长兼秘书长
		邓国胜	清华大学公共管理学院副教授
20100422（总第 073 期）	三问外企在华行贿	李曙光	中国政法大学研究生院常务副院长
		王志乐	商务部国际贸易经济合作研究院研究员
20100423（总第 074 期）	新非公经济 36 条	保育钧	原中国民营经济研究会会长
		陈永杰	全国工商业联合会研究室主任
20100426（总第 075 期）	保障房建设	朱中一	中国房地产业协会副会长兼秘书长
		李文杰	中原房地产经纪有限公司华北区董事总经理
20100427（总第 076 期）	2010 北京车展：谁的 T 台？	赵福全	浙江吉利控股集团有限公司副总裁
		钟师	汽车业独立撰稿人
20100428（总第 077 期）	吴英案	杨照东	京都律师事务所律师
		郭田勇	中央财经大学中国银行业研究中心主任

播出日期/期数	节目话题	嘉宾姓名	职务称谓
20100429（总第 078 期）	高铁还要继续建吗？	赵坚	北京交通大学经济管理学院教授
		张璐	中诚信国际信用评级有限公司资深铁路分析师
20100430（总第 079 期）	世博会来了	加藤嘉一	英国金融时报专栏作者
		朱力安	CRI《老外看点》节目主持人
20100504（总第 080 期）	猛药过后的中国楼市	沈明高	花旗集团大中华区首席经济学家
		秦虹	国家住房和城乡建设部政策研究中心副主任
20100505（总第 081 期）	农行 IPO	郭田勇	中央财经大学中国银行业研究中心主任
		邓智敏	东北证券研究所策略分析师
20100506（总第 082 期）	小产权房何时正名？	王卫国	中国政法大学民商法学院院长
		马光远	中国社科院公共管理与政府政策所博士
20100507（总第 083 期）	何解地方融资平台之毒	周放生	国务院国资委改革局原副局长、研究员
		吕多加	第一会达风险管理公司董事长
20100510（总第 084 期）	欧洲危机 中国风险（希腊危机）	周春生	长江商学院金融学教授
		陈凤英	现代国际关系研究院世界经济研究所所长
20100511（总第 085 期）	赈灾款的来去	刘求实	清华大学公共管理学院 NGO 研究所副所长
		何光喜	中国科学技术发展战略研究院副研究员
20100512（总第 086 期）	炒完股票炒 PE？	何小锋	北京大学经济学院金融系主任
		魏君贤	大成律师事务所高级合伙人
20100513（总第 087 期）	房地产新政下的房价真的降了吗？	马光远	中国社科院公共管理与政府政策所博士
		张宏	北京高通智库投资顾问公司总经理
20100514（总第 088 期）	物业税真的要征收了吗？	孙刚	财政部财科所研究员
		王长勇	财新传媒高级记者
20100517（总第 089 期）	富士康模式还能持续吗	石述思	《工人日报》要闻部主任
		姚博	资深媒体人（五岳散人）
20100518（总第 090 期）	清算黄光裕	李曙光	中国政法大学研究生院常务副院长
		张继伟	财新传媒常务副主编、《新世纪》周刊常务副主编

播出日期/期数	节目话题	嘉宾姓名	职务称谓
20100519（总第091期）	股市迷云，高人指路	娄刚	摩根士丹利董事总经理、中国策略师
		陈超	工银瑞信基金管理有限公司首席经济学家
20100520（总第092期）	天价药	朱恒鹏	中国社会科学院经济研究所微观经济研究室主任、研究员
		刘京京	《新世纪》周刊资深记者
20100521（总第093期）	房价会跌吗？	曹建海	中国社会科学院工业经济研究所投资与市场研究室主任
		张寅	北京虎杰投资咨询有限公司首席分析员
20100524（总第094期）	中美战略经济对话	约翰·米勒·怀特	中美战略专家
		戴敏	中美战略专家
20100525（总第095期）	富士康第11跳	李娟	第一财经日报记者
		毛寿龙	中国人民大学行政管理学系主任
20100526（总第096期）	欧盟瓦解？	向松祚	中国人民大学国际货币研究所副所长
		许思涛	英国《经济学人》中国区首席代表
20100528（总第097期）	台商飚富大中华	卢秀芳	台湾资深电视人（中天电视公司新闻部制作人主播）
		黄山	财新传媒高级记者
20100531（总第098期）	房产新政会夭折吗？	马光远	中国社科院公共管理与政府政策所博士
		李国平	高策地产顾问机构董事长
20100601（总第099期）	农产品价格上涨	李国祥	中国社科院农村发展研究所副主任、研究员
		刘旭	北京首创期货有限责任公司研发中心宏观经济研究员
20100602（总第100期）	转型期阵痛	于建嵘	中国社会科学院农村经济发展研究所研究员
		王顺安	中国政法大学犯罪学研究所所长
20100603（总第101期）	物价稳得住吗	周望军	发改委价格司副司长

播出日期/期数	节目话题	嘉宾姓名	职务称谓
20100604（总第 102 期）	创业板 VS 纳斯达克	麦柯奕 Robert McCooey	纳斯达克 OMX 集团高级副总裁
		李菁	财新《新世纪》周刊证券新闻部主任
20100607（总第 103 期）	统计大检查	刘恒	国家统计局政策法规司副司长
20100608（总第 104 期）	Visa 银联反目，消费者咋办？	郭田勇	中央财经大学中国银行业研究中心主任
		聂俊峰	中信银行个人金融部研究员
20100609（总第 105 期）	谁来拯救你，拆迁户	党国英	中国社科院农村发展研究所宏观经济研究室主任
		沈岿	北京大学法学院副院长
20100610（总第 106 期）	谁给我们涨工资？	张车伟	中国社科院人口与劳动经济研究所副所长
		张进	财新传媒常务副主编
20100611（总第 107 期）	世界杯	苏东	著名足球评述员
		颜强	《体坛周报》副社长
20100617（总第 108 期）	中国经济会二次探底吗？	哈继铭	中金公司首席经济学家
		叶伟强	财新传媒副主编
20100618（总第 109 期）	BP 漏油事件	赵剑飞	财新《新世纪》周刊高级编辑
		冯连勇	中国石油大学（北京）经济与贸易系主任
20100621（总第 110 期）	房地产拐点来了？	马光远	中国社科院公共管理与政府政策所博士
		李国平	高策地产顾问机构董事长
20100622（总第 111 期）	航空业腐败	张起淮	北京蓝鹏律师事务所主任律师
		王晓冰	财新《新世纪周刊》副主编
20100623（总第 112 期）	网络视频借世界杯东风	陈峰	酷 6 网副总裁
		尹鸿	清华大学新闻传播学院副院长
20100624（总第 113 期）	第三方支付合法地位遭疑	郭田勇	中央财经大学中国银行业研究中心主任
		冯阳松	易观商业解决方案电子商务咨询中心总经理
20100625（总第 114 期）	中国媒体海外收购	喻国明	中国人民大学新闻学院副院长
		肖炼	中国社会科学院美国经济研究中心主任

续表

播出日期/期数	节目话题	嘉宾姓名	职务称谓
20100628（总第 115 期）	上海金融中心	沈联涛	中国银监会首席顾问；香港证监会原主席
		方星海	上海市金融服务办公室主任
20100629（总第 116 期）	2012 泡沫崩盘？	谢国忠	玫瑰石顾问公司董事
20100630（总第 117 期）	货币政策 - 宏观经济判断	李扬	中国社科院副院长
20100701（总第 118 期）	风投 - 云计算	田溯宁	中国宽带产业基金董事长
		熊晓鸽	美国国际数据集团（IDG）全球常务副总裁兼亚洲区总裁
20100702（总第 119 期）	地方融资平台	阎庆民	中国银监会主席助理
		张继伟	财新传媒常务副主编
20100705（总第 120 期）	半年盘点股市与宏观经济	梁红	中金公司资本市场部主管
20100706（总第 121 期）	房地产市场价格真的要降了？	朱贵明	《房价必跌》作者
		陈国强	中国土地学会副会长
20100707（总第 122 期）	唐骏学历"造假"侵害股民利益？	杨兆全	北京杨兆全律师事务所创办人
		马更新	中国政法大学民商法学院副教授
20100708（总第 123 期）	股市内幕交易	梅慎实	中国政法大学民商法学院教授
		张远忠	北京市问天律师事务所主任合伙人
20100709（总第 124 期）	世界杯营销	马富生 Mark Fischer	前 NBA 中国区董事总经理；SEA 体育文化传播有限公司创始人
		王永	品牌中国产业联盟秘书长
20100712（总第 125 期）	官员财产申报	竹立家	国家行政学院教授
		秦旭东	《新世纪》周刊法治新闻部主任
20100713（总第 126 期）	楼市调控要收手了？	李国平	高测地产顾问机构董事长
		于宁	财新《新世纪》周刊公司市场部主任
20100714（总第 127 期）	紫金矿业水污染	张远忠	北京市问天律师事务所主任合伙人
		李虎军	财新《新世纪》周刊科技环境部主任
20100715（总第 128 期）	宏观数据喜忧参半，经济政策左右为难	张燕生	国家发展改革委对外经济研究所所长
		庄健	亚洲开发银行驻中国代表处高级经济学家
20100716（总第 129 期）	美国金融改革，自由化黄金时代的终结？	郭田勇	中央财经大学中国银行业研究中心主任
		肖炼	中国社会科学院 美国经济研究中心主任

播出日期/期数	节目话题	嘉宾姓名	职务称谓
20100719（总第 130 期）	农行是只好股吗？	吴卫军	普华永道会计师事务所合伙人
		张继伟	财新传媒常务副主编
20100720（总第 131 期）	谁来为中石油事故买单？（大连港漏油爆炸事件）	王灿发	中国政法大学环境资源法研究所所长
		李虎军	财新《新世纪》周刊环境科技新闻部主任
20100721（总第 132 期）	中移动被告门	吴景明	中国政法大学民商经济法学院教授
		李强	中科院科技政策与管理科学研究所博士
20100722（总第 133 期）	楼市调控 百日庆？百日祭？	胡景晖	伟业我爱我家房产经纪公司副总裁
		杨乐渝	全国工商联全国房地产经理人联盟秘书长
20100723（总第 134 期）	"股评黑嘴"闭嘴	高子程	汪建中案辩护律师
		李箐	《新世纪》周刊证券新闻部主任
20100726（总第 135 期）	中移动腐败案	项立刚	飞象网 CEO
		王晓冰	《新世纪》周刊副主编
20100727（总第 136 期）	腾讯 - 企鹅很受伤？	蒋涛	《程序员》杂志总编辑；CSDN 董事长
		方兴东	互联网实验室创始人
20100728（总第 137 期）	铁路欠债，股市来还？	陈元龙	国家发改委综合运输研究所研究员
		童大焕	《中国保险报》副主编
20100729（总第 138 期）	ATM 跨行取款	刘俊海	中国人民大学民商法学院教授
		董正伟	北京市中银律师事务所律师
20100730（总第 139 期）	李绍武案 - 保荐人潜规则	马光远	中国社科院公共管理与政府政策所博士
		李箐	财新《新世纪》周刊证券新闻部主任
20100802（总第 140 期）	调控收紧，破楼市僵局？	范小冲	阳光 100 集团常务副总裁
		马光远	中国社科院公共管理与政府政策所博士
20100729（总第 141 期）	ATM 跨行取款（重播）	刘俊海	中国人民大学民商法学院教授
		董正伟	北京市中银律师事务所律师
20100804（总第 142 期）	中石油还要"躲"多久？	王科峰	北京市盈科律师事务所高级合伙人
		韩晓平	中国能源网首席信息官

续表

播出日期/期数	节目话题	嘉宾姓名	职务称谓
20100805（总第143期）	央行7表态，汇改向何方？	沈明高	花旗集团大中华区首席经济学家
		叶伟强	财新传媒首席经济学家
20100806（总第144期）	房价非降不可？	胡景晖	伟业我爱我家房产经纪公司副总裁
		秦虹	国家住房和城乡建设部政策研究中心副主任
20100809（总第145期）	黄光裕国美争权	严义明	上海严义明律师事务所律师
		王晓冰	财新《新世纪》周刊副主编
20100810（总第146期）	屯地黑名单	潘石屹	Soho中国董事长
		陈国强	中国房地产研究会副会长
20100811（总第147期）	宏观数据解读－通胀与加息	吴庆	国务院发展研究中心研究员
		庄健	亚洲开发银行驻中国代表处高级经济学家
20100812（总第148期）	美国经济怎么了？	沈建光	瑞穗证券大中华区首席经济学家
		肖炼	中国社科院美国经济研究中心主任
20100813（总第149期）	中国电影"炼金术"	蒋德富	中国电影集团公司营销策划分公司总经理；中影集团新闻发言人
		杨永强	中盛投资集团董事总经理
20100816（总第150期）	农行"脱鞋"新股破发将成常态？	娄刚	摩根士丹利董事总经理
		郭田勇	中央财经大学中国银行业研究中心主任
20100817（总第151期）	手机费要降了吗？	曾剑秋	北京邮电大学经济管理学院教授、博导
		张起淮	北京蓝鹏律师事务所主任律师
20100818（总第152期）	中国GDP世界第二＝第二经济强国？	秋风（姚中秋）	独立学者；天则经济研究所学术委员会副主席
		杨宜勇	国家发改委社会发展研究所所长
20100820（总第153期）	律师状告银行业协会搞价格垄断（律师举报银行，维权？炒作？）	王斌	北京市惠诚律师事务所合伙人
		王兴	北京市惠诚律师事务所律师
20100819（总第154期）	银行理财：陷阱？馅饼？	张远忠	北京文天律师事务所主任合伙人
		刘彦斌	北京东方华尔金融咨询有限责任公司总裁
20100823（总第155期）	房价会降多少？（北京商品房预售资金专款专用）	杨乐渝	全国工商联房地产经理人联盟秘书长
		李国平	高策地产顾问机构董事长
20100824（总第156期）	国美恩仇启示录	马光远	中国社科院公共管理与政府政策所博士
		于宁	财新传媒首席金融记者

播出日期/期数	节目话题	嘉宾姓名	职务称谓
20100825（总第 157 期）	伊春空难	张起淮	中国政法大学航空与空间法研究中心研究员；北京蓝鹏律师事务所主任律师
		刘平	中国民用航空杂志社主编
20100826（总第 158 期）	深圳特区成立 30 周年	施祖麟	清华大学区域经济研究中心主任
		任剑涛	中国人民大学政治学系教授
20100827（总第 159 期）	从复旦招天才不得谈教育腐败	储朝晖	中央教育科学研究所研究员
		姚博	资深媒体人（五岳散人）
20100830（总第 160 期）	炒黄金的黄金时代到了吗？	鲁丽罗	贵金属交易资深人士
		郑友翔	北京金汇海纳黄金制品有限公司总经理
20100831（总第 161 期）	外资银行坑了咱（渣打理财涉嫌欺骗将成被告）	吴庆	国务院发展研究中心研究员；金融研究所银行研究室负责人
		张远忠	北京问天律师事务所律师
20100901（总第 162 期）	我们老了怎么办？	王振耀	原民政部社会福利与慈善事业促进司司长
		闫青春	国家老龄委办公室副主任
20100902（总第 163 期）	央企为何总招骂？	陈永杰	全国工商业联合会研究室主任
		王长勇	财新传媒高级记者
20100903（总第 164 期）	高房价卷土重来？	李国平	高策地产顾问机构董事长
		范小冲	阳光 100 置业集团副总经理
20100906（总第 165 期）	东北首富范日旭陨落	剧锦文	中国社科院民营经济中心副秘书长
		秦旭东	财新《新世纪》周刊法制新闻部主任
20100907（总第 166 期）	教材潜规则	董彦斌	《中国法律》执行总编辑
		邹跃	安徽某图书发行公司营销部负责人
20100908（总第 167 期）	压房价，查空房，有用吗？	马光远	中国社科院公共管理与政府政策所博士
		胡景晖	伟业我爱我家房产经纪公司副总裁
20100909（总第 168 期）	美国再次经济刺激计划	肖炼	中国社会科学院美国经济研究中心主任
		何伟文	对外经贸大学中国开放型经济研究所副所长

播出日期/期数	节目话题	嘉宾姓名	职务称谓
20100910（总第 169 期）	金浩茶籽油	姚博	资深媒体人（五岳散人）
		赵何娟	财新《新世纪》周刊记者
20100913（总第 170 期）	宏观经济形势——CPI 高涨，央行会加息吗？	霍德明	北京大学中国经济研究中心教授
20100914（总第 171 期）	房产税如何征收	贾康	财政部财政科学研究所所长
20100915（总第 172 期）	谁在炒作电动车概念	薛澜	清华大学公共管理学院院长
		邓锋	北极光创投公司董事长
20100916（总第 173 期）	美国经济与世界形势	李稻葵	央行货币政策委员会委员
20100917（总第 174 期）	"兄弟"走后两年，危机是否远去	李晶	摩根大通董事总经理
20100920（地面频道播出总第 175 期）	统计日：统计公开透明待何时？	潘璠	国家统计局北京调查总队总队长
		叶青	湖北统计局副局长
20100920（宁夏卫视播出总第 176 期）	捐还是不捐？	邓国胜	清华大学公共管理学院 NGO 研究所所长、副教授，法学博士
		唐钧	中国社会科学院社会政策研究中心秘书长
20100921（总第 177 期）	陈光标：做好事就是要留名	陈光标	江苏黄埔再生资源利用有限公司董事长
		马光远	中国社科院公共管理与政府政策所博士
20100927（总第 178 期）	创业板，泡沫板？	周春生	长江商学院金融学教授
		郭田勇	中央财经大学中国银行业研究中心主任
20100928（总第 179 期）	柔性退休，划算吗？	褚福灵	中央财经大学保险学院社会保障系主任
		唐钧	中国社会科学院社会政策研究中心秘书长
20100929（总第 180 期）	失控的楼市？	曹建海	中国社会科学院工业经济研究所投资与市场研究室主任
		胡景晖	伟业我爱我家房产经纪公司副总裁
20100930（总第 181 期）	美国弹劾中国汇率	宋泓	中国社科院世界经济与政治研究所国际贸易研究室主任
		黄山	财新传媒高级记者
20101008（总第 182 期）	节能减排	杨富强	世界自然基金会全球气候变化应对计划主任
		魏凤春	中信建投证券首席宏观分析师
20101011（总第 183 期）	什么推动金价飙升？	周春生	长江商学院金融学教授
		鲁丽罗	贵金属交易资深人士

播出日期/期数	节目话题	嘉宾姓名	职务称谓
20101012（总第 184 期）	胡润富豪榜	胡润	胡润百富创始人兼首席调研员
		陈永杰	全国工商业联合会研究室主任
20101013（总第 185 期）	房产税能让房价降多少？	黄征学	国家发改委国土开发与地区经济研究所副研究员
		王长勇	财新传媒高级记者
20101014（总第 186 期）	阶梯电价	吴钟瑚	中国能源研究会能源经济专业委员会副主任兼秘书长
		韩晓平	中国能源网首席信息官
20101015（总第 187 期）	住房限购令能让房价降几何？	曹建海	中国社会科学院工业经济研究所投资与市场研究室主任
		李国平	高策地产顾问机构董事长
20101018（总第 188 期）	暴力拆迁何时休？	王才亮	北京市才良律师事务所
		张进	财新传媒常务副主编
20101019（总第 189 期）	热钱	谭雅玲	中国外汇投资研究院院长
		向松祚	中国人民大学国际货币研究所理事和副所长
20101020（总第 190 期）	加息	庄健	亚洲开发银行驻中国代表处高级经济学家
		郭田勇	中央财经大学中国银行业研究中心主任
20101021（总第 191 期）	三季度宏观数据	梅新育	商务部国际贸易经济合作研究院副研究员
		吴庆	国务院发展研究中心研究员
20101022（总第 192 期）	油价又要涨？	姜鑫民	国家发改委能源研究所主任助理副研究员
		韩晓平	中国能源网首席信息官
20101025（总第 193 期）	蒙牛伊利的商业恶战	马光远	中国社科院公共管理与政府政策所博士
		王珊珊	财新传媒高级记者
20101026（总第 194 期）	限购令推高房价？	李国平	高策地产顾问机构董事长
		黄瑜	中国指数研究院常务副院长
20101027（总第 195 期）	农产品价格上涨	朱长征	财新《新世纪》周刊宏观新闻部主任
		李国祥	中国社科院农村发展研究所副主任、研究员
20101028（总第 196 期）	股评：要名嘴不要黑嘴	高子程	北京市康达律师事务所合伙人；汪建中案辩护律师
		钱列阳	北京大成律师事务所律师、高级合伙人

播出日期/期数	节目话题	嘉宾姓名	职务称谓
20101029（总第 197 名）	央企上缴红利需提高	秋风（姚中秋）	独立学者；天则经济研究所学术委员会副主席
		夏业良	北京大学中国经济研究中心研究员
20101101（总第 198 期）	不争气的保障房建设	姜炜	全国工商联全国房地产经理人联盟副秘书长
		王珏林	住建部政策研究中心副主任
20101102（总第 199 名）	车船税名不正言不顺	施正文	中国政法大学民商经济法学院教授，中国政法大学财税法研究中心主任
		李洋	《汽车之友》杂志编辑部主任
20101103（总第 200 期）	航班准点有那么难吗？	张起淮	北京蓝鹏律师事务所主任律师
		田保华	原民航管理干部学院院长
20101104（总第 201 期）	QQ 还是 360？你别无选择！	刘峻	奇虎 360 科技有限公司副总裁
		刘兴亮	红麦软件总裁
20101105（总第 202 期）	美联储二次量化宽松	肖炼	中国社会科学院美国经济研究中心主任
		刘煜辉	中国社科院金融重点实验室主任
20101108（总第 203 期）	财新峰会特别节目——贫富差距如何缩小	吴敬琏	国务院发展研究中心高级研究员
20101109（总第 204 期）	政府应按市场逻辑办事	许小年	中欧国际工商学院经济学与金融学教授
20101110（总第 205 期）	全球货币泛滥，我们如何自保	沈明高	花旗集团大中华区首席经济学家
		彭文生	中金公司首席经济学家
20101111（总第 206 期）	通胀对抗法	吴庆	国务院发展研究中心研究员
		贺军	民间智库安邦咨询高级研究员
20101112（总第 207 期）	通胀怎么应对？	谢国忠	玫瑰石顾问公司董事，独立经济学家
		叶翔	汇信资本有限公司董事总经理
20101115（总第 208 期）	柴油荒	韩晓平	中国能源网首席信息官
		邓郁松	国务院发展研究中心市场经济所综合室副主任
20101116（总第 209 期）	周小川的池子	夏斌	国务院发展研究中心金融研究所所长，央行货币政策委员会委员
20101117（总第 210 期）	通胀下买房保值	马光远	中国社科院公共管理与政府政策所博士
		范小冲	阳光 100 集团常务副总裁

播出日期/期数	节目话题	嘉宾姓名	职务称谓
20101118（总第 211 期）	对 iPad 征千元关税好吗？	屠新泉	对外经贸大学中国 WTO 研究院副院长
		李荣法	北京市律协税法专业委员会副主任
20101119（总第 212 期）	爱尔兰债务危机	吴庆	国务院发展研究中心研究员
		谭雅玲	中国外汇投资研究院院长
20101122（总第 213 期）	楼市降价在何时	刘元春	中国人民大学经济学院副院长；国际经济与贸易系主任
		李国平	高策地产顾问机构董事长
20101123（总第 214 期）	物价管得住吗？	刘煜辉	中国社科院金融研究所中国经济评价中心主任
		李国祥	中国社科院农村发展研究所副主任、研究员
20101124（总第 215 期）	通胀在他乡	肖耿	哥伦比亚大学全球中心东亚区主任
		郭田勇	中央财经大学中国银行业研究中心主任
20101125（总第 216 期）	新拆迁条例能否杜绝强拆？	王才亮	北京市才良律师事务所
		秦旭东	财新《新世纪》周刊法治新闻部主任
20101126（总第 217 期）	内幕交易	张远忠	北京问天律师事务所律师
		李箐	财新《新世纪》周刊证券新闻部主任
20101129（总第 218 期）	美韩军事演习祸及资本市场？	袁钢明	清华大学中国与世界经济研究中心研究员
		贺军	民间智库安邦咨询高级研究员
20101130（总第 219 期）	谁能住上公租房？	秦虹	国家住房和城乡建设部政策研究中心副主任
		李国平	高策地产顾问机构董事长
20101201（总第 220 期）	联通 iPhone：锁机有理？	项立刚	飞象网 CEO
		刘兴亮	红麦软件总裁
20101202（总第 221 期）	铁老大又变霸王龙	郝劲松	青年法律学者
		张起淮	北京蓝鹏律师事务所主任律师
20101203（总第 222 期）	明年财政货币政策定调	彭文生	中金公司首席经济学家
		吴庆	国务院发展研究中心研究员
20101206（总第 223 期）	幼儿园安全	李宝元	北京师范大学教授
		姚博	资深媒体人（五岳散人）

播出日期/期数	节目话题	嘉宾姓名	职务称谓
20101207（总第 224 期）	央企退房为何磨磨蹭蹭	刘俊海	中国人民大学民商法教授
		赵剑飞	财新《新世纪周刊》编委
20101208（总第 225 期）	货币政策转向，我该买啥？	高挺	瑞银证券首席中国投资策略师
		杜征征	渤海证券宏观分析师
20101209（总第 226 期）	以限治堵，注意危险	程世东	国家发改委综合运输研究所副研究员
		毛寿龙	中国人民大学行政管理学系主任
20101210（总第 227 期）	房产税，房地产调控的最后一招？	施正文	中国政法大学民商经济法学院教授，中国政法大学财税法研究中心主任
		杜猛	北京大学人居环境中心副教授
20101213（总第 228 期）	个人所得税要降了？	杨宜勇	国家发展和改革委员会社会发展研究所所长
		王长勇	财新传媒高级记者
20101214（总第 229 期）	物价管控无效	周春生	长江商学院金融学教授
		陈彦斌	中国人民大学经济学院院长助理/教授
20101215（总第 230 期）	谁在为土地财政"鸣冤"？	刘守英	国务院发展研究中心农村经济研究部研究员
		王才亮	北京市才良律师事务所
20101216（总第 231 期）	拆迁条例	秋风（姚中秋）	独立学者；天则经济研究所学术委员会副主席
		秦旭东	《新世纪》周刊法治新闻部主任
20101217（总第 232 期）	通胀还可控吗？	汪涛	瑞银证券首席经济学家
		吴庆	国务院发展研究中心研究员
20101220（总第 233 期）	房地产抄底时机到了吗？	范小冲	阳光 100 集团常务副总裁
		胡景晖	伟业我爱我家房产经纪公司副总裁
20101221（总第 234 期）	公务车改革	竹立家	国家行政学院教授
		李子旸	铅笔经济研究社理事
20101222（总第 235 期）	国新挂牌加速央企重组	王志钢	国务院国资委研究中心企业改革与发展研究部部长
		王晓冰	财新《新世纪》周刊副主编
20101223（总第 236 期）	治堵还是添堵	潘家华	中国社会科学院城市发展与环境研究所所长
		马强	北京清华城市规划设计研究院副总规划师

播出日期/期数	节目话题	嘉宾姓名	职务称谓
20101224（总第237期）	收入分配改革再现僵局	杨宜勇	国家发展和改革委员会社会发展研究所所长
		杜珂	财新《中国改革》主编助理
20101227（总第238期）	拆迁血案	马光远	中国社科院公共管理与政府政策所博士
		王才亮	北京市才良律师事务所
20101227（总第239期）	加息－房价	李国平	高策地产顾问机构董事长
		贺军	民间智库安邦咨询高级研究员
20101228（总第240期）	无人监管的政府采购盛宴	竹立家	国家行政学院教授
		石述思	《工人日报》要闻部主任
20101229（总第241期）	铁路走豪华路线有理？	赵坚	北京交通大学经济管理学院教授
		贺军	民间智库安邦咨询高级研究员
20101230（总第242期）	煤电博弈，百姓遭殃？	韩晓平	中国能源网首席信息官
		朱长征	财新《新世纪》周刊宏观新闻部主任
20101231（总第243期）	房地产调控新招	杨乐渝	全国工商联全国房地产经理人联盟秘书长
		胡景晖	伟业我爱我家房产经纪公司副总裁
20110104（总第244期）	中央的话地方何时会听？	刘尚希	财政部财科所副所长
		王长勇	财新传媒高级记者
20110105（总第245期）	穿计划的鞋，走市场的路？	霍德明	北京大学中国经济研究中心教授
		杨哲宇	财新《中国改革》副主编
20110106（总第246期）	各阶层矛盾如何调和？	王小鲁	国民经济研究所副所长
20110107（总第247期）	中国能否摆脱"中等收入陷阱"？	肖炼	中国社会科学院美国经济研究中心主任
		黄山	财新传媒高级记者
20110110（总第248期）	房产税真的来了！？	刘桓	中央财经大学税务学院副院长
		施正文	中国政法大学民商经济法学院教授，中国政法大学才税法研究中心主任
20110111（总第249期）	壹基金突围，慈善的曙光？	黄震	中央财经大学基金会研究中心主任
		贾西津	清华大学NGO研究所副所长
20110112（总第250期）	违法占地 约谈领导有用吗？	曹建海	中国社会科学院工业经济研究所投资与市场研究室主任
		付涛	财新传媒房地产新闻部主任

播出日期/期数	节目话题	嘉宾姓名	职务称谓
20110113（总第 251 期）	合法出租，"小产权房"问题出现曙光？	李平	美国农村发展研究所驻北京代表
		秋风（姚中秋）	独立学者；天则经济研究所学术委员会副主席
20110113（总第 252 期）	利率市场化还远吗？	鲁政委	兴业银行资金运营中心首席经济学家
		郭田勇	中央财经大学中国银行业研究中心主任
20110117（总第 253 期）	劳务派遣员工权利谁来保障？	张车伟	中国社科院人口与劳动经济研究所副所长
		白羽	北京致诚农民工法律援助中心律师、家乐福女工维权代理律师
20110118（总第 254 期）	中美能否避免经济冲突？	肖炼	中国社会科学院美国经济研究中心主任
		吴素萍	《比较》编辑室编辑部主任
20110119（总第 255 期）	春运难运年年运，一票难求年年求	赵坚	北京交通大学经济管理学院教授
		马光远	中国社科院公共管理与政府政策所博士
20110120（总第 256 期）	2011 通胀还会超预期吗？	董先安	兴业证券首席宏观分析师
		朱长征	财新《新世纪》周刊宏观新闻部主任
20110121（总第 257 期）	450 亿美元订单换来了什么？	袁钢明	清华大学中国与世界经济研究中心研究员
		黄山	财新传媒国际新闻部主任
20110124（总第 258 期）	新一轮限购令来袭？	范小冲	阳光 100 集团常务副总裁
		马光远	中国社科院公共管理与政府政策所博士
20110125（总第 259 期）	俄罗斯反恐保卫战再起？	姜毅	中国社科院俄罗斯外交研究室副主任
		费佳·日洛夫	俄通社－塔斯社北京分社特派记者
20110126（总第 260 期）	新形势下企业新使命（长版）	王建宙	中国移动通信集团公司董事长
20110127（总第 261 期）	何处寻国际金融新秩序	朱民	国际货币基金组织副总裁
20110127（总第 262 期）	入世十年，中国再"入世"（午间版）	张向晨	中国常驻世贸副代表、公使
20110127（总第 263 期）	中国企业创新难在哪？（午间版）	冯军	华旗资讯集团总裁、爱国者总裁

播出日期/期数	节目话题	嘉宾姓名	职务称谓
20110128（总第264期）	反思中国发展模式	张维迎	北京大学光华管理学院教授、前院长
20110128（总第265期）	"胡奥会"后看中美关系（午间版）	阎学通	清华大学当代国际关系研究院院长
20110128（总第266期）	行政调控能压住房价吗（午间版）	张欣	SOHO中国联席总裁
20110131（总第267期）	中国房地产调控之惑	刘晓光	首创集团总经理
		刘二飞	美银美林集团中国区主席
20110131（总第268期）	十二五中国投资机会（午间版）	赵令欢	联想控股有限公司副总裁、弘毅投资总裁
20110131（总第269期）	市场经济法制化路漫漫（午间版）	吴志攀	北京大学副校长、原北大法学院院长、北京大学金融法研究中心主任；中国法学会副会长
20110201（总第270期）	前瞻2011年中国货币政策	李稻葵	央行货币政策委员会委员
20110201（总第271期）	从世界工厂到世界市场（午间版）	柳传志	联想控股有限公司董事长，联想集团有限公司董事局主席，中华全国工商业联合会副主席
20110209（总第272期）	央行加息，影响几何？	吴庆	国务院发展研究中心研究员
		魏凤春	中信建投证券首席宏观分析师
20110210（总第273期）	楼市会在今年触底吗？	陈国强	中国房地产学会副会长
		付涛	财新传媒地产新闻部主任
20110211（总第274期）	谁来拯救乞讨儿童？	王大伟	中国人民公安大学教授
		马光远	中国社科院公共管理与政府政策所博士
20110214（总第275期）	谁来拨开铁路改革迷雾？	赵坚	北京交通大学经济管理学院教授
		毛寿龙	中国人民大学行政管理学系主任
20110215（总第276期）	CPI下降，通胀退烧？	范剑平	国家信息中心经济预测部主任
		朱长征	财新《新世纪》周刊宏观新闻部主任
20110216（总第277期）	北京楼市风声紧	李国平	高策地产顾问机构董事长
		付涛	财新传媒房地产新闻部主任
20110217（总第278期）	毒大米出没，注意！	王世平	中国农业大学食品科学与营养工程学院教授
		宫靖	财新《新世纪》周刊高级记者
20110218（总第279期）	"用工荒"慌了谁？	张车伟	中国社科院人口与劳动经济研究所副所长
		马光远	中国社科院公共管理与政府政策所博士

播出日期/期数	节目话题	嘉宾姓名	职务称谓
20110221（总第280期）	当心！互联网泡沫	徐鹏	上海传漾广告有限公司首席执行官
		李华兵	千淘资本创始合伙人
20110222（总第281期）	国债投标舞弊黑幕	周春生	长江商学院金融学教授
		李涛	财新《新世纪》周刊金融新闻部主任
20110223（总第282期）	石油危机再次来袭？	冯连勇	中国石油大学（北京）经济与贸易系主任
		韩晓平	中国能源网首席信息官
20110224（总第283期）	公车改革	毛寿龙	中国人民大学行政管理学系主任
		姚博	资深媒体人（五岳散人）
20110225（总第284期）	马云：阿里巴巴错了	刘兴亮	红麦软件总裁
		马嵘松	易观国际B2B（信息服务事业部）分析师
20110228（总第285期）	楼市拐点有多远？	沈建光	瑞穗证券大中华区首席经济学家
		胡景晖	伟业我爱我家房产经纪公司副总裁
20110301（总第286期）	港府抗通胀策略大启迪	袁钢明	清华大学中国与世界经济研究中心研究员
		吴庆	国务院发展研究中心研究员
20110302（总第287期）	个税调整，为你省多少？	倪红日	国务院发展研究中心资源与环境政策研究所研究员
		王长勇	财新传媒高级记者
20110303（总第288期）	A股万点，忽悠还是畅想？	贺强	中央财经大学证券期货研究所所长
		叶翔	汇信资本有限公司董事总经理
20110304（总第289期）	国企盈利，皇帝的新衣？	李曙光	中国政法大学研究生院常务副院长
		高明华	北京师范大学经济与工商管理学院副院长
20110307（总第290期）	你的收入能赶上GDP吗？	迟福林	中国（海南）改革发展研究院院长、政协委员
		王小鲁	国民经济研究所副所长
20110308（总第291期）	你住得上保障房吗？	王珏琳	住建部政策研究中心副主任
		张懿辰	中信资本控股有限公司首席执行官、政协委员
20110309（总第292期）	国美演绎，风云再起	周春生	长江商学院金融学教授
		张远忠	北京问天律师事务所合伙人

播出日期/期数	节目话题	嘉宾姓名	职务称谓
20110310（总第 293 期）	公务员养老金为何这么高？	郑秉文	中国社科院世界社保研究中心主任
		任波	财新《新世纪》周刊综合新闻部副主任
20110311（总第 294 期）	日本地震	徐静波	日本亚洲通讯社社长，"日本新闻网"及《中国经济新闻》总裁
		任鲁川	中国地震局防灾科技学院综合减灾研究所所长
20110314（总第 295 期）	总结两会——通胀如虎，如何擒虎？	张立群	国务院发展研究中心宏观经济研究部研究员、副巡视员
		董先安	北京领先国际金融资讯公司首席经济学家
20110315（总第 296 期）	核危机来了？	刘巍	中国核电工程有限公司副总经理
		王以超	财新传媒编委、财新网主编
20110316（总第 297 期）	银行乱收费取消了多少	刘俊海	中国人民大学商法研究所所长
		张远忠	北京问天律师事务所合伙人
20110317（总第 298 期）	核危机未除，石油危机又起	韩晓平	中国能源网首席信息官
		邓郁松	国务院发展研究中心市场经济研究所副研究员
20110318（总第 299 期）	日本经济创伤几何？	张季风	中国社科院日本研究所经济室主任
		吴庆	国务院研究中心研究员
20110320（总第 300 期）	卡扎菲会垮台吗？	阮次山	资深时事评论员
		殷罡	中国社科院西亚非洲所研究员
20110321（总第 301 期）	利比亚局势动荡，中国何处找油？	韩晓平	中国能源网首席信息官
		张国庆	中国社科院美国所学者
20110322（总第 302 期）	奢侈品国内外同价	陶景洲	国际商会仲裁院委员
		屠新泉	对外经贸大学中国 WTO 研究院副院长
20110323（总第 303 期）	房价调控目标为何迟迟不出？	杨乐渝	全国工商联全国房地产经理人联盟秘书长
		付涛	财新传媒房地产新闻部主任
20110324（总第 304 期）	艺术品股票——忽悠还是机遇？	张江舟	中国国家画院院长
		王紫雾	财新《新世纪》周刊记者
20110324（总第 305 期）	北京不再欢迎你？！	姚博	资深媒体人（五岳散人）
		任波	财新《新世纪》周刊综合新闻部副主任

续表

播出日期/期数	节目话题	嘉宾姓名	职务称谓
20110328（总第 306 期）	百度文库盗书算偷吗?	沈浩波	北京磨铁图书有限公司总裁
		徐家力	中国政法大学知识产权研究中心主任
20110329（总第 307 期）	产权到期后，房子还是我的吗?	王才亮	北京良才律师事务所律师
		秋风（姚中秋）	独立学者，天则经济研究所学术委员会副主席
20110330（总第 308 期）	房价越调控越涨?	李国平	高策地产顾问机构董事长
		范小冲	阳光 100 置业集团副总裁
20110331（总第 309 期）	日化服装方便面涨价有理? 约谈有效?	吴庆	国务院发展研究中心研究员
		王长勇	财新传媒宏观新闻部副主任
20110401（总第 310 期）	双汇作秀给谁看?	张起淮	北京蓝鹏律师事务所主任律师
		李光斗	著名品牌战略专家
20110406（总第 311 期）	电网公司多收了多少电费	韩晓平	中国能源网首席信息官
		王晓冰	财新《新世纪》周刊副主编
20110407（总第 312 期）	油价不怕涨?	王炜瀚	对外经济贸易大学能源经济研究中心研究员
		冯连勇	中国石油大学（北京）经济与贸易系主任
20110408（总第 313 期）	殡葬业暴利	杨根来	民政部培训中心职业能力培训部主任
		杨宝祥	民政部管理干部学院教授级高级工程师
20110412（总第 314 期）	房价只升不跌的时代终结了	王珏琳	住建部政策研究中心副主任
		李国平	高策地产顾问机构董事长
20110413（总第 315 期）	倡议治通胀到多久?	陈永杰	中国国际经济交流中心副秘书长；原全国工商业联合会研究室主任
		吴庆	国务院发展研究中心研究员
20110414（总第 316 期）	铁路降速也降价吗?	李红昌	北京交通大学运输经济理论与政策研究所副所长
		曹海丽	财新《新世纪》周刊记者
20110415（总第 317 期）	数据分析：CPI 刹车失灵了?	曹远征	中国银行首席经济学家
		黄益平	北京大学国家发展研究院教授
20110418（总第 318 期）	央企乱花钱咋管?	陈杰人	中国政法大学法制新闻研究中心研究员
		夏业良	北京大学中国经济研究中心研究员

播出日期/期数	节目话题	嘉宾姓名	职务称谓
20110419（总第 319 期）	上市公司为啥不分红？	周春生	长江商学院金融学教授
		张远忠	北京问天律师事务所主任
20110420（总第 320 期）	食品安全	吴广枫	中国农业大学食品科学与营养工程学院副教授
		邱宝昌	北京汇佳律师事务所律师，北京市律师协会消费者权益保护委员会主任
20110421（总第 321 期）	收入翻番，画饼？	张车伟	中国社科院人口与劳动经济研究所副所长
		杨宜勇	国家发改委社会发展研究所所长
20110422（总第 322 期）	药家鑫一审被判死刑	高子程	刑事辩护律师
		周勇	财新传媒评论员
20110425（总第 323 期）	菜贱伤农，菜贵伤民；卷心菜，卷了谁的钱？	李国祥	中国社科院农村发展研究所副主任、研究员
		王长勇	财新《新世纪》宏观新闻部副主任
20110426（总第 324 期）	个税减多少？	孙钢	财政部财政科学研究所研究员
		施正文	中国政法大学民商经济法学教授、博士生导师
20110427（总第 325 期）	三万亿外储怎么花	王志浩 Stephen Green	渣打银行大中华区首席经济学家
		肖耿	哥伦比亚大学全球中心东亚区主任
20110428（总第 326 期）	房地产观望到何时？	胡景晖	伟业我爱我家房产经纪公司副总裁
		付涛	财新传媒房地产新闻部主任
20110429（总第 327 期）	英国皇室大婚	李孟苏	《三联生活周刊》主任记者
		郭方	中国社科院世界历史研究所研究员
20110503（总第 328 期）	本·拉登死后反恐去向	李绍先	中东问题专家、中国现代国际关系研究院副院长
		殷罡	中国社科院西亚非洲所研究员
20110504（总第 329 期）	"五杠少年"刺痛了什么	储朝晖	中央教育科学研究所研究员
		石述思	《工人日报》要闻部主任
20110505（总第 330 期）	飞不出的疯人院	黄卉	北京航空航天大学法学院副教授
		秦旭东	财新《新世纪》周刊法治新闻部主任

续表

播出日期/期数	节目话题	嘉宾姓名	职务称谓
20110506（总第 331 期）	白银	向松祚	中国人民大学国际货币研究所副所长
		吴庆	国务院发展研究中心研究员
20110509（总第 332 期）	中美战略经济对话	袁钢明	清华大学中国与世界经济研究中心研究员
		李增新	财新《新世纪》国际新闻部副主任
20110510（总第 333 期）	石家庄没收违规建筑作为保障房	王才亮	北京市才良律师事务所律师
		支振锋	中国社会科学院法学研究所学者
20110512（总第 334 期）	邵氏弃儿 - 计生部门抢婴儿	姚博	资深媒体人（五岳散人）
		张进	财新传媒常务副主编
20110513（总第 335 期）	高速公路收费多	汝宜红	北京交通大学经济管理学院教授
		王福重	中央财经大学政府与经济研究中心主任
20110516（总第 336 期）	故宫变私人会所？	姚博	资深媒体人（五岳散人）
		陈杰人	中国政法大学法制新闻研究中心研究员
20110517（总第 337 期）	追踪三聚氰胺赔偿金去向	邱宝昌	中国消费者协会律师团团长
		林峥	三聚氰胺奶粉事件律师志愿团成员
20110518（总第 338 期）	卡恩性侵事发谁将接管 IMF？	向松祚	中国人民大学国际货币研究所副所长
		张国庆	中国社科院美国研究所副研究员
20110519（总第 339 期）	房价微升	黄瑜	中国指数研究院常务副院长
		贺军	民间智库安邦咨询高级研究员
20110520（总第 340 期）	特供食品如何普及？	毛寿龙	中国人民大学行政管理学系主任
		蒋欣捷	财新传媒记者
20110523（总第 341 期）	央企如何经得起审计？	张承耀	中国社会科学院管理科学研究中心副主任
		夏业良	北京大学中国经济研究中心研究员
20110524（总第 342 期）	三峡善用和善后	张博庭	中国水力发电工程学会副秘书长
		王以超	财新传媒编委，财新网主编
20110525（总第 343 期）	保障房乱象	杨乐渝	全国工商联全国房地产经理人联盟秘书长
		李国平	高策地产顾问机构董事长

播出日期/期数	节目话题	嘉宾姓名	职务称谓
20110526（总第 344 期）	香河违规占耕地建商品房	陈杰人	中国政法大学法制新闻研究中心研究员
		王才亮	北京市才良律师事务所
20110527（总第 345 期）	购物卡引出腐败链条	姚博	资深媒体人（五岳散人）
		支振锋	中国社会科学院法学研究所学者
20110530（总第 346 期）	台湾食品安全	邱宝昌	中国消费者协会律师团团长
		李怡静	台湾中天电视台驻京记者
20110531（总第 347 期）	到哪能上好大学？	姚博	资深媒体人（五岳散人）
		卢晓东	北京大学元培学院副院长
20110601（总第 348 期）	地方政府会破产吗？	汪涛	瑞银证券首席经济学家
		吴庆	国务院发展研究中心研究员
20110602（总第 349 期）	高盛：天使还是魔鬼？	袁钢明	清华大学中国与世界经济研究中心研究员
		张国庆	中国社科院美国研究所副研究员
20110603（总第 350 期）	支付宝被偷	马光远	中国社科院公共管理与政府政策所博士
		刘兴亮	红麦软件总裁
20110607（总第 351 期）	李娜获奖是谁的胜利？	熊晓正	北京体育大学管理学院教授、博士生导师
		张军慧	中网赛事的总监
20110608（总第 352 期）	中国概念股行骗美国？	周春生	长江商学院金融学教授
		王毓明	i 美股分析师
20110609（总第 353 期）	45 学生拒绝高考	蒋国华	中央教科所研究员、北京吉利大学教育研究所名誉所长
		姚博	资深媒体人（五岳散人）
20110610（总第 354 期）	个人所得税	张广通	中央财经大学税务学院副院长
		王长勇	财新《新世纪》周刊宏观新闻部副主任
20110613（总第 355 期）	高铁背后的高隐忧	赵坚	北京交通大学经济管理学院教授
		毛寿龙	中国人民大学行政管理学系主任
20110614（总第 356 期）	统计数据泄漏	汪时锋	第一财经日报资深记者
		袁钢明	清华大学中国与世界经济研究中心研究员
20110615（总第 357 期）	越南南海挑战	李大光	中国人民解放军国防大学教
		杨丹志	中国社科院亚太所东亚问题专家
20110616（总第 358 期）	贪官外逃	陈杰人	中国政法大学法制新闻研究中心研究员
		王长勇	财新《新世纪》周刊宏观新闻部副主任

续表

播出日期/期数	节目话题	嘉宾姓名	职务称谓
20110617（总第 359 期）	500 元面值的人民币该不该出？	马光远	中国社科院公共管理与政府政策所博士
		谭雅玲	原中国银行全球金融市场部高级分析师
20110619（总第 360 期）	南方洪灾，水利何利？	吴昌华	气候组织大中华区总裁
		郑风田	中国人民大学农业与农村发展学院教授、副院长
20110620（总第 361 期）	钻石暴利	万子红	全城热恋钻石商场董事长
		马尼	莫礼世意大利珠宝贸易有限公司亚太区总经理
20110621（总第 362 期）	利比亚反对派领导人访华	李晓宁	北京大学中国战略研究中心特约研究员
		殷罡	中国社科院西亚非洲所研究员
20110622（总第 363 期）	中国人海外炒房	李国平	高策地产顾问机构董事长
		高晓晖	高力国际董事总经理
20110623（总第 364 期）	上海土地爷该当何罪	竹立家	国家行政学院教授
		王春军	北京市凯泰律师事务所合伙人
20110624（总第 365 期）	谁在做局南海？	杨丹志	中国社科院亚太所东亚问题专家
		任晶晶	中国社科院当代中国研究所国际问题专家
20110627（总第 366 期）	全球智库峰会——谁来解渴中小企业资金慌	魏建国	中国国际经济交流中心秘书长；商务部前副部长
		李东生	TCL 集团股份有限公司董事长兼总裁
20110628（总第 367 期）	全球智库峰会——通胀是否见顶	王建业	中国进出口银行首席经济学家
		曹文炼	中国国际经济交流中心副秘书长，国家发改委国际合作中心主任
20110629（总第 368 期）	全球智库峰会——中国经济硬着陆	刘遵义	中国国际经济交流中心执行副理事长；中投国际（香港）有限公司董事长
		郑新立	中国国际经济交流中心常务副理事长；中共中央政策研究室副主任
20110630（总第 369 期）	埃及乱局何时休？	辛俭强	前新华社驻开罗记者
		田文林	现代国际关系研究院研究员
20110701（总第 370 期）	你被养生忽悠了吗？	王艳	科普作家、科学松鼠会成员
		石述思	《工人日报》要闻部主任

播出日期/期数	节目话题	嘉宾姓名	职务称谓
20110704（总第 371 期）	城市也要抗洪	程晓陶	水利部防洪抗旱减灾工程技术研究中心常务副主任
		李虎军	财新《新世纪》周刊科技环境部主任
20110705（总第 372 期）	中国牛奶你还敢喝吗？	王世平	中国农业大学食品科学与营养工程学院食品营养与安全专业教授，博士生导师
		方舟子	学者、科普作家
20110706（总第 373 期）	中海油"捂"功盖世	韩晓平	中国能源网首席信息官
		马光远	中国社科院公共管理与政府政策所博士
20110707（总第 374 期）	加息能否抑制通胀	徐洪才	中国国际经济交流中心信息部副部长
		曹远征	中国银行首席经济学家
20110708（总第 375 期）	钓鱼岛风波再起	杨丹志	中国社科院亚太所东亚问题专家
		杨伯江	国际关系学院教授
20110711（总第 376 期）	商解姚明	王猛	体坛周报驻休斯敦记者
		黄祎	腾讯网 NBA 频道主编
20110712（总第 377 期）	中国移动反腐风暴	项立刚	飞象网 CEO
		赵何娟	《新世纪》周刊记者
20110713（总第 378 期）	京沪高铁还能坐吗？	汝宜红	北京交通大学经济管理学院教授
		姚博	资深媒体人（五岳散人）
20110714（总第 379 期）	存量多，房价要拐点？	范小冲	阳光 100 置业集团常务副总裁
		李国平	高策地产顾问机构董事长
20110715（总第 380 期）	窃听丑闻会拖垮默多克吗？	李昕	财新传媒英文周刊执行主编
		展江	北京外国语大学国际新闻与传播系教授
20110718（总第 381 期）	三公消费公示要彻底	马光远	中国社科院公共管理与政府政策所博士
		朱长征	财新《新世纪》周刊宏观新闻部主任
20110719（总第 382 期）	航空母舰的中国猜想	李杰	中国人民解放军海军军事学术研究所研究员、海军大校
		杨丹志	中国社科院亚太所东亚问题专家
20110720（总第 383 期）	南海争端	李杰	中国人民解放军海军军事学术研究所研究员
		杨丹志	中国社科院亚太所东亚问题专家

播出日期/期数	节目话题	嘉宾姓名	职务称谓
20110721 （总第 384 期）	黄金飞涨，1600 美元是顶还是底？	李松阳	北京金汇海纳黄金制品有限公司高级策略师
		鲁丽罗	贵金属市场资深人士
20110722 （总第 385 期）	网络视频出路何在	张朝阳	搜狐董事局主席兼 CEO
		谢文	资深互联网观察家
20110725 （总第 386 期）	7.23 最后一趟出轨的高铁	赵坚	北京交通大学经济管理学院教授
		姚博	资深媒体人（五岳散人）
20110726 （总第 387 期）	经济学怎么解中国难题？	王小鲁	国民经济研究所副所长
		杨哲宇	财新《中国改革》副主编
20110727 （总第 388 期）	高铁安全还有多少不能说的秘密？	赵坚	北京交通大学经济管理学院教授
		郝劲松	青年法律学者
20110728 （总第 389 期）	切割铁路"独立王国"	袁钢明	清华大学中国与世界经济研究中心研究员
		姚博	资深媒体人（五岳散人）
20110729 （总第 390 期）	铁道部挖坑，谁来买单？	李红昌	北京交通大学运输经济理论与政策研究所副所长
		姚博	资深媒体人（五岳散人）
20110801 （总第 391 期）直播	故宫还能管好故宫吗？——瓷器门	石述思	《工人日报》要闻部主任
		曹海丽	财新《新世纪》周刊记者
20110802 （总第 392 期）	电梯惊魂	石述思	《工人日报》要闻部主任
		李虎军	财新《新世纪》周刊科技环境部主任
20110803 （总第 393 期）	美国债务危机	黄卫平	中国人民大学经济学院教授
		肖炼	中国社会科学院美国经济研究中心主任
20110805 （总第 394 期）	股评黑嘴该不该对散户亏钱负责？	张远忠	北京问天律师事务所主任
		高子程	刑辩律师
20110808 （总第 395 期）	美债降级，股灾来了	马光远	中国社科院公共管理与政府政策所博士
		吴庆	国务院发展研究中心研究员
20110809 （总第 396 期）	CPI 数据已出，货币政策怎么走	徐洪才	中国国际经济交流中心信息部副部长
20110811 （总第 397 期）	高铁降速了，安全无忧了？	赵坚	北京交通大学经济管理学院教授
		郭士英	方正金融研究院院长
20110812 （总第 398 期）	美国驻华大使骆家辉来了	肖炼	中国社会科学院美国经济研究中心主任
		袁鹏	中国现代国际关系研究院美国研究所所长

播出日期/期数	节目话题	嘉宾姓名	职务称谓
20110815（总第 399 期）	人民币汇率飞多久？	徐洪才	中国国际经济交流中心信息部副部长
		谭雅玲	原中国银行全球金融市场部高级分析师
20110816（总第 400 期）	揭秘传销洗脑术	慕容雪村	知名作家
		李旭	中国反传销协会会长
20110817（总第 401 期）	拜登访华，外储买啥？	肖炼	中国社会科学院美国经济研究中心主任
		张国庆	中国社科院美国研究所学者
20110818（总第 402 期）	北京强拆打工子弟小学	储朝晖	中央教育科学研究所研究员
		竹道静	蓝天实验学校校长
20110819（总第 403 期）	全球股市大跌，世界经济二次探底？	陈超	工银瑞信基金管理有限公司首席经济学家
		袁钢明	清华大学中国与世界经济研究中心研究员
20110822（总第 404 期）	利比亚局势	李杰	中国人民解放军海军军事学术研究所研究员、海军大校
		殷罡	中国社科院西亚非洲所研究员
20110823（总第 405 期）	利比亚的中国利益	殷罡	中国社科院西亚非洲所研究员
		张国庆	中国社科院美国研究所学者
20110824（总第 406 期）	利比亚：建国大业何时功成？	张召忠	国防大学教授、海军少将
		马晓霖	中国中东学会理事
20110825（总第 407 期）	黄金牛市终结了？	周春生	长江商学院金融学教授
		鲁丽罗	贵金属市场资深人士
20110826（总第 408 期）	铁路：裂纹丛生，改革难行！	赵坚	北京交通大学经济管理学院教授
		王晓冰	财新《新世纪》周刊副主编
20110829（总第 409 期）	史玉柱：一场微播引发的悬案	杨兆全	北京杨兆全律师事务所主任
		李涛	财新《新世纪》周刊金融新闻部主任
20110830（总第 410 期）	月饼税	马光远	中国社科院公共管理与政府政策所博士
		施正文	中国政法大学财税法研究中心主任
20110831（总第 411 期）	房价拐点？	范小冲	阳光 100 集团常务副总裁
		黄瑜	中国指数研究院常务副院长

播出日期/期数	节目话题	嘉宾姓名	职务称谓
20110901（总第 412 期）	税负国人不能承受之重	倪红日	国务院发展研究中心资源与环境政策研究所研究员
		王长勇	财新《新世纪》宏观新闻部副主任
20110902（总第 413 期）	审判康菲中国	王科峰	北京市盈科律师事务所高级合伙人
		宫靖	财新《新世纪》周刊高级记者
20110905（总第 414 期）	宋庆龄基金会	马光远	中国社科院公共管理与政府政策所博士
		贾西津	清华大学 NGO 研究所副所长
20110906（总第 415 期）	从贾康谈消费者向锦湖轮胎维权	邱宝昌	北京汇佳律师事物所律师，北京市律师协会消费者权益保护委员会主任
		王福重	中央财经大学政府与经济研究中心主任
20110907（总第 416 期）	叙利亚，下一个利比亚？	安惠侯	前外交部亚非司司长
		李晓宁	北京大学中国战略研究中心特约研究员
20110908（总第 417 期）	宁夏特别节目 ——黄河金岸（上）	王正伟	宁夏回族自治区政府主席
		李光斗	著名品牌战略专家
		曹景行	特约主持人
		陈永杰	中国国际交流中心副秘书长、全国工商业联合会研究室主任
20110909（总第 418 期）	"911" 十周年	肖炼	中国社会科学院美国经济研究中心主任
		张国庆	中国社科院美国研究所学者
20110913（总第 419 期）	宁夏特别节目 ——黄河金岸（下）	王正伟	宁夏回族自治区政府主席
		李光斗	著名品牌战略专家
		曹景行	特约主持人
		陈永杰	中国国际交流中心副秘书长、全国工商业联合会研究室主任
20110914（总第 420 期）	夏季达沃斯（一） 人口红利何时到期？	王丰	清华－布鲁金斯公共政策研究中心主任
		葛剑雄	复旦大学教授、图书馆馆长，教育部社会科学委员会委员、全国政协常委

播出日期/期数	节目话题	嘉宾姓名	职务称谓
20110915（总第 421 期）	夏季达沃斯（二） 求解资本市场迷局	李晶	摩根大通董事总经理
		刘二飞	美银美林集团中国区主席
20110916（总第 422 期）	夏季达沃斯（三） 通胀如何治理？	李稻葵	央行货币政策委员会委员
20110919（总第 423 期）	夏季达沃斯（四）货币政策	朱民	IMF 副总裁
		杨燕青	第一财经日报编委
20110920（总第 424 期）	夏季达沃斯（五） 房地产会崩盘吗？	王健林	大连万达集团董事长
20110921（总第 425 期）	欧债危机	沈建光	瑞穗证券大中华区首席经济学家
		周春生	长江商学院金融学教授
20110922（总第 426 期）	我们还要吃多少年地沟油？	姚博	资深媒体人（五岳散人）
		李虎军	财新《新世纪》周刊科技环境部主任
20110923（总第 427 期）	7.23 事故真相还要等多久？	董焰	国家发改委综合运输研究所研究员
		赵坚	北京交通大学经济管理学院教授
20110926（总第 428 期）	巴勒斯坦入联梦圆？	安惠侯	中国国际问题研究所特约研究员
		李国富	中国国际问题研究所研究员
20110927（总第 429 期）	金价震荡，是抛是进？	梅建平	长江商学院金融学教授
		杨阳	嘉实基金黄金经理
20110929（总第 430 期）	拿什么迎接人民币汇率 "5 时代"？	黄卫平	中国人民大学经济学院教授
		肖炼	中国社科院美国经济研究中心主任
20110930（总第 431 期）	中国楼市进入看空时代？	黄瑜	中国指数研究院常务副院长
		范小冲	阳光 100 集团常务副总裁
20111018（总第 432 期）	中国水电上市	邓智敏	证券市场资深人士
		田渭东	中邮证券首席分析师
20111019（总第 433 期）	鄂尔多斯高利贷	马光远	中国社科院公共管理与政府政策所博士
		李涛	财新《新世纪》周刊金融新闻部主任
20111021（总第 434 期）	冷漠社会如何炼成	张起淮	北京蓝鹏律师事务所主任律师
		姚博	资深媒体人（五岳散人）
20111024（总第 435 期）	房地产	范小冲	阳光 100 集团常务副总裁
		黄瑜	中国指数研究院常务副院长
20111025（总第 436 期）	A 股底部大坝筑好了吗	邓智敏	证券市场资深人士
		田渭东	中邮证券首席分析师

续表

播出日期/期数	节目话题	嘉宾姓名	职务称谓
20111026（总第 437 期）	高考取消户籍限制， 异地高考难于上青天？	熊文钊	中央民族大学法学院教授
		金淑	高考随迁子女家长
20111027（总第 438 期）	保障房建设将被货币补贴取代	陈志	北京房地产业协会副会长秘书长
		李国平	高策地产顾问机构董事长
20111028（总第 439 期）	买房还是买房地产股？	杨乐渝	全国工商联全国房地产经理人联盟秘书长
		邓智敏	证券市场资深人士
20111031（总第 440 期）	雾霾天气	姜克隽	国家发改委能源所研究员
		于达维	财新《新世纪》周刊高级记者
20111101（总第 441 期）	证监会换帅	侯宁	证券市场评论员
		陆媛	第一财经日报记者
20111102（总第 442 期）	欧债	沈建光	瑞穗证券大中华区首席经济学家
		李增新	财新《新世纪》国际新闻部副主任
20111103（总第 443 期）	政策放松号角吹响!？	霍德明	北京大学中国经济研究中心教授
		吴庆	国务院发展研究中心研究员
20111104（总第 444 期）	房企严冬来临，抄底正是时机？	黄瑜	中国指数研究院常务副院长
		李国平	高策房地产顾问机构董事长
20111107（总第 445 期）	铁道部救不救	赵坚	北京交通大学经济管理学院教授
		贺军	民间智库安邦咨询高级研究员
20111108（总第 446 期）	红十字会童子军	王福重	中央财经大学政府与经济研究中心主任
		张起淮	北京蓝鹏律师事务所主任律师
20111109（总第 447 期）	CPI 拐了，宏观政策要调了？	袁钢明	清华大学中国与世界经济研究中心研究员
		庄健	亚洲开发银行驻中国代表处高级经济学家
20111110（总第 448 期）	城管，谁来管？	毛寿龙	中国人民大学行政管理学系教授
		秦旭东	财新《新世纪》周刊法治新闻部主任
20111111（总第 449 期）	A 股见底了吗？	邓智敏	资深证券评论人士
		李箐	财新《新世纪》周刊证券新闻部主任
20111114（总第 450 期）	财新峰会 - 中小企业融资迷局	吴敬琏	国务院发展研究中心高级研究员
20111115（总第 451 期）	财新峰会 - A 股牛市何时来临？	谢国忠	玫瑰石顾问公司董事
20111116（总第 452 期）	财新峰会 - 欧债危机 上演步步惊心	王志浩 Stephen Green	渣打银行大中华区首席经济学家

续表

播出日期/期数	节目话题	嘉宾姓名	职务称谓
20111117（总第453期）	财新峰会－楼市调控何时到位？	聂梅生	中华全国工商联房地产商会会长
20111118（总第454期）	财新峰会－货币政策转向？	黄益平	北京大学国家发展研究院教授
20111121（总第455期）	停车难	毛寿龙	中国人民大学行政管理学系教授
		宫靖	财新《新世纪》周刊高级记者
20111122（总第456期）	狼爸是教育的成功还是反面教材？	萧百佑	香港商人
		苏芩	作家
20111123（总第457期）	房价下跌，后果严重？	沈建光	瑞穗证券大中华区首席经济学家
		李国平	高策地产顾问机构董事长
20111124（总第458期）	年底突击花钱	施正文	中国政法大学民商经济法学院教授，中国政法大学财税法研究中心主任
		王长勇	财新《新世纪》周刊宏观新闻部副主任
20111125（总第459期）	中石油豪车买得有理？	王福重	中央财经大学政府与经济研究中心主任
		韩晓平	中国能源网首席信息官
20111128（总第460期）	校车安全	毛寿龙	中国人民大学行政管理学系教授
		马光远	中国社科院公共管理与政府政策所博士
20111129（总第461期）	创业板退市制度	吕随启	北京大学经济学院金融系副主任
		邓智敏	资深证券评论人士
20111201（总第462期）	银根放松，楼市吹暖风？	李国平	高策地产顾问机构董事长
		陈宝存	全国房地产经理人联盟副秘书长
20111202（总第463期）	两桶油高呼炼油业务巨亏，意在涨价？	韩晓平	中国能源网首席信息官
		张承耀	中国社会科学院工业经济研究所企业管理研究室副主任
20111205（总第465期）	人民币贬值序曲唱响？	吴庆	国务院发展研究中心研究员
		张燕生	国家发展改革委对外经济研究所所长
20111206（总第466期）	房地产商的过冬心计	李国平	高策地产顾问机构董事长
		刘亦方	香港丰联集团总裁
20111207（总第467期）	一元股值得买吗？	吴煊	日信证券首席市场分析师
		何旭	金元证券北方财富中心总经理
20111208（总第468期）	房产税推而广之准备好了吗？	马光远	中国社科院公共管理与政府政策所博士
		王长勇	财新《新世纪》宏观新闻部副主任

续表

播出日期/期数	节目话题	嘉宾姓名	职务称谓
20111209（总第 469 期）	CPI 回落 + 欧债危机，防通胀走向保增长？	向松祚	中国人民大学国际货币研究所副所长
		叶翔	汇信资本有限公司董事总经理
20111212（总第 470 期）	求解 2012 中国宏观经济悬念	徐洪才	中国国际经济交流中心信息部副部长
		庄健	亚洲开发银行驻中国代表处高级经济学家
20111213（总第 471 期）	国企两分法	韩晓平	中国能源网首席信息官
		马光远	中国社科院公共管理与政府政策所博士
20111213（总第 472 期）	谁在做局重庆啤酒？	张远忠	北京问天律师事务所主任
		戴廉	财新《新世纪》周刊记者
20111214（总第 473 期）	问责官员一年就复出，凭啥？	邓聿文	中共中央党校《学习时报》社副编审
		支振锋	中国社会科学院法学研究所学者
20111215（总第 474 期）	A 股十年回到原点	支振峰	中国社会科学院法学研究所学者
		邓聿文	中共中央党校《学习时报》副编审
20111216（总第 475 期）	温州合作建房能否圆你有房梦？	赵智强	温州个人合作建房发起人
		孟宪生	房地产资深律师
20111219（总第 476 期）	解密铁道部硕鼠张曙光	支振峰	中国社会科学院法学研究所学者
		王晨	财新《新世纪》周刊记者
20111220（总第 477 期）	黄金大牛市即将终结？	袁波	北京金汇海纳黄金制品有限公司高级策略师
		徐庆峰	中翊金行（天津）贵金属经营有限公司市场总监

后　记

　　不得不承认阅读《多德—弗兰克法案》是件极痛苦的事，面对这个网页，我几乎可以做到一打开就犯困。这种可怕的阅读经历，不由得让我想到若干年前，在地球一隅、心灵一角遭受法律原著折磨、最终不得不放弃法律作为终生职业的遭遇。但是，在我刚要睡去的时候，又会常常惊醒，因为，这部法规在字里行间所展现出的细致、精准及严苛，把美国从 1933 年以来，对金融机构加强监管，到 1999 年去除监管，再到 2010 年重新监管的历史沿革，说得一清二楚。然而，就在我还没有来得及对《多德—弗兰克法案》这部保护美国金融消费者的超级法案肃然起敬的时候，美国的茶党已经在全美掀起反对政府过度干预市场的运动，美国的年轻人在越战之后，又一次走上了街，这回他们要占领的是美国冒险创富精神的象征——华尔街，他们目的是要政府从市场退位。在一片抗议声中，抗议者成了《时代》杂志年度人物，而经历了无数辉煌的凯恩斯主义却正在迎接着最糟糕的时代。

　　我多么期待这一切就是《首席评论》明天就要讨论的话题。但是，明天不是。解读财经事件，对于中国的电视台来说还是一门新技术、新学问。因为，财经新闻里所包括的理性、数据、图表，天生与电视媒体的大众、通俗、具象有着对立。全世界也没有一家财经电视台，像第一财经宁夏卫视这样，是不需要花钱订阅，开放给全中国、乃至全世界的观众来看的。谁也不能否认，今天的第一财经电视正在做着一件前无古人的事，为财经知识极度缺乏的中国人普及财经知识，而且这还是一顿真正的免费的午餐。《首席评论》就是这其中的一部分。

　　2009 年年底，在谢力总监一连串的挑剔的追问下，我开始与一财结缘。而来北京之后，做的第一件事就是参与到一财与胡舒立女士的财新传媒合作中去。谢力总监的理想是，要把胡舒立及其财新团队的精华思想，转化为一种普世的价值、一种可视化的精神产品，奉献给中国的电视观众。这种在思想上的伟大担当，是在我接手这个栏目半年之后，才真正体会到的。我们提问，不是为自己在问，而是在为普天下中国人在问；我们思考，不是在为一己私利在想，而是在为这个国家在思考。我想，这就是《首席评论》这个栏目的精神依归。正如，谢力总监在本书序中所提到的，我们直播日本地震，绝不是让中国人看个热闹，而是要让中国的投资者在买卖股票或者投资其他产品的同时，获得一次理性思考的机会；这不是一次情绪化的表达，而是一次让中国人站在世界第二大经济体立场上的，对世界第三大经济体的观察。这就是他的理想——中国需要一个配得上世界第二大经济体（也许不久的将来会成为第一大）地位的财经电视台！

两年来，我与《首席评论》的编导们都被他的这种理想影响着、鼓舞着。我和《首席评论》的每一个编导、每一位嘉宾，都期待着我们的观众、当然还有今天的读者，能从这本《大国问答》中看到、体会到这一切。因为，所有的这一切，都是源于你——中国投资者——的需求。

周鑫

第一财经电视北京采编中心主任

兼《首席评论》制片人